Семантика коннекторов

La sémantique des connecteurs

SLAVICA HELVETICA

vol./Band 87

PETER LANG
Bern · Berlin · Bruxelles · New York · Oxford · Wien

Ольга Инькова (под ред.)

Olga Inkova (éd.)

Семантика коннекторов

La sémantique des connecteurs

Количественные методы описания

Méthodes quantitatives d'analyse

PETER LANG
Bern · Berlin · Bruxelles · New York · Oxford · Wien

Information bibliographique publiée par «Die Deutsche Nationalbibliothek»
«Die Deutsche Nationalbibliothek» répertorie cette publication dans la «Deutsche Nationalbibliografie»; les données bibliographiques détaillées sont disponibles sur Internet sous ‹http://dnb.d-nb.de›.

L'étape de la prépresse de cette publication a été soutenue par le Fonds national suisse de la recherche scientifique.

Монография подготовлена в рамках совместного российско-швейцарского проекта «Контрастивное корпусное исследование коннекторов русского языка». Проект был поддержан Российским фондом фундаментальных исследований (грант №16-12-41002) и Швейцарским национальным научным фондом (грант №IZLRZ_164058).
Публикация монографии финансирована Швейцарским национальным научным фондом (грант №10BP12_193823 / 1).

ISSN 0171-7316 br.
ISBN 978-3-0343-3983-4 br.
ISBN 978-3-0343-4130-1 ePub
ISSN 2235-7408 eBook
ISBN 978-3-0343-4129-5 eBook
ISBN 978-3-0343-4131-8 Mobi

Cette publication a fait l'objet d'une évaluation par les pairs.

Peter Lang SA, Editions scientifiques internationales, Berne

Imprimé en Allemagne

Содержание

Введение

В эпоху корпусных исследований и создания цифровых информационных ресурсов, содержащих большие объемы текстов, применение количественных методов их анализа становится неотъемлемой частью лингвистических описаний. Они позволяют лингвистам проверять свои гипотезы на представительных массивах текстов и опираться не только на свое языковое чутье, но и на статистические данные, придающие полученным результатам бо́льшую объективность.

В книге представлены результаты сопоставительного исследования коннекторов с использованием количественных методов анализа, выполненного в рамках совместного российско-швейцарского проекта «Контрастивное корпусное исследование коннекторов русского языка». Проект был поддержан Российским фондом фундаментальных исследований (грант №16-12-41002) и Швейцарским национальным научным фондом (грант №IZLRZ_164058).

В процессе выполнения проекта использовались параллельные тексты французского подкорпуса Национального корпуса русского языка. Сопоставительное исследование коннекторов проводилось с использованием нового уникального лингвистического ресурса – Надкорпусной базы данных (НБД) коннекторов, созданной в Институте проблем информатики ФИЦ ИУ РАН. НБД, в которую были загружены эти параллельные тексты, позволяет аннотировать контексты употребления коннекторов и их переводов, хранить эту информацию в форме двуязычных аннотаций и осуществлять поиск аннотаций по широкому спектру критериев. Общий объем параллельных текстов составляет 4,9 млн. словоупотреблений. Такого представительного массива цифровых эмпирических данных, используемого для сопоставительного исследования коннекторов, нет ни в одном из существующих отечественных и зарубежных проектов.

В первой главе монографии представлена структура НБД и возможности, которые она дает лингвистам для применения количественных и контрастивных методов исследования. Во второй и третьей главе монографии представлены результаты применения этих методов для исследования коннекторов как показателей логико-семантических отношений в русском и французском языках. Для анализа были выбраны два логико-семантических отношения – сопутствование и переформулирование. Выбор на них пал не случайно. Первое из них – отношение сопутствования – никогда ранее не выделялось для анализа отношений связности и их показателей в русском языке; второе – отношение переформулирования – описывается русской грамматикой в одной группе с довольно разнородными семантическими явлениями, объединенными под рубрикой «пояснение», что затемняет семантический механизм, лежащий в его основе.

Кроме того, эти два отношения имеют целый ряд функциональных различий. Отношение сопутствования может быть установлено на пропозициональном уровне и на уровне высказывания. Отношение установлено на пропозициональном уровне, когда оно связывает положения вещей, описанные в каждом из фрагментов текста. Например, *Галина налила себе из термоса кофе. Крышка термоса* ***при этом*** *отвратительно скрипела* [Сергей Довлатов. Чемодан (1986)]. Действие, описанное во втором высказывании, представлено *при этом* как сопутствующее первому, то есть как вспомогательное, второстепенное, участвующее в реализации первого. Когда отношение установлено на уровне высказывания, для его интерпретации необходимо принять во внимание коммуникативные характеристики высказывания: намерение говорящего и общие механизмы речевого общения. В случае отношения сопутствования, установленного на уровне высказывания, коннектор сигнализирует о том, что информация, сообщенная в предыдущем высказывании, должна рассматриваться на фоне вводимой им информации, дополняющей сказанное: *Оба были мастерами* *своего дела и, разумеется, горькими пьяницами.* ***Причем*** *Лихачев выпивал ежедневно, а Цыпин страдал хроническими запоями* [Сергей Довлатов. Чемодан (1986)].

В отличие от сопутствования, отношение переформулирования устанавливается на метаязыковом уровне: оно касается выбора словесной формы высказывания, то есть тех языковых средств, которые говорящий считает наиболее адекватными для достижения своей коммуникативной цели. Отношение переформулирования связывает не две ситуации, а два описания одной ситуации или предмета: *У меня в доме живет и теща,* ***то есть*** *мать моей жены, и дети* [Н. В. Гоголь. Нос (1836)].

В сопоставительном плане отношения сопутствования и переформулирования также проявляют существенные различия. Показатели переформулирования русского языка (*то есть*, *другими словами*, *иначе говоря* и др.) имеют словарные эквиваленты во французском и во многих других языках и характеризуются схожими с ними синтаксическими и семантическими свойствами, а само отношение может быть квалифицировано как языковая универсалия. Отношение сопутствования, напротив, может быть определено как своего рода антиуниверсалия. Его русские показатели не имеют эквивалента-коннектора во французском и многих других языках и проявляют в своем функционировании значительную степень языковой специфичности. При этом степень специфичности коннектора в определенной паре языков и направлении перевода можно квантифицировать. Для количественного анализа меры лингвоспецифичности были разработаны параметры, позволяющие использовать статистику, полученную с помощью НБД. Результаты количественного анализа лингвоспецифичности показателей сопутствования и переформулирования представлены и прокомментированы в главах, посвященных каждому из этих двух отношений.

В четвертой, заключительной, главе монографии количественные методы применены к анализу результатов машинного перевода, одного из перспективных направлений в области компьютерной лингвистики. В рамках совместного проекта была разработана оригинальная таксономия ошибок, которая дает возможность интегрировать в рамках единой классификации рубрики «общеязыковых» ошибок (например, пропуск слов, нарушение словопорядка, ошибки в пунктуации и др.) и рубрики, характеризующие ошибки перевода конкретного вида языковых единиц (видовые ошибки), в нашем случае, коннекторов. Статистические данные, полученные с помощью НБД, позволили сравнить степень соответствия оригиналу профессионального и машинного переводов.

Монография будет интересна всем, кто интересуется корпусной и контрастивной лингвистикой, лингвистикой текста, проблемами перевода, а также приложением количественных методов к анализу языковых явлений и оценке качества машинного перевода.

Ольга Инькова

Ольга Инькова

Глава 1. Количественные методы анализа коннекторов

1. Вводные замечания

С развитием корпусной и компьютерной лингвистики, особенно с созданием параллельных корпусов, у лингвистов появилась возможность исследования языковых единиц с применением количественных методов анализа. Еще один шаг в этом направлении был сделан благодаря созданию новых информационных ресурсов. Именно таким ресурсом является Надкорпусная база данных коннекторов (НБД), созданная в ИПИ ФИЦ ИУ РАН (подробнее о концепции и возможностях см. Inkova & Popkova 2017, Инькова 2018a). НБД представляет собой своего рода «надстройку» над параллельными корпусами и позволяет фиксировать и аннотировать реально встретившиеся в текстах употребления исследуемых языковых единиц, которые могут быть самой разнообразной природы. На сегодняшний день созданы НБД глагольных форм[1], лингвоспецифичной лексики[2] и коннекторов[3]. НБД коннекторов создана на основе параллельного русско-французского подкорпуса Национального корпуса русского языка. Общий объем оригинальных текстов и их переводов составляет 4.9 млн. словоупотреблений.

Можно отметить два основных преимущества НБД перед параллельными корпусами:

---

1 http://a179.frccsc.ru/PublicLingvoProjects/main.aspx.

2 http://a179.frccsc.ru/PublicLingvoProjects/main.aspx

3 Фрагмент НБД коннекторов доступен на сайте: http://a179.frccsc.ru/RFH41002/main.aspx.

1) для каждой исследуемой языковой единицы в тексте перевода уже выделен ее функционально-эквивалентный фрагмент (ФЭФ)[4];
2) исследуемой языковой единице и ее ФЭФ приписывается значение формально охарактеризованных признаков, релевантных для их анализа.

Эта информация хранится в форме двуязычных аннотаций, пример которой для коннекторов приведен на Рисунке 1.

Контекст РР в оригинале	РР в оригинале и ее признаки	Контекст РР в переводе	РР в переводе и ее признаки
Не дал Роберт Викторович возможности посторонним людям, **то есть** друзьям, делать выбор между супругами, выражать сочувствие, порицание, негодование.	**то есть** <переформулирование > <без предикации > <начальная > <p CNT q > <CNT > <Контакт >	Robert Victorovitch ne laissait pas aux autres, **c'est - à - dire** à ses amis, la possibilité de choisir entre les époux, d'exprimer de la compassion, de la réprobation, de l'indignation...	**c'est-à-dire** <переформулирование > <без предикации > <начальная > <p CNT q > <CNT > <Контакт >

Рисунок 1. Пример аннотации контекста с *то есть* в НБД (направление русский-французский).

Как мы видим, двуязычная аннотация состоит из четырех частей. В первой колонке приводится контекст исследуемой языковой единицы, в данном случае коннектора *то есть*. Сокращение РР означает «речевая реализация», т.е. та форма, в которой коннектор реально встретился в данном высказывании, что особенно важно при анализе коннекторов, характеризующихся высокой степенью формального варьирования, например, для коннекторов, образованных с участием элемента *да*. Они образуют целую парадигму: *да и, да еще и, да притом еще и, да вдобавок еще и* и

4 Термин введен в работе (Добровольский и др. 2005).

др.; см. постановку вопроса в (Инькова 2018в). Все формы, в которых встречаются коннекторы в контексте, фиксируются в НБД, что позволяет пополнять список связующих средств русского языка, которые в нашем подходе являются относительно свободными сочетаниями, принадлежащими сфере речи и каждый раз создающимися ex novo говорящим исходя из его коммуникативного задания. По состоянию на 05.01.2019 в НБД зафиксировано более 1300 РР, это в два раза больше, чем список РГ-80, и почти на порядок больше списка «Корпусного словаря неоднословных лексических единиц» (http://ruscorpora.ru/obgrams.html), в который входят 159 языковых единиц.

Третья колонка содержит контекст функционально эквивалентного фрагмента русской языковой единицы, в нашем примере, соответственно, эквивалента *то есть*, которым является в данном контексте *c'est-à-dire*.

Вторая и четвертая колонки содержат значения признаков, релевантных для анализа функционирования коннекторов, как для РР коннектора в тексте оригинала (вторая колонка), так и для его ФЭФ в тексте перевода. Об этих признаках речь пойдет ниже. Но сначала уточним, что двуязычные аннотации, которые мы называем моноэквиваленциями (МЭ), могут создаваться и в направлении перевода французский – русский, т.е. контекстом оригинала в данном случае является текст на французском языке. Пример такой аннотации приведен на Рисунке 2.

Контекст РР в оригинале	РР в оригинале и ее признаки	Контекст РР в переводе	РР в переводе и ее признаки
Des pétroliers traversent la baie, avec dans leur sillage une mer irisée (**c'est-à-dire** polluée).	**c'est-à-dire** <переформулирование > <вставка > <начальная > <p CNT q > <CNT > <Контакт >	Танкеры по-прежнему бороздят бухту, оставляя за кормой радужные (**то есть** нефтяные!) хвосты.	**то есть** <переформулирование > <вставка > <начальная > <p CNT q > <CNT > <Контакт >

Рисунок 2. Пример аннотации контекста с *то есть* (направление французский-русский).

В том случае, если в НБД имеются несколько переводов для одного текста, созданные для каждого из переводов моноэквиваленции автоматически объединяются в полиэквиваленции (ПЭ). Пример такой ПЭ для коннектора *ибо* приведен на Рисунке 3. В данном случае одному контексту русского оригинала соответствуют два перевода, в первом из которых (МЭ № 26102) русский коннектор имеет нулевой перевод (символ zero), соответственно, признаки для него не проставлены. Но в общем случае ПЭ содержит ту же информацию об употреблении коннектора в данном контексте, что и МЭ.

		№ МЭ	Контекст РР в переводе	РР в переводе и ее признаки	Дополн. признаки МЭ
и если вы теперь же посватаетесь на моей дочери законным образом, я готова сей же час удовлетворить вас, **ибо** это составляло всегда предмет моего живейшего желания.	**ибо** < с предикацией > < начальная > < p CNT q > < CNT > < SubCNT > < причина >	26102	J'ai toujours été et je suis toujours prête à vous accorder la main de ma fille; c'est le plus cher de mes désirs. ~~~	**zero**	Кортеж 1
		26114	*et, si*, à présent, vous faites votre demande dans les formes, je suis prête aussitôt à vous satisfaire, **car** cela a toujours fait l'objet de mes plus chers désirs.	**car** < с предикацией > < начальная > < p CNT q > < CNT > < SubCNT > < причина >	Конгруэнтный перевод; Кортеж 1

Рисунок 3. Пример ПЭ с коннектором *ибо* (направление перевода русский – французский).

Кратко описав, как устроена НБД коннекторов, мы можем перейти к анализу признаков, которые характеризуют в ней употребление коннекторов.

2. Система параметров для качественного и количественного анализа функционирования коннекторов

Для того, чтобы охарактеризовать употребление коннектора в конкретном контексте его употребления, а следовательно, и функционирование коннектора в целом, была разработана система параметров – признаков классификации, – релевантных именно для анализа языковых единиц, принадлежащих к данному функциональному классу. Этих признаков шесть:

1. выражаемое коннектором отношение,
2. синтаксическая природа вводимого коннектором фрагмента текста,
3. позиция коннектора в этом фрагменте текста,
4. порядок следования фрагментов текста, связанных коннектором,
5. статус исследуемой языковой единицы (что важно для полифункциональных единиц, которые могут выполнять в высказывании и другие функции),
6. (для неоднословных коннекторов) расположение входящих в состав коннектора элементов.

Рассмотрим каждый из признаков подробно, показав его роль в описании функционирования коннекторов, а также статистические возможности, которые предоставляет пользователю НБД.

2.1. Отношения

Дополнительный признак «Отношения» является ключевым для описания коннекторов, поскольку их основная функция – выразить определенный тип логико-семантического отношения (ЛСО) между связываемыми фрагментами текста. При оформлении МЭ в открывшемся для этого признака окне эксперт может выбрать из списка необходимое ЛСО: временные, противительные, условные, уступительные и т. д. На Рисунке 4 дан фрагмент такого окна.

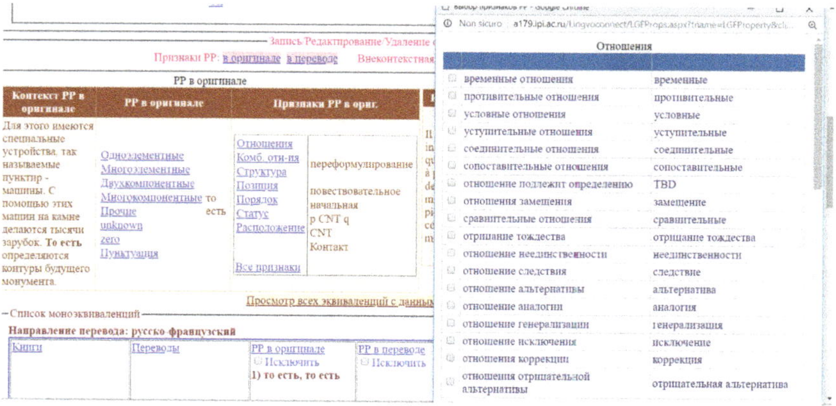

Рисунок 4. Пример разметки по признаку «Отношения».

Если у аннотатора возникают сомнения в определении отношения, он может использовать символ TBD (*To Be Defined*). Необходимость введения такого тэга для разметки связана, во-первых, с тем, что для полисемичных коннекторов иногда трудно определить выражаемое ими отношение, а во-вторых, тем, что многие из ЛСО плохо определены в русской теоретической грамматике.

К таким отношениям относятся, например, т.н. присоединительные (*причем, да и, кстати* и др.), которые, заметим, не выделяются в других известных нам грамматических традициях. Сам термин «присоединительные отношения» является неоднозначным, так как используется для обозначения трех разных явлений.

1) Речь может идти об особом виде синтаксической связи, при которой «одна часть высказывания (основная) – вполне сформированная, законченная синтаксическая единица <...>, а вторая – синтаксически несамостоятельная часть. Синтаксическую связь между этими частями и называют присоединительной» (Прияткина 2007: 204). Присоединительная синтаксическая связь может быть проиллюстрирована такими примерами, заимствованными из той же статьи А.Ф. Прияткиной: *Ее отец был врачом. Сельским*; *Идет снег. И сильный*; *Дай-ка мне воды, да со*

льдинками. При таком понимании присоединительные союзы, если они использованы для оформления синтаксической зависимости, выражают отношение «синтаксически несамостоятельной части к синтаксически законченной» (Там же: 208).

2) В другом своем значении термин «присоединение» толкуется как «[п]рием сочетания смыслов, их неожиданного соположения и столкновения, приводящий к нарушению привычных словесных ассоциаций и резким экспрессивным разрывам и сдвигам внутри синтагмы или предложения» (ЛЭС: 399). Такое понимание присоединения восходит к работам В.В. Виноградова; см., в частности, «Стиль Пушкина» (1941).
3) Термин «присоединение» может использоваться для обозначения особого рода отношений между фрагментами текста, когда «вторая часть сообщает добавочные, дополнительные сведения, присоединяемые к тем, которые содержатся в первой части» (Формановская 2007: 21, см. также Галкина-Федорук и др. 2009: 157, Диброва 2011: 439 и др.). В (ЛЭС: 399) присоединение в этом значении определяется как «принцип построения высказывания, при котором какая-то его часть получает самостоятельную коммуникативную значимость в виде отдельной, как бы дополнительной информации, прикрепляется к основному сообщению». У союзов, которые участвуют в таком построении высказывания, видится «присоединительная функция» с «факультативно-комментирующим значением» (РГ-80, II: §3151) или «значением добавочного присоединения» (Там же: §3121), а сами предложения квалифицируются как «присоединительно-комментирующие»: сообщаемое во второй части «подается в виде примечания к сказанному, служит уточняющим пояснением или поправкой к предшествующей части» (РГ-80, II: §3151); ср. также (Ляпон 1986: 55–62).

Однако присоединение в этом третьем значении определено настолько нечетко, что в список единиц, способных выражать данные отношения в русском языке, составленный нами на основе грамматик, словарей и исследований, включает 74 единицы, довольно разнородные по своей семантике: например, *да и, кстати, а/и особенно, а поэтому, а то, более того, во всяком случае, в частности, если, как и, причем, помимо того, собственно, хоть и* и др. Заметим, что некоторые из этих единиц (например, *в частности, особенно* и др.) рассматриваются РГ-80 как показатели не менее проблематичных пояснительных отношений, о которых речь пойдет ниже, а также в главе, посвященной отношению переформулирования.

На наш взгляд, «присоединение» является не столько логико-семантическим отношением, сколько определенной коммуникативной стратегией говорящего; подробнее см. (Зализняк 2017, Инькова 2018б). Не даром присоединение определяется в ЛЭС как «принцип построения высказывания», для осуществления которого могут быть использованы самые разнообразные языковые средства (на семантическое разнообразие союзов, которые могут быть использованы в таких высказываниях, обратил внимание еще В.В. Виноградов). Общими для высказываний, оформленных таким образом, является не определенное семантическое отношение между соединяемыми фрагментами текста, что характеризует то или иное ЛСО, а, в первую очередь, коммуникативные характеристики конфигурации, которая может быть определена как «присоединительная», а именно:

- двучленность построения, в котором выделяется основная часть, коммуникативно законченная, и семантически зависимая добавляемая часть;
- интонация законченности, характерная для основной части в устной речи;
- квалификация, оценка, комментарий основной части, содержащиеся в добавляемой части.

Таким образом, присоединение – «это категория уровня коммуникативной организации высказывания; в высказывании, построенном по принципу присоединения, могут одновременно выражаться различные логико-семантические отношения» (Зализняк 2017: 23). Именно поэтому список показателей т.н. «присоединительных отношений» включает такое количество языковых единиц самой различной семантики.

Другая группа отношений, выделяемых русской грамматической традицией, – «пояснительные», – также включает в себя довольно разнородные явления и коннекторы, среди которых *то есть*, который относится РГ-80 к разновидности «собственно пояснительных» отношений, показателями которых являются, согласно РГ-80, также *а именно* и *как то*. Кроме «собственно пояснения», в пояснительные попадают:

– отношение «включения» (*особенно, в частности*, которые упоминаются также среди присоединительных; *в том числе, например* и подобные),
– отношение уточнения, для которого РГ-80 не приводит показателей.

Как и в случае присоединительных отношений, термин «пояснение» на самом деле характеризует не ЛСО. Речь идет о функции высказывания, вводимого соответствующим коннектором, по отношению к предыдущему: пояснить сказанное ранее, оставшееся, по мнению говорящего, по той или иной причине не ясным для слушающего, что, как и в случае «присоединения», можно осуществить при помощи различных ЛСО (альтернатива, отрицательная альтернатива, спецификация и др.). Учитывая разнородность языковых единиц, относимым к показателям пояснительных отношений в русской грамматической традиции, в работе (Инькова, Гурьев 2018) предлагается отказаться от этикетки «пояснение» для обозначения некоторого ЛСО и выделить в отдельный класс семантические структуры, в которых два фрагмента текста описывают один предмет или одну ситуацию с сохранением тождества денотативных областей: *то есть, другими словами, иными словами, иначе говоря* и под. Отношение, связывающее такие фрагменты текста, мы предлагаем называть «переформулированием»; см. подробнее главу, посвященную этому отношению.

Предлагается также считать особым ЛСО отношение, выражаемое коннекторами с формантом «при»: *при этом, притом, причем, при том что*, которые, как правило, относятся к «присоединительным». Для него предложен термин «отношение сопутствования». Отношение сопутствования практически никогда не включается в классификации логико-семантических отношений. Оно, например, отсутствует в списке риторических отношений, используемых в рамках Теории риторической структуры, разработанной У. Манном и С. Томпсон (Mann, Thompson 1986, 1987, 1988), а также в их расширенном списке, предложенном в работе (Кибрик & Подлесская 2009: 438–440). Нет его в классификациях, применяемых в рамках проекта The Penn Discourse TreeBank (PDTB Research Group 2008). Это связано с тем, что во многих языках отсутствуют специфические показатели данного отношения, в отличие, например, от немецкого или русского языков. Для анализа семантики сложного предложения, термин «сопутствование» как название одного из ЛСО не употребляется, хотя и встречается в некоторых исследованиях, посвященных интересующей нас группе коннекторов русского языка. Например, термин «действие, сопутствующее основному» используется в работах О.Я. Кузнецовой для описания значений *причем* в рамках присоединительных отношений. Н.П. Киселева предпочитает ему термины «комитативные отношения», «обязательная сопроводительность», «сопроводительный характер», используя их также для определения значений *причем* и *притом* в рамках присоединительных отношений.

В нашей классификации ЛСО отношение сопутствования находится в группе отношений, основанных на логической операции конъюнкции ($p \wedge q$), вместе с соединительными (см. для немецкого языка Breindl *et al.* 2014 : 251, 253). Однако, в отличие от соединительных отношений, характеризующихся коммуникативной и синтаксической равноправностью соединяемых фрагментов текста, отношение сопутствования основано на их коммуникативной иерархии, часто сопровождающейся иерархией синтаксической: q представлено как сопровождающее p, являющееся с этой точки зрения центральным. (Подробнее см. главу, посвященную данному отношению.)

Еще одна проблема, связанная с признаком «Отношения», обусловлена тем, что в существующих классификациях, в частности, в наиболее распространенной Теории риторической структуры (см. основополагающие работы Mann, Thompson 1986, 1987, 1988), некоторые отношения отсутствуют или различаются в недостаточной степени. Например, отношение, которое называется Контраст (Contrast)[5] и которое охватывает всю гамму противопоставления (ЛСО, выражаемые *наоборот, но, зато, на самом деле, вместо того чтобы, не... а* и др.).

Кроме того, существующие классификации ЛСО не всегда принимают во внимание уровень, на котором коннекторы устанавливают отношение: пропозициональный уровень, уровень высказывания и метаязыковой уровень.

(1) Катюш, *если* завтра к полудню не позвоню, вскрой конверт и сделай все, как я там написала. [Александр Савельев. Аркан для букмекера (2000)]

(2) *Если* проголодался, еда на столе [Чарлз Тодд. Хладнокровное предательство; https://books.google.ch/, дата обращения 08.11.2017]

(3) Простите за назойливость, Павел Николаевич, но я на прощание еще раз напоминаю о моем имуществе, *если* позволите так выразиться. [Виктор Пронин. Банда 8 (2005)]

В (1) союз *если* устанавливает условное ЛСО между двумя потенциальными положениями вещей *говорящий завтра к полудню не звонит* и *Катюша открывает конверт и делает то, что там написано*, при этом положение вещей, маркированное *если*, служит условием для реализации положения вещей, описанного в главной части сложного предложения. Условное отношение установлено, следовательно, на пропозициональном уровне. В (2) это отношение переносится на уровень высказывания: положение вещей, вводимое *если*, служит той информацией, с учетом которой должно быть интерпретировано сказанное в главной части, поскольку еда

5 См. его определение: “No more than two nuclei; the situations in these two nuclei are (a) comprehended as the same in many respects (b) comprehended as differing in a few respects and (c) compared with respect to one or more of these differences” (http://www.sfu.ca/rst/01intro/definitions.html; дата обращения 27.12.2018).

на столе стоит в любом случае, проголодался адресат сообщения или нет. В (3) то же условное отношение установлено на метаязыковом уровне: с помощью условного придаточного говорящий комментирует свой языковой выбор для описания ситуации в главной части.

Это приводит, с одной стороны, к непоследовательному описанию функционирования коннекторов (см. дискуссию в Инькова 2013), а с другой, к тому, что одно и то же отношение, но устанавливаемое на этих трех уровнях, рассматривается как три разных отношения, никак не связанных между собой. Ср., например, для причинных отношений: на уровне пропозиции – отношение причины, на уровне речевого акта – отношение мотивации, на уровне организации текста – отношение вывода.

При аннотировании коннекторов мы используем разработанную нами классификацию, которая исходит из следующих теоретических принципов. Прежде всего, предлагается разделить два аспекта ЛСО: понятийный и языковой, поскольку между видами ЛСО и множеством их языковых показателей нет однозначного соответствия: многие коннекторы – многозначны (ср. *если… то* условное и сопоставительное), а многие ЛСО могут быть выражены имплицитно, т.е. без участия коннектора. Классификация строится на семантических критериях, а именно исходя из той базовой семантической операции, которая лежит в основе того или иного логико-семантического отношения: импликация, расположение на шкале времени, сравнение и соотнесение частного и общего или элемента и множества. Она принимает во внимание тот уровень, на котором коннектор устанавливает отношение: пропозициональный уровень, уровень высказывания, метаязыковой уровень (подробнее см. Инькова 2019). Эта классификация ЛСО лежит в основе аннотирования по признаку «Отношения» в НБД.

Если идти от ЛСО к его показателям, то этот признак позволяет узнать, каковы показатели того или иного ЛСО и какова их частотность при выражении данного ЛСО. Например, для РР *если... то* в НБД создано 157 МЭ, только в 6 из них (3,82%) этот коннектор выражает сопоставительные ЛСО (4), в остальных случаях – условные ЛСО (5).

(4) *Если* первая половина жизни Роберта Викторовича проходила в крупных и шальных географических бросках из России во Францию, потом в Америку, на Балканы, в Алжир, снова во Францию и, наконец, опять в Россию, *то* вторая половина, отбитая лагерем и ссылкой, проходила в мелких перебежках: Александров, Калинин, Пушкино, Лианозово. [Людмила Улицкая. Сонечка (1992)]

(5) *Если* он несет чрез комнату кучу посуды или других вещей, *то* с первого же шага верхние вещи начинают дезертировать на пол. [И. А. Гончаров. Обломов (1848–1859)]

Если же, наоборот, идти от коннектора к его значениям, то для полисемичных коннекторов статистика по данному признаку позволяет увидеть, какое из его значений является доминирующим. Так, преобладающим значением одиночного *хотя* является уступительное пропозициональное – 226 случаев (87,3%), далее со значительным отрывом следуют уступительное «иллокутивное», т.е. установленное на уровне речевого акта, – 15 случаев (5,8%), противительное пропозициональное – 11 (4,2%) и противительное иллокутивное – 7 (2,7%); подробнее см. (Инькова, Нуриев 2018).

Кроме того, для аннотирования тех случаев, когда контекст не позволяет однозначно определить, в каком именно из своих значений употреблен полисемичный коннектор, создан кластер «Комбинированные отношения», позволяющий указать, между какими ЛСО разметчик затрудняется сделать выбор. На 05.12.2019 этот кластер включал такие признаки: аналогия / тождество, временное / условное, временное / сопоставительное, условное / уступительное, коррекция / спецификация, причина / отрицательная альтернатива. Ср. (6), в котором контекст не позволяет однозначно определить, идет ли речь о временном или о сопоставительном отношении:

(6) En voyant la femme du comte Chabert, riche de ses dépouilles, au sein du luxe, au faîte de la société, *tandis que* le malheureux vivait chez un pauvre nourrisseur au milieu des bestiaux, l'avoué se dit: <...>. [Honoré de Balzac. Le colonel Chabert (1832)]

> Увидев, среди какой роскоши и почета живет графиня Шабер, обогатившаяся на мнимой смерти своего мужа, *меж тем как* тот ютился у бедного торговца, среди коров и кроликов, Дервиль подумал: <...>. [Пер. Н. Жаркова (1949)].

Коннекторы фр. *tandis que* и русск. *меж тем как* могут выражать как временные отношения (одновременность событий), так и, на фоне антонимичных предикатов, отношения сопоставления. В данном контексте условие антонимии предикатов удовлетворено («жить в роскоши» vs. «ютиться у бедного торговца»), тем не менее временная интерпретация не исключается полностью. Поэтому разметчик использовал метку из кластера «Комбинированные отношения»: временное / сопоставительное. Этот кластер интересен тем, что позволяет увидеть, в случае каких ЛСО возникает неоднозначность интерпретации. Такие исследования пока не проводились ни в отечественной, ни в зарубежной лингвистике.

2.2. Структура

Этот признак отражает синтаксические свойства коннекторов. В НБД мы не имеем возможности указывать границы соединяемых коннектором фрагментов текста, но это можно отчасти компенсировать указанием на синтаксическую природу вводимого коннектором фрагмента, тогда как границу левого контекста мы предлагаем определять нашим пользователям самостоятельно. В отличие от системы аннотирования, принятой в PDTB (PDTB Research Group 2008), мы не ограничиваемся минимальным контекстом, необходимым для анализа коннектора, поскольку иногда для интерпретации выражаемого им отношения необходимо посмотреть более широкий контекст.

При разметке данного признака, эксперты могут выбирать из следующих возможностей. Коннектор может вводить самостоятельное предложение (повествовательное, вопросительное или восклицательное), часть сложного предложения, которое может быть простым или, в свою очередь, сложным, фрагмент текста без предикации, фрагмент текста, оформленный в виде вставки (часто в скобках или в тире), а также сверхфразовое единство. На Рисунке 5 *то есть* вводит часть предложения без предикации.

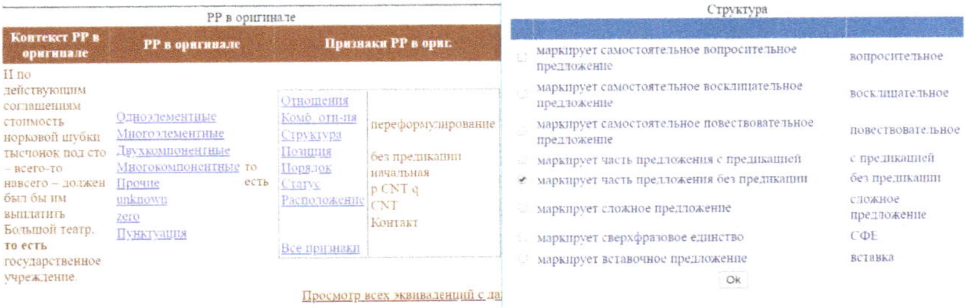

Рисунок 5. Пример разметки по признаку «Структура».

По дополнительному признаку «Структура» коннекторы можно разделить на такие, которые могут употребляться во всех типах синтаксических структур, и такие, которые в этом отношении избирательны. На этом, как известно, основано противопоставление «текстовых скреп», связывающих высказывания, языковым единицам, действующим в рамках предложения; ср. также понятия «мягкие» и «жесткие» союзы в работах Урысон (2011, 2013).

Однако связующих средств, которые употребляются либо только как «текстовые скрепы», либо только для связи частей предложения крайне мало. Большинство коннекторов может употребляться и для связи предложений, и для связи частей предложений. Но тогда возникает вопрос: где проходит граница, разделяющая «мягкие» и «жесткие» союзы или «текстовые» и «не-текстовые» скрепы? Например, *хотя*, квалифицируемое как союз, употребляется преимущественно для связи частей предложения: из 304 аннотаций, имеющихся в НБД, на такое его употребление приходится 233 аннотации (т.е. 76,6%), а *кроме того*, наоборот, наиболее типичен в начале самостоятельного предложения, и в исследованиях по данному вопросу этот коннектор действительно квалифицируется как «текстовая скрепа». Однако, перевес таких употреблений у *кроме того* невелик. Всего в НБД, в результате сплошной выборки, создана 151 аннотация с РР, включающими в свой состав *кроме того*. Из них в 88 эти РР вводят самостоятельное предложение, т.е. 58,2% (7), а в 63 остальных случаях *кроме того* вводит часть предложения (8), причем зарегистрировано 8 случаев, в которых вводимый им фрагмент текста является непредикативной единицей; в таких случаях *кроме того* сочетается, как правило, с союзом *и* (9):

(7) Обломов мог слушать, смотреть, не шевеля пальцем, на что-то бойкое, движущееся и говорящее перед ним. *Кроме того*, он еще имел простодушие верить, что Тарантьев в самом деле способен посоветовать ему что-нибудь путное. [И. А. Гончаров. Обломов (1859)]

(8) Ивановская формула переносит доминанту в чужую личность, *кроме того*, она более соответствует внутренне диалогическому подходу Достоевского к изображаемому сознанию героя [М. М. Бахтин. Проблемы поэтики Достоевского (1963)]

(9) Таким образом, к смертной казни, которая должна совершиться сегодня, приговорены трое разбойников: Дисмас, Гестас, Вар-равван *и, кроме того*, этот Иешуа Га-Ноцри. [М. А. Булгаков. Мастер и Маргарита (1929–1940)]

Данные для *кроме того* по признаку «Структура» в значительной степени сопоставимы с данными по этому признаку для *причем*, у которого небольшой перевес в сторону употребления в рамках предложения: из 71 случаев употребления 33 приходится на случаи, когда *причем* вводит самостоятельное предложение, а остальные 47 – на случаи, когда *причем* действует в рамках предложения, т.е. соотношение 46,5% к 53,5% в пользу части предложения. Однако, *причем*, в отличие от *кроме того*, не принято рассматривать как «текстовую скрепу»: он считается ‘обычным’ союзом.

Эти данные позволяют более объективно, на основе количественного анализа, подойти к вопросу отнесения той или иной языковой единицы к классу текстовых скреп, т.е. коннекторов, соединяющих самостоятельные предложения, или же коннекторов, соединяющих части предложения. Иначе говоря, определить тот порог, перейдя через который языковая единица попадает в тот или иной класс. Для сравнения скажем, что данные для союза *или* по признаку «Структура» такие: из 392 аннотаций только в 13 (т.е. всего 3,3%) этот коннектор вводит самостоятельное предложение, как в (10). На этом основании он может, по-видимому, считаться «жестким союзом».

(10) Во время одной из их встреч в канцелярии двойник, фамильярно щелкнув Голядкина, «с самой ядовитой и далеко намекающей улыбкой проговорил ему: «Шалишь, братец, Яков Петрович, шалишь! хитрить мы будем с тобой, Яков Петрович, хитрить» (I, 289). *Или* несколько далее, перед объяснением их с глазу на глаз в кофейной: «Дескать, так и так, Душка, – проговорил господин Голядкин-младший, слезая с дрожек и бесстыдно потрепав героя нашего по плечу, – дружище ты этакой; для тебя, Яков Петрович, я готов переулочком (как справедливо в оно время вы, Яков Петрович, заметить изволили). [М. М. Бахтин. Проблемы поэтики Достоевского (1963)]

Вполне возможно допустить, что при решении данного вопроса следует говорить скорее о континууме, чем о двух дискретных классах языковых единиц со связующей функцией. На одном полюсе шкалы будут располагаться союзы с синтаксическими свойствами *или*, а на противоположном – языковые единицы с синтаксическими свойствами *так* как показателя спецификации (11), для которого связь частей предложения практически исключена.

(11) Я работал в многотиражной газете. Получал около ста рублей. Плюс какие-то малосущественные надбавки. *Так*, мне припоминаются ежемесячные четыре рубля «за освоение более совершенных методов хозяйствования». [Сергей Довлатов. Чемодан (1986)]

2.3. Позиция

Признак «Позиция» также характеризует синтаксическое поведение коннекторов. При разметке аннотации по данному признаку эксперт может выбрать одну из трех возможностей: начальная позиция, неначальная и конечная. В аннотации на Рисунке 6 *то есть* занимает конечную позицию во вводимом им фрагменте текста.

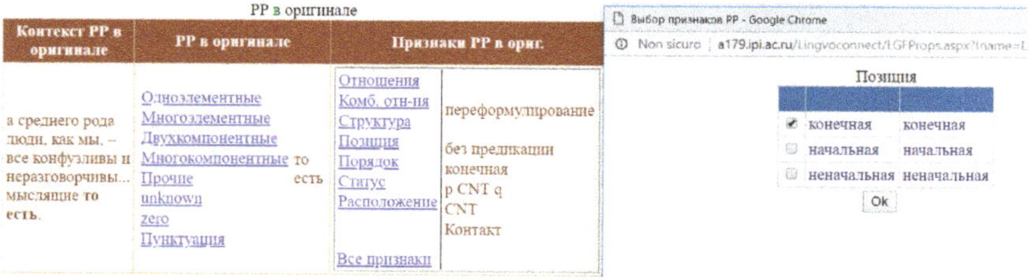

Рисунок 6. Пример разметки по признаку «Позиция».

Позиция коннектора является его важным классификационным признаком. Как известно, некоторые коннекторы имеют фиксированную позицию во вводимом им фрагменте текста (это, прежде всего, сочинительные союзы), другие – более или менее свободную, например, коннекторы наречного происхождения. А для тех из них, которые могут употребляться как коннектор и как наречие, их начальная позиция во вводимом им фрагменте текста может служить сигналом их употребления в функции коннектора. В Таблице 1 (ниже) приведены данные для трех языковых единиц: *впрочем, например* и *особенно*.

Для *впрочем*, употребляющегося только в функции коннектора, начальная (12)[6] и неначальная (13) позиция являются доминирующими, с предпочтением начальной позиции (65,6%). На конечную позицию (14) приходится всего 0,7%.

(12) Писец оглядел его, *впрочем* без всякого любопытства. [Ф. М. Достоевский. Преступление и наказание (1866)]

6 Заметим, что французский переводчик, выбрав в качестве ФЭФ *впрочем* франц. *du reste*, являющееся, наряду с франц. *d'ailleurs*, одним из наиболее частотных его эквивалентов и имеющее схожие синтаксические свойства, поставил его в конечную позицию:

Le scribe le dévisagea, sans aucune curiosité *du reste*. [Trad. par Élisabeth Guertik (1947)].

(13) А то вообще случайности всякого рода были весьма редки. Однажды, *впрочем*, еще найден был лежащий за околицей, в канаве, у моста, видно, отставший от проходившей в город артели человек. [И. А. Гончаров. Обломов (1848–1859)]

(14) Ты только подумай, какое счастье! Сын простого дьячка, бурсак, добился ученых степеней и кафедры, стал его превосходительством, зятем сенатора и прочее и прочее. Все это неважно, *впрочем*. [А. П. Чехов. Дядя Ваня (1896)]

Таблица 1. Позиция *впрочем, например* и *особенно* в функции коннектора.

Языковая единица	*Всего МЭ*	*Коннектор*	*Позиция в функции коннектора*		
			начальная	*неначальная*	*конечная*
впрочем	299	299 (**100%**)	196 (65,6%)	101 (37,7%)	2 (**0,7%**)
например	325	218 (67,1%)	110 (50,5%)	93 (42,6%)	15 (6,9%)
особенно	309	134 (**43,4%**)	131 (**97,7%**)	0 (**0%**)	3 (2,3%)

Например употребляется в функции коннектора только в 67% случаев, но даже при употреблении не в функции коннектора его семантика очевидна: оно всегда отсылает к парадигме, из которой выбирается вводимый им элемент. Но эта парадигма может быть не названа в предыдущем контексте, а имплицитна, как в (15).

(15) Просыпаясь утром, долго лежала <...> представляя себе Ясю, себя с Ясей в каких-то привлекательно-вымышленных обстоятельствах: то они скачут через молодой луг на белых лошадях, то плывут на яхте по Средиземному, *например*, морю. [Людмила Улицкая. Сонечка (1992)]

Поскольку *например* имеет одинаковое значение как в функции коннектора, так и в функции вводного слова, у слушающего не возникает проблем с его интерпретацией. Поэтому позиция *например* в высказывании относительно свободна, хотя на конечную позицию и приходится менее 7%.

Иная ситуация с *особенно*. Эта языковая единица может употребляться и как наречие, входя в синтаксическую структуру высказывания и как коннектор, причем с существенным различием в семантике. Можно предположить, что именно по этой причине в случае употребления в функции коннектора *особенно* занимает в подавляющем большинстве случаев начальную позицию.

– не-коннектор:

(16) В наши планы не входит *особенно* привлекать к себе внимание. [Михаил Булгаков. Белая гвардия (1924)]

– коннектор – показатель отношения спецификации (переход от общего к частному):

  – начальная позиция

(17) Рассказ Достоевского позднего периода краток, сух и даже несколько абстрактен (*особенно* там, где он дает осведомление о предшествовавших событиях) [М. М. Бахтин. Проблемы поэтики Достоевского (1963)]

  – конечная

(18) Ну, а уж это для молодого человека с самолюбием и унизительно, в наш век-то *особенно*... [Ф. М. Достоевский. Преступление и наказание (1866)]

Статистические данные по признаку «Позиция» подтверждают, таким образом, нашу гипотезу (Инькова 2015) о том, что одним из признаков, позволяющих отнести ту или иную полифункциональную единицу в класс коннекторов, является ее преимущественно начальная позиция во вводимом ей фрагменте текста.

2.4. Порядок

Признак «Порядок» позволяет показать, в каком порядке расположены фрагменты текста, связанные коннектором, в частности различать случаи, когда коннектор маркирует каждый из соединяемых фрагментов текста.

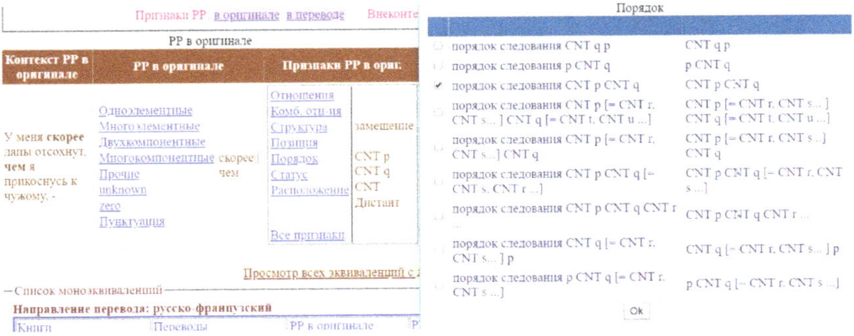

Рисунок 7. Пример разметки по признаку «Порядок».

Признаки, входящие в состав данного кластера, позволяют, например, различать предложения с препозитивным и постпозитивным придаточным (соответственно, метки CNT q p и p CNT q), высказывания с двухкомпонентными коннекторами, т.е. такими, когда каждый фрагмент текста содержит компонент коннектора, как на Рисунке 7), высказывания с повторяющимися сочинительными союзами (CNT p CNT q CNT r...) и высказывания с асимметричными частями, т.е. такими, где повторяется одна из частей двухкомпонентного коннектора (CNT p [= CNT r, CNT s...] CNT q или CNT p CNT q [= CNT r, CNT s...]) или даже обе (CNT p [= CNT r, CNT s...] CNT q [= CNT t, CNT u...]) и др. Ср. (19), построенное по схеме CNT p CNT q CNT r...; (20), построенное по схеме CNT p [= CNT r, CNT s...] CNT q, т.е. где повторяется первая часть двухкомпонентного союза; (21), где, наоборот, повторяется вторая часть двухкомпонентного союза (схема CNT p CNT q [= CNT r, CNT s...]); (22), где повторяются обе части (схема CNT p [= CNT r, CNT s...] CNT q [= CNT t, CNT u...]):

(19) Если же лексический оттенок хотя бы до некоторой степени индивидуализирован, то есть указывает на какое-нибудь определенное чужое высказывание, из которого данное слово заимствуется или в духе которого оно строится, то перед нами уже *или* стилизация,

или пародия, *или* аналогичное явление. [М. М. Бахтин. Проблемы поэтики Достоевского (1963)]

(20) Взрослый Илья Ильич *хотя* после *и* узнает, что нет медовых и молочных рек, нет добрых волшебниц, *хотя и* шутит он с улыбкой над сказаниями няни, *но* улыбка эта не искренняя, она сопровождается тайным вздохом. [И. А. Гончаров. Обломов (1848–1859)]

(21) А тут *хоть и* мертвечинкой припахивает, из каучука сделать можно, – *зато* не живая, *зато* без воли, *зато* рабская, не взбунтуется! [Ф. М. Достоевский. Преступление и наказание (1866)]

(22) И *не только* потому, что размещался он в двух больших залах со сводчатыми потолками, расписанными лиловыми лошадьми с ассирийскими гривами, *не только* потому, что на каждом столике помещалась лампа, накрытая шалью, *не только* потому, что туда не мог проникнуть первый попавшийся человек с улицы, *а еще и* потому, что качеством своей провизии Грибоедов бил любой ресторан в Москве, как хотел, *и* что эту провизию отпускали по самой сходной, отнюдь не обременительной цене. [М. А. Булгаков. Мастер и Маргарита (1929–1940)]

По этому параметру мы можем определить, например, какой порядок является наиболее частотным для того или иного коннектора. Так, для *хотя* в НБД создано 320 аннотаций. Из них в 304 он является коннектором, а в 263 из 304 (86,5%) вводимое им придаточное находится в постпозиции. Для *если* в НБД создано 132 аннотации, в 96 (72,7%) вводимое им придаточное находится в препозиции (CNT q p).

Заметим также, что структурная схема высказывания в оригинале, особенно сложная, редко воспроизводится в переводе; ср. (23), переводы (20), в которых оба переводчика сохранили только первую, повторяющуюся часть русского двухкомпонентного коннектора, или (24), перевод (22), где переводчик разбил русскую фразу на две части, граница между которыми – Non!:

(23) a. *Bien qu*'Ilia Ilitch eût appris en grandissant que n'existent ni les rivières de miel et de lait, ni les bonnes femmes, *bien qu*'il plaisantât

avec force sourires sur les contes de sa niania, son ironie n'était pas sincère; elle s'accompagnait d'un regret caché. [Trad. par Arthur Adamov (1959)]

b. *Bien que* plus tard Ilia Ilitch apprenne que les rivières de miel et de lait, ni les bonnes fées n'existent, *bien qu*'il brocarde d'un sourire les récits de sa nounou, ce sourire n'est pas sincère, mais accompagné d'un secret soupir. [Trad. par Luba Jurgenson (1988)]

(24) Et *non pas* parce qu'il occupait deux grandes salles à hauts plafonds voûtés où étaient peints des chevaux mauves à crinière assyrienne, *pas seulement* parce que chaque table s'ornait d'une lampe à abat-jour frangé et parce que l'accès en était interdit au commun des mortels. Non! Par la qualité des mets qui y étaient proposés *et, qui plus est*, à des prix tout à fait modérés, nullement écrasants, Griboïedov damait le pion à tous les restaurants de Moscou sans exception! [Trad. par Claude Ligny (1968)]

Этот аспект сопоставительного исследования коннекторов требует дополнительного исследования. Сложные синтаксические структуры с многокомпонентными коннекторами представляют трудность и для машинного перевода.

2.5. Статус

Признак «Статус» имеет тройную функцию при аннотировании. Он используется:

- для пометы употребления функции коннектора у полифункциональных единиц (ср. *например* и *особенно*),
- для аннотирования по признаку «Структура» высказываний с двух- и многокомпонентными коннекторами,
- для аннотирования иерархических структур.

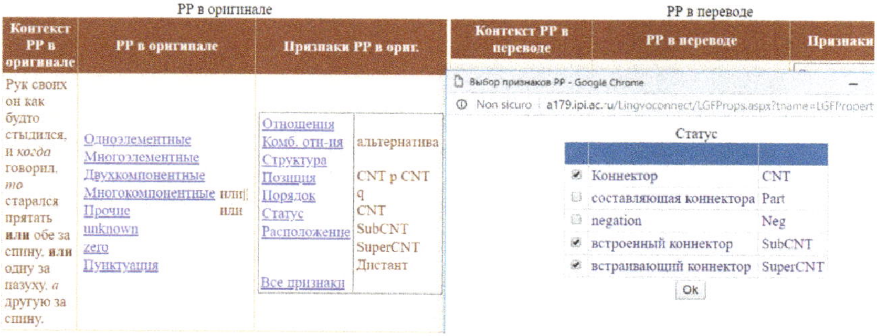

Рисунок 8. Пример аннотирования по признаку «Статус».

В аннотации на Рисунке 8 коннектор *или*||*или* входит в иерархическую структуру и является одновременно встроенным (Sub CNT) и встраивающим (SuperCNT) коннектором. Встроенным, поскольку находится во фрагменте текста, являющемся правым контекстом другого коннектора (*когда*||*то*), который в свою очередь также является встраивающим и встроенным, а встраивающим, поскольку в его правом контексте находится еще один коннектор (*а*).

(25) (Рук своих он как будто стыдился)p, *и* (*когда* [говорил]r, *то* [старался прятать *или* {обе за спину}t, *или* {<одну за пазуху>v, *а* <другую за спину>w}u]s)q.

Правый контекст союза *и* строится по принципу матрешки, что мы представили такой схемой, где каждый вид скобок соответствует каждому из четырех уровней иерархии:

p, *и* (*когда* r, *то* [*или* t, *или* {v, *а* w}u]s)q

На самом глубоком четвертом уровне иерархии находится структура, оформляемая союзом *а*, которая находится в сфере действия второй части повторяющегося союза *или* (третий уровень иерархии). Этот союз, в свою очередь, находится в сфере действия второго компонента двухкомпонентного союза *когда*||*то* (второй уровень иерархии). Вся иерархическая структура оформляется союзом *и* (первый уровень иерархии), который, следовательно, является только встраивающим.

С другой стороны, для двух- и многокомпонентных коннекторов мы можем проставить лишь часть признаков, характеризующих их функционирование: отношение, порядок, статус. Остальные признаки – позиция, структура – проставляются для каждой из частей коннектора. В таблице 2 приводятся три аннотации для коннектора *когда||то*: первая – для коннектора в целом (это обозначено признаком <CNT>) и две – для каждой из его частей, которые помечены меткой <Part>, говорящей о том, что данная языковая единица является составляющей коннектора. В этих аннотациях проставлены только признаки «Структура» и «Позиция», характеризующие компоненты коннектора и их контексты.

Таблица 2. Примеры аннотаций для коннектора *когда||то* и для его компонентов.

Рук своих он как будто стыдился, *и* **когда** говорил, **то** старался прятать *или* обе за спину, *или* одну за пазуху, а другую за спину.	**когда||то** <временные> <CNT p CNT q> <CNT> <SubCNT> <SuperCNT> <Дистант>
Рук своих он как будто стыдился, и **когда** говорил, то старался прятать или обе за спину, или одну за пазуху, а другую за спину.	**когда** <с предикацией > <начальная > <Part>
Рук своих он как будто стыдился, и когда говорил, **то** старался прятать или обе за спину, или одну за пазуху, а другую за спину.	**то** <сложное предложение > <начальная > <Part >

Аннотации для компонентов двух- и многокомпонентных коннекторов позволяют, в частности, различать два структурных вида компонентов: те, которые всегда занимают начальную позицию во вводимом им фрагменте текста (например, корреляты *то, так*, сочинительные союзы) и те, которые могут вдвигаться внутрь вводимого им фрагмента текста; ср. два разных поведения первого компонента коннектора *не столько||сколько*: в (26) – с начальной позицией во вводимом им фрагменте текста, в (27) – с неначальной:

(26) Лева просто поздновато стал понимать, что *не столько* Митишатьевы его давят, *сколько* он позволяет им это. [А. Г. Битов. Пушкинский дом: роман (1989)]

(27) Давыдова… оставалась *не столько* красивой, *сколько* очень интересной – благодаря особому шарму, прелести настоящей светской дамы [Людмила Лопато. Волшебное зеркало воспоминаний (2002–2003)]

2.6. Расположение

Признак «Расположение» характеризует расположение составляющих коннектора: контактное или дистантное (см. метки <Дистант> и <Контакт> на приведенных выше рисунках). Этот параметр не принимается во внимание при анализе структуры коннекторов, хотя он, на наш взгляд, представляет несомненный теоретический интерес. Он позволяет, в частности, констатировать, что некоторые неоднословные коннекторы не допускают дистантного расположения входящих в его состав элементов (*тем не менее, а то* и др.), а другие – допускают: *да и – да|и, хотя и – хотя|и*. Однако и те, и другие одинаково представляются в словарях с контактным расположением элементов.

Ср. также возможности как дистантного, так и контактного расположения в сочетаниях коннекторов, выражающих разные ЛСО: *хотя, впрочем – хотя|впрочем, и – хотя, впрочем|и – хотя, впрочем, и*.

(28) Несмотря на данное Азазелло обещание больше не лгать, администратор начал именно со лжи. *Хотя, впрочем*, за это очень строго его судить нельзя. [М. А. Булгаков. Мастер и Маргарита (1929–1940)]

(29) <...> и что странно, конечно, искать равенства в драке. Я не так глуп... *хотя* драка, *впрочем, и* есть... [Ф. М. Достоевский. Преступление и наказание (1866)]

(30) И жаль Василису, но ты понимаешь, они этим самым револьвером его и отделали. *Хотя, впрочем*, его можно *и* без всяких револьверов обобрать, как липочку… [Михаил Булгаков. Белая гвардия (1924)]

(31) Провиантский, *хотя, впрочем, и* не все понимавший, кричал больше всех <...>. [Ф. М. Достоевский. Преступление и наказание (1866)]

Дистантное расположение элементов коннектора представляет настоящую проблему при аннотировании текстов, а также для машинных переводчиков (см. главу об ошибках машинного перевода неоднословных коннекторов).

3. Статистические данные, которые можно получить при помощи НБД

Помимо статистики по признакам, характеризующим функционирование коннекторов русского языка, которую можно получить в процессе выполнения поисковых запросов, в НБД можно получить, также задав соответствующий запрос, такие же статистические данные для их функциональных эквивалентов, если они являются коннекторами, а также другие разнообразные статистические данные, полезные для сопоставительных исследований. Это, прежде всего, статистика по распределению частотности употребления моделей перевода коннекторов.

однако	cependant	47	33,57
однако	mais	34	24,29
однако	zero	21	15,00
однако	pourtant	14	10,00
однако	bon	3	2,14
однако	toutefois	3	2,14
однако	tout de même	3	2,14
однако	d'ailleurs	2	1,43
однако	néanmoins	2	1,43
однако	en tout cas	2	1,43
однако	quand même	2	1,43
однако	pour autant	1	0,71
однако	et pourtant	1	0,71
однако	en fait	1	0,71
однако	restant que	1	0,71
однако	sapristi	1	0,71
однако	malgré tout	1	0,71
однако	seulement	1	0,71

Рисунок 9. Распределение по частотности французских эквивалентов *однако.*

На Рисунке 9 приведены результаты запроса на странице статистики для русск. *однако*. Как мы видим, у него две равночастотные модели перевода: *cependant* (33,6%) и *mais* (24,3%), а за ними по частоте следует нулевой эквивалент (15%). Кроме того, зафиксированы *pourtant* (10%), *bon, toutefois, tout de même*, каждый с частотностью (2,1%), *en tout cas, d'ailleurs, néanmoins, quand même* с одинаковой частотностью (1,4%) и еще семь моделей перевода с единичными употреблениями. Заметим, что двуязычный словарь под редакцией Л. В. Щербы и М. И. Матусевич (1983) перечисляет для *однако* только следующие эквиваленты: *cependant, pourtant, toutefois, néanmoins*.

Цифры в третьей колонке таблицы на Рисунке 9 являются гиперссылками к аннотациям, в которых зафиксированы данные модели перевода. Приведем примеры на первые три модели: *cependant* (32), *mais* (33) и нулевой перевод в (34).

(32) Он плохо теперь помнил себя; чем дальше, тем хуже. Он помнил, *однако*, как вдруг, выйдя на канаву, испугался, что мало народу и что тут приметнее, и хотел было поворотить назад в переулок. [Ф. М. Достоевский. Преступление и наказание (1866)]
Il n'avait plus toute sa lucidité, et cela de moins en moins. Il se rendit *cependant* compte que soudain, en arrivant sur le quai et en y voyant peu de monde, il eut peur d'y attirer davantage l'attention et faillit rebrousser chemin vers la ruelle. [Trad. par Élisabeth Guertik (1947)]

(33) <...> она успокоилась и кушать потребовала – *однако* не показалась и решения своего не переменила. [И. С. Тургенев. Первая любовь (1860)]
Elle devint visiblement plus calme et demanda à manger, *mais* resta inébranlable dans sa décision et ne sortit pas de sa chambre. [Trad. par Michel-Rostislav Hofmann (1974)]

(34) В течение следующих пяти, шести дней я почти не видел Зинаиды: она сказывалась больною, что не мешало, *однако*, обычным посетителям флигеля являться, как они выражались, на свое дежурство <...>. [И. С. Тургенев. Первая любовь (1860)]
Pendant cinq ou six jours, je ne vis plus Zinaïda. Elle se disait souffrante (ce qui n'empêchait nullement les habitués de venir lui rendre visite, de «monter la garde», comme ils disaient). [Trad. par Michel-Rostislav Hofmann (1974)]

Наличие большого количества моделей перевода и нулевых эквивалентов является в нашем подходе показателем высокой степени лингвоспецифичности коннектора (Инькова 2017)[7]. Мера лингвоспецифичности коннекторов определяется с учетом направления перевода. Параметрами для применения количественного анализа являются следующие:

7 Для определения меры лингвоспецифичности коннекторов были адаптированы параметры, разработанные А. Зализняк для количественного анализа лингвоспецифичности полнозначной лексики (Зализняк 2016).

При переводе с русского языка (Р-Ф):

1. наличие большого количества ФЭФ, в том числе имеющих приблизительно равную частотность;
2. доля дивергентных ФЭФ, т.е. когда коннектор переведен языковой единицей, не являющейся коннектором;
3. слово остается без перевода (нулевой ФЭФ).

При переводе на русский язык (Ф-Р):

4. большое количество стимулов перевода (СП), т.е. языковых единиц, ‘реакцией’ на которые является употребление русского коннектора в переводе;
5. доля дивергентных СП;
6. нулевой СП.

Мы уже видели примеры для параметров 1. и 3. (большое количество ФЭФ и нулевой ФЭФ). Приведем примеры и данные на симметричные им параметры 4. и 6., т.е. когда употребление коннектора в русском языке является ‘реакцией’ на многочисленные французские коннекторы или когда коннектору в тексте оригинала не соответствует никакая языковая единица, коннектор появляется как бы ‘пустом месте’.

Возьмем казалось бы такой непроблематичный союз как *потому что*. Словарь (Щерба, Матусевич 1983) указывает для него два переводных эквивалента: *parce que* и *puisque*. В НБД в направлении русский – французский на долю первого приходится 29%, на долю второго – 3,3%, а наиболее частотным ФЭФ является *car* (35,1%). В направлении французский – русский *parce que* является СП для *потому что* в 44,4%, а *puisque* – в 14,3%. Но вторым по частотности стимулом перевода является союз *car* (27%); см. (35). Кроме того, у *потому что* зафиксировано еще 8 стимулов перевода, в том числе нулевой (36).

(35) Il se tenait à une vingtaine de mètres de la Lancia comme s'il craignait d'attirer l'attention du conducteur. À cette heure-là, il n'y avait plus

que lui et nous qui roulions sur la place de l'Étoile. Je finissais par me demander si quelqu'un était au volant de cette Lancia, *car* j'avais beau écarquiller les yeux, je ne distinguais pas l'ombre d'un homme. [Patrick Modiano. Quartier perdu (1985)]
Он держался метрах в двадцати позади "ланчи", слозно боялся привлечь внимание водителя. В этот час только он да мы колесили по площади Звезды. В конце концов я подумал, а сидит ли вообще кто-нибудь за рулем этой "ланчи", *потому что*, сколько я ни напрягал зрение, я никого не видел. [Пер. Ю. Яхнина (1989)]

(36) Rousseau restera toujours un exemple de l'esprit de persécution. Il l'avait. Mais on lui avait donné lieu de l'avoir. [Jean Cocteau. Difficulté d'être (1983)]
Руссо навсегда останется образчиком духа преследований. *Потому что* в нем жил этот дух. Но ему дали возможность проявлять его. [Пер. Л. М. Цывьян (2003)]

Однако своеобразным чемпионом по нулевым СП может считаться союз *а*. В НБД он имеет нулевой СП в 33,3% (37). Это его второй по частотности СП после союза *et*, на долю которого приходится 52,5% (38).

(37) Je suis malade, décidément! Je me portais si bien le mois dernier! [Guy de Maupassant. Le Horla (1887)]
Я болен, это ясно! *А* я так хорошо чувствовал себя последний месяц! [Пер. К. Локс (1946)]

(38) Ce Phileas Fogg était-il riche? Incontestablement. Mais comment il avait fait fortune, c'est ce que les mieux informés ne pouvaient dire, *et* Mr. Fogg était le dernier auquel il convînt de s'adresser pour l'apprendre. [Jules Verne. Le tour du monde en quatre-vingt jours (1872)]
Был ли Филеас Фогг богат? Несомненно. Но как он нажил свое состояние? На этот вопрос не могли ответить даже самые осведомленные люди, *а* мистер Фогг был последним, к кому уместно было бы обратиться за подобными сведениями. [Пер. Н. Габинский, Я. Лесюк (1939)]

Что касается параметров 2. и 5., то дивергентным считается такой перевод, когда коннектор переведен другой языковой единицей: морфологической формой, синтаксической конструкцией, лексемой, не являющейся коннектором, и др.

(39) То есть Иван Яковлевич хотел бы и того и другого, но знал, что было совершенно невозможно требовать двух вещей разом, *ибо* Прасковья Осиповна очень не любила таких прихотей. [Н. В. Гоголь. Нос (1832--1833)]

a. C'est-à-dire qu'Ivan Iakovlévitch aurait souhaité et l'un et l'autre, mais il savait qu'il était absolument impossible de demander les deux choses en même temps, Prascovia Ossipovna *ne supportant guère* ce genre de lubies. [Trad. par André Markowicz (2007)]

b. Ivan Iakovlévitch se serait volontiers régalé de café et de pain frais, mais il savait qu'il était inutile de demander deux choses à la fois: Prascovia Ossipovna n'admettait pas ces fantaisies. [Trad. par Boris de Schloezer (1925)]

c. A la vérité, Ivan Yakovlévitch aurait bien voulu pain et café, mais il jugeait impossible de demander les deux choses à la fois, Prascovie Ossipovna *ne tolérant pas* de semblables caprices. [Trad. par Henri Mongault (1938)]

d. A vrai dire, Ivan Iakovlévitch aurait aimé l'un et l'autre, mais il savait qu'il était absolument impossible de réclamer deux choses en même temps: Praskovia Ossipovna n'aimait pas ce genre de caprices. [Trad. par Bernard Kreise (1998)]

В (39) в тексте оригинала употреблен коннектор *ибо*, выражающий причинные ЛСО. Для повести «Нос» Н.В. Гоголя в НБД имеется четыре варианта перевода. Симптоматично, что ни в одном из них переводчик, чтобы передать значение русск. *ибо*, не выбирает причинный коннектор. В двух случаях (варианты a. и c.) его ФЭФ являются причастные конструкции с причастием настоящего времени; в двух других вариантах (b. и d.) вместо коннектора использовано двоеточие. Этот знак препинания является «семантически насыщенным»: он может сочетаться с ограниченным количеством ЛСО, среди которых и причинные отношения.

То же верно для дивергентного стимула перевода: под него подпадают случаи, когда коннектор переводит семантическую структуру или языковую единицу, не являющуюся коннектором.

(40) Ghita m'avait tendu un petit bloc jaune. *Le stylo*, Rocroy lui-même *l'*avait sorti de la poche intérieure de sa veste. [Patrick Modiano. Quartier perdu (1985)]
Гита протянула мне маленький желтый блокнот. *А* ручку Рокруа сам вынул из внутреннего кармана своей куртки. [Пер. Ю. Яхнина (1989)]

(41) Parce qu'un explorateur *qui mentirait* entraînerait des catastrophes dans les livres de géographie. [Antoine de Saint-Exupéry. Le petit prince (1942)]
Да ведь *если* путешественник станет врать, в учебниках географии все перепутается. [Пер. Нора Галь (1959)]

В (40) в тексте оригинала отношения между высказываниями понимаются как сопоставительные (Гита протянул блокнот – Рокруа дал ручку), при этом *ручка* – предмет сопоставления – сначала вводится как топик, а затем повторяется при помощи личного местоимения 3 л. ед.ч. Такая синтаксическая конструкция не характерна для русского языка, ее заменяет союз *а*. В (41) стимулом для употребления условного союза *если* послужило относительное придаточное с глаголом в сослагательном наклонении.

Данные по параметрам лингвоспецифичности формируются в виде таблицы на основе SQL-запроса. Приведем фрагмент этой таблицы для коннекторов, для которых в НБД было сформировано более 100 аннотаций.

Таблица 3. Значения параметров лингвоспецифичности для коннекторов (направление русский-французский).

Коннектор	*Всего МЭ*	*Нулевой ФЭФ*	*В %*	*Дивергентный ФЭФ*	*В %*	*Моделей перевода*	*Рейтинг моделей перевода*
но	796	92	11,56	13	1,63	43	0.56
то есть	632	162	25,63	72	11,39	52	0.79
а	535	127	23,74	42	7,85	51	0.86
хотя	327	35	10,70	17	5,20	44	1.02
особенно	312	33	10,58	34	10,90	39	0.93
как	307	40	13,03	23	7,49	34	0.82
впрочем,	288	14	4,86	11	3,82	38	0.96
да и	281	36	12,81	8	2,85	60	1.54
или	256	24	9,38	1	0,39	26	0.71
а то	209	54	25,84	5	2,39	31	0.96
наконец	194	21	10,82	12	6,19	22	0.72
потому что	180	15	8,33	28	15,56	22	0.75
если||*то*	157	12	7,64	7	4,46	20	0.75
если	153	6	3,92	13	8,50	28	1.06
однако	140	21	15,00	0	0,00	18	0.72
скорее	134	22	16,42	1	0,75	30	1.24
не толь-ко||*но и*	121	2	1,65	2	1,65	35	1.55
кстати	103	11	10,68	22	21,36	30	1.47

Можно заметить, что наиболее высокие значения по параметру «Нулевой ФЭФ» имеют *то есть* (25,63%), *а* (23,74%) и *а то* (25,84). Наименьшие значения по этому параметру у *впрочем* (4,86%), *если* (3,92%) и двухкомпонентного коннектора *не только*||*но и* (1,65%). По дивергентным ФЭФ лидируют *кстати* (21,36%) и *потому что* (15,56%). А для *однако* не было зафиксировано пока ни одного дивергентного ФЭФ. Наибольшее количество моделей перевода (т.н. рейтинг МП[8]) имеют *не только*||*но и* (1.55), *да и* (1.54) и *кстати* (1.47). Наименьшее (из приведенных в таблице) – *но* (0.56) и *или* (0.71), а наименьшее по НБД – *одним словом* и *словом* с одинаковым рейтингом МП: 0.39.

8 О методе его расчета см. (Inkova, Kruzhkov 2018).

Подробный анализ по параметрам лингвоспецифичности дан в соответствующих главах для показателей сопутствования и переформулирования.

4. Заключительные замечания: «портрет» коннектора *то есть* по данным НБД

В заключение по описанным выше шести классификационным признакам и с использованием статистических данных мы можем привести пример функционального портрета коннектора. Возьмем *то есть*, для которого в НБД уже есть представительная статистика, позволяющая сформулировать некоторые выводы[9].

В НБД была сделана сплошная выборка по запросу *то есть* и создано 632 аннотации (по состоянию на 05.01.2019), содержащие эту языковую единицу. Программно сгенерированные статистические данные позволяют сформулировать следующие положения.

– *То есть* является коннектором в 613 случаях, т.е. в 97% случаев своего употребления; эта его функция может считаться доминирующей. Ср. в функции коннектора примеры на Рис. 1–2 и 4–6, в функции не-коннектора (для запроса информации) – (42).

(42) – Сколько платить? – А нисколько. – *То есть*, как? – спрашиваю. – А вот так. Неси шесть бутылок отравы, и площадь за тобой. [Сергей Довлатов. Заповедник (1983)]

– В функции коннектора *то есть* устанавливает отношение переформулирования (см. определение в Инькова, Гурьев 2018) в 579 случаях из 613, т.е. в 94,45%; остальные 34 случая (5,55%) приходятся на отношение коррекции; см. примеры для отношения переформулирования на Рис. 1 и (43) – для коррекции:

---

9 Подробный анализ этого коннектора, в том числе и по параметрам лингвоспецифичности, дан в главе, посвященной отношению переформулирования.

(43) Гражданин Груздев, скажите… ваша жена курит? *То есть* курила?.. [А. Вайнер, Г. Вайнер. Эра милосердия (1975)]

Это значит, что *то есть*, если и является полисемичным, то в слабой степени.

– Порядок следования фрагментов текста, соединяемых *то есть*, всегда p CNT q (где p – первый фрагмент текста, q – второй фрагмент текста, а CNT – коннектор), это сближает *то есть* с сочинительными союзами *а* и *но*, к которым он часто приравнивается по своим синтаксическим свойствам. Однако, в отличие от них, *то есть* может занимать во вводимом им фрагменте текста как начальную позицию (95,1%, 583 случая), так и конечную (3,4%, 21 случай) и срединную (1,5%, 9 случаев) позицию.
– *То есть* вводит в 48,6% (298 случаев) фрагмент текста без предикации, в 22,8% – с предикацией (140); в 7% – сложное предложение в рамках более сложной синтаксической структуры (43); на долю самостоятельных предложений (после точки) приходится 16% (98 случаев): повествовательное (61), вопросительное (23), восклицательное (14); в 1 случае *то есть* вводит СФЕ; в 5,4% (33 случая) фрагмент текста, вводимый *то есть*, оформлен как вставочная конструкция. По этим параметрам он может быть определен как внутрифразовый коннектор.
– Элементы, составляющие неоднословный коннектор *то есть*, не могут варьироваться (за исключением разговорного варианта *то есь* или написания *т.е.*) и разрываться другими словами, что говорит о высокой степени грамматикализации этой неоднословной языковой единицы.

Квантитативный анализ становится, таким образом, неотъемлемой составляющей собственно лингвистического анализа, дополняя его и являясь средством его верификации. С другой стороны, обработка статистических данных открывает новые перспективы исследования и дает лингвистам возможность ответить на пока не решенные вопросы.

Литература

Галкина-Федорук К.М., Горшкова Е.В. & Шанский Н.М. (2009) Современный русский язык. Синтаксис. Москва, Либроком.

Диброва Е.И. ред. (2011) Современный русский язык. Теория. Анализ языковых единиц. Часть II. Морфология. Синтаксис. Москва, Академия.

Добровольский Д.О., Кретов А. А., Шаров С.А. (2005) Корпус параллельных текстов: Архитектура и возможности использования // Национальный корпус русского языка: 2003–2005. Москва, Индрик. С. 263–296.

Зализняк А. А. (2016) База данных межъязыковых эквиваленций как инструмент лингвистического анализа // Компьютерная лингвистика и интеллектуальные технологии: По материалам ежегодной Международной конференции «Диалог 2016», Вып. 15 (22), Москва, РГГУ. С. 763–775.

Зализняк А. А. (2017) О месте категории «присоединение» в описании коннекторов русского языка // Съпоставително езикознание. 2017. №4. С. 21–34.

Инькова О.Ю. (2013) «А в остальном, прекрасная маркиза...»’: о семантике *в остальном*, *в прочем* и *впрочем* // Русский язык в научном освещении. 2013. № 1. С. 21–40.

Инькова О. Ю. (2015) О границах функционального класса коннекторов // Quero Gervilla E. F., Barros García B., Kopylova T. R. (eds) Trends in Slavic Studies. Москва, УРСС. С. 657–668

Инькова О.Ю. (2018а) Лингвоспецифичность коннекторов: методы и параметры описания // Семантика коннекторов: контрастивное исследование / Под научной ред. О.Ю. Иньковой. Москва, ТОРУС ПРЕСС. С. 5–23.

Инькова О. Ю. (2018б) Коннекторы русского языка с формантом при: корпусное исследование // Russ. Linguist. Vol. 42. No. 2. 2018. С. 159–190.

Инькова О. Ю. (2018в) Надкорпусная база данных как инструмент изучения формальной вариативности коннекторов // Компьютерная лингвистика и интеллектуальные технологии: По материалам ежегодной международной конференции «Диалог» (Москва, 30 мая – 2 июня 2018 г.). Вып. 17 (24). Москва, Изд-во РГГУ. С. 240–253.

Инькова О. Ю. (2019) Логико-семантические отношения: проблемы классификации // О. Инькова, Э. Манзотти. Связность текста: мереологические логико-семантические отношения. Москва, Издательский дом ЯСК. С. 19–98.

Инькова О. Ю., Гурьев А. С. (2018) К вопросу о категории пояснения в русской грамматике // Русский язык в научном освещении. 2018. № 1. С. 46–73.

Инькова О. Ю., Нуриев В. А. (2018) Насколько лингвоспецифичен союз *хотя* // Компьютерная лингвистика и интеллектуальные технологии: По материалам ежегодной международной конференции «Диалог» (Москва, 30 мая – 2 июня 2018 г.). Вып. 17 (24). Москва, Изд-во РГГУ. С. 254–266.

Кибрик А. А., Подлесская В. И. (2009) Рассказы о сновидениях. Корпусное исследование устного русского дискурса. Москва, Языки славянских культур.

Киселева Н. П. (1980) Присоединительные конструкции с союзами *причем* и *притом* // Синтаксические связи в русском языке: межвузовский тематический сборник. Владивосток, Дальневосточный государственный университет. С. 58–73.

Кузнецова О.Я. (1968) Сложное предложение с союзом «причем». Автореферат дисс. канд. филол. наук. Ростов-на-Дону, Ростовский государственный университет.

ЛЭС – Ярцева В. Н. (ред.). Лингвистический энциклопедический словарь. Москва, Большая советская энциклопедия, 1990.

Ляпон М. В. (1986) Смысловая структура сложного предложения и текст. К типологии внутритекстовых отношений. Москва, Наука.

Прияткина А.Ф. (2007) К изучению присоединительных конструкций // А.Ф. Прияткина. Русский синтаксис в грамматическом аспекте (Синтаксические связи и конструкции). Избранные труды. С. 201–214. (впервые опубликовано в Ученых записках ДВГУ, Вып. 5, 1962).

РГ-80 – Русская грамматика / Гл. ред. Н.Ю. Шведова (1980). Москва, Наука.

Урысон Е.В. (2012) Союзы, коннекторы и теория валентностей // Компьютерная лингвистика и интеллектуальные технологии: По материалам ежегодной Международной конференции «Диалог» (Бекасово, 30 мая-3 июня 2012г.). Вып. 11 (18). Москва, Изд-во РГГУ. С. 627–638.

Урысон Е.В. (2013) Синтаксис союзов и коннекторов и теория валентностей // Вопросы языкознания». 2013. № 3. С. 3–24.

Формановская Н.И. (2007) Стилистика сложного предложения. Москва, КомКнига.

Щерба Л.В., Матусевич М.И. (1983) Русско-французский словарь: 50 000 слов. 11-е изд., стереотип. Москва, Русский язык.

Breindl E., Volodina A. & Waßner U.H. (2014) Handbuch der deutschen Konnektoren 2. Berlin, De Gruyter.

Inkova O., Kruzhkov M. (2018) Statistical analyses of language specificity of connectives based on parallel textes // Informatics and applications. 2018. Vol. 12, No 3. Pp. 83–90.

Inkova O., Popkova N. (2017) Statistical data as information source for linguistic analysis of Russian connectors // Informatics and applications. 2017. Vol. 11, No. 3. Pp. 123–131.

Mann W. C., Thompson S. A. (1986) Relational Propositions in Discourse // Discourse Processes 9. Pp. 57–90.

Mann W. C., Thompson S. A. (1987) Rhetorical Structure Theory: Description and construction of text structures // Kempen G. (ed.) Natural language generation: New results in artificial intelligence, psychology and linguistics. Part II. Dordrecht, Springer Netherlands. Pp. 85–95.

Mann W. C., Thompson S. A. (1988) Rhetorical structure theory: Towards a functional theory of text organization // Text & Talk 8/3. 1988. Pp. 243–281.

PDTB Research Group (2008). The Penn Discourse Treebank 2.0 Annotation Manual. Technical Report IRCS-08-01. Philadelphia: Institute for Research in Cognitive Science, University of Pennsylvania. https://www.seas.upenn.edu/~pdtb/PDTBAPI/pdtb-annotation-manual.pdf.

Ольга Инькова

Глава 2. Отношение сопутствования и его показатели

1. Вводные замечания[1]

Система союзных средств русского языка характеризуется, как известно, значительным количеством подчинительных союзов, построенных по модели «предлог + указательное местоимение *то* + относительное местоимение *что*», причем эта модель остается продуктивной. Для многих из таких союзов параллельно существуют предложные группы с указательными и относительными местоимениями, также имеющие связующую функцию и более или менее грамматикализованные: *вследствие того что – вследствие чего – вследствие этого*; *несмотря на то что – несмотря на это*; *ввиду того что – ввиду чего – ввиду этого*. Таким образом, создаются парадигмы коннекторов, в которых каждый из членов имеет свои синтаксические особенности употребления, но где все члены парадигмы выражают, как правило, одно и то же логико-семантическое отношение. Кроме того, в подавляющем большинстве случаев этим коннекторам соответствует вопросительное местоимение с тем же предлогом и с той же семантикой (*вследствие чего? несмотря на что? ввиду чего?* и др.).

В настоящем исследовании предлагается рассмотреть одну из таких парадигм, состоящую из коннекторов, образованных с участием форманта *при*: *при том что, причем, притом, при этом*. В отличие от других парадигм подобного рода, в ее состав входит

---

1 В основе разделов 1–5 лежит работа (Инькова 2018a), в основе раздела 6 – работа (Инькова 2015).

не два члена с указательными местоимениями, а три (*при том (,) что*, *при этом*, а также *притом*). В этом отношении она схожа с парадигмой с формантом *по*: *потому (,) что, поэтому, потому* и *почему* (*и*), отличаясь от нее, однако, синтаксическими и стилистическими характеристиками своих членов. Кроме того, в отличие от парадигмы с формантом *по*, где все члены выражают причинно-следственные отношения, члены парадигмы с формантом *при* различаются не только своими синтаксическими свойствами, но и семантикой. Так, в некоторых случаях, как, например, в (1) возможны все четыре коннектора парадигмы с едва уловимым изменением в семантике высказывания:

(1) За полчаса быстрой ходьбы ты не успеешь выбиться из сил и устать, *при этом* нагрузка на мышцы будет достаточной. [На заметку // «Даша», 2004]

(1') За полчаса быстрой ходьбы ты не успеешь выбиться из сил и устать, *причем /притом /при том что* нагрузка на мышцы будет достаточной

В других контекстах мена коннекторов возможна не для всех членов парадигмы; ср. в этом отношении (2) и, особенно, (3), где возможен лишь один член парадигмы:

(2) – Ведь вы мой собственный нос!
Нос посмотрел на майора, и брови его несколько нахмурились.
– Вы ошибаетесь, милостивый государь. Я сам по себе. *Притом* между нами не может быть никаких тесных отношений. Судя по пуговицам вашего вицмундира, вы должны служить по другому ведомству. [Н. В. Гоголь. Нос (1836)]

(2') <...> – Вы ошибаетесь, милостивый государь. Я сам по себе. **Причем* / **При том что* /[?]*При этом* между нами не может быть никаких тесных отношений. Судя по пуговицам вашего вицмундира, вы должны служить по другому ведомству.

(3) Как вы на это решились, *притом что* успех не был гарантирован? [Андрей Веселов, Нил Ушаков. Нил Ушаков: «Латвии надо на три года забыть про “русский вопрос” и “оккупацию”» // «Русский репортер», № 37 (215), 22 сентября 2011, 2011]

(3') Как вы на это решились, **причем* / **притом* / **при этом* успех не был гарантирован?

Относительно семантики коннекторов данной группы не существует единого мнения. Так, например, МАС и Бурцева (2005) относят *при этом* к присоединительным, перефразируя его через *вдобавок, к тому же*, тогда как Ожегов перефразирует его через *вместе с тем, в то же самое время, и притом*, т.е. отмечает у него, прежде всего, значение одновременности (ср. также Рогожникова 2003). Почти те же перифразы, но с акцентом на добавочное сообщение, использует Ожегов и для *притом*: *вместе с тем, к тому же, в добавление к тому*, а в статье *причем* отмечается, что этот союз означает то же, что *притом* (ср. также Бурцева 2005). МАС и БАС относят *притом* к присоединительным, перифразируя через *кроме того, к тому же*, также, как и *причем* (*при этом, в добавление к этому, к тому же*). Таким образом, в словарях постулируется практически полная синонимия этих трех коннекторов (ср. также Морковкин 1997).

Что касается грамматик и исследований, то, за исключением Апресян (1999, 2006), относящей *причем* и *при этом* к показателям уступительных отношений, большинство исследователей видят в *притом* и *причем* в первую очередь показатели отношений присоединительных (ср. Крючков 1950, Кузнецова 1968а, Киселева 1971, 1980, Виноградов 1984, Чжон 2003, Ваулина 2011, Гвоздев 2009: 226–227, РГ-80 II: §2079, Скобликова 2006: 123 и др.), на фоне которых *притом* и *причем* могут приобретать и другие значения, в том числе и уступительно-противительное (Кузнецова 1968а: 12, Кузнецова 1968б: 25). Гвоздев (1955: 440) считает присоединительное *причем* синонимом *при этом*. РГ-80 (II: §3151) видит у *притом* и *причем* «факультативно-комментирующее значение», при котором сообщаемое во второй части «подается в виде примечания к сказанному, служит уточняющим пояснением или поправкой к предшествующей части» (ср. также Ляпон 1986: 55–62). Таким же практически образом определяются, впрочем, и присоединительные отношения: «вторая часть сообщает добавочные, дополнительные сведения, присоединяемые к тем, которые содержатся в первой части» (Формановская 2007: 21, см. также Галкина-Федорук и др. 2009: 157, Диброва 2011: 439 и др.). Речь, по-видимому, идет об одном и том же значении.

Четвертый элемент ряда – коннектор *при том что* – фиксируется только словарях нашего столетия. Рогожникова (2003), Ефремова (2004) и Бурцева (2005) отмечают у него только уступительное значение, считая его синонимом *несмотря на то что, независимо от того что* (ср. также Weiss 1991, РГ-80 II: §3055). Ляпон (1986: 62) считает его, в рамках присоединительных отношений, синонимом *впрочем*: оба они «вносят уточнение, выявляющее внутреннюю несогласованность предтекста и примечания».

Таким образом, за членами парадигмы коннекторов с формантом *при* признается два значения: уступительное (или уступительно-противительное) и присоединительное. Что касается последнего, то присоединительные отношения определены в русской теоретической грамматике настолько нечетко (см., в частности, Пешковский 1914[1]/2001, Виноградов 1941, Щерба 1957), что обобщающий список, сделанный автором данной главы на основании словарей, грамматик и исследований, перечисленных в библиографии, содержит 74 единицы, довольно разнородные по своей семантике. Кроме того, присоединительные отношения не выделяются в других лингвистических традициях, а коннекторы со схожей семантикой и внутренней формой (например, в немецком языке *wobei* и *dabei*) относятся к выражающим отношение сопутствования («Concomintance» в Kortmann 1997, «Komitativität» в Breindl, Volodina, Waßner 2014). О схожести семантики русских коннекторов с формантом *при* и немецких коннекторов с формантом *bei* свидетельствует и тот факт, что они часто служат переводными эквивалентами друг друга. Ср. примеры из параллельного русско-немецкого подкорпуса НКРЯ:

(4) Лебедев подставил стул и князю Щ., *причем* даже в сгибе своей поясницы успел изобразить необыкновенную почтительность. [Ф. М. Достоевский. Идиот (1868–1869)]
Lebedjew stellte auch dem Fürsten Schtsch. einen Stuhl hin, *wobei* er es fertigbrachte, durch die Krümmung seines Rückens eine außerordentliche Ehrerbietung auszudrücken.[2]

(5) «Вот одно различие», – сказал он, улыбаясь более неестественно и одушевленно, чем обыкновенно, *и при этом* особенно резко выказывая в сложившихся около его рта морщинах что-то неожиданно грубое и неприятное. [Л. Н. Толстой. Война и мир, том 1 (1865–1869)]
„Das ist der einzige Unterschied", sagte er mit unnatürlicherem und lebhafterem Lächeln als gewöhnlich, *wobei* in den Falten seines Mundes ein unerwartet grober und unangenehmer Zug hervortrat.

(6) – Вы бы написали, сударь, к хозяину, – сказал Захар, – так, может быть, он бы вас не тронул, а велел бы сначала вон ту квартиру ломать. Захар *при этом* показал рукой куда-то направо. [И. А. Гончаров. Обломов (1859)]
„Sie sollten an den Hausherrn schreiben, gnädiger Herr", sagte Sachar, „dann würde er Sie vielleicht in Ruhe lassen und würde zuerst jene Wohnung niederreißen lassen". Sachar zeigte *dabei* mit der Hand irgendwohin nach rechts.

(7) На нем был довольно широкий и толстый плащ без рукавов и с огромным капюшоном, точь-в-точь как употребляют часто дорожные, по зимам, где-нибудь далеко за границей, в Швейцарии, или, например, в Северной Италии, не рассчитывая, конечно, *при этом* и на такие концы по дороге, как от Эйдткунена до Петербурга. [Ф. М. Достоевский. Идиот (1868–1869)]
Er trug einen ziemlich weiten, dicken Mantel ohne Ärmel und mit einer gewaltigen Kapuze, von der Art, wie man sie oft auf Reisen zur Winterzeit irgendwo im fernen Ausland benutzt, zum Beispiel in der Schweiz oder in Oberitalien, wo man *dabei* natürlich auch nicht auf so weite Fahrten rechnet wie die von Eydtkuhnen nach Petersburg.

---

2 Авторы переводов в немецком параллельном подкорпусе не указываются.

Однако Д. Вайс (Weiss 1991), анализируя *причем* и сравнивая его со немецким *wobei*, приходит к выводу о том, что *причем* устанавливает особый тип синтаксической связи – ни сочинение, ни подчинение, – но никак не определяет тип выражаемых *причем* логико-семантических отношений, считая его основной функцией «уточнение предыдущей информации или добавление дополнительных сведений о том же предмете» (Weiss 1991: 325), т.е. речь, по-видимому, идет все о тех же присоединительных отношениях.

В работе (Инькова 2015) на примере коннектора *при том что* было показано, что уступительная и противительная интерпретации высказывания, содержащего данный коннектор, являются контекстно обусловленными и возникают на основе его базового значения, к которому применимо определение, данное в работах (Kortmann 1997) и (Breindl, Volodina, Waßner 2014) для отношения сопутствования, о котором пойдет речь ниже.

Мы опишем семантические и синтаксические свойства парадигмы коннекторов с формантом *при*, чтобы проверить, насколько гипотеза относительно семантики одного из ее членов – коннектора *при том что* – применима к остальным членам парадигмы. Примеры для исследования, при отсутствии других указаний, заимствованы из Национального корпуса русского языка (НКРЯ), статистика получена в Надкорпусной русско-французской базе данных коннекторов (НБД), в которую загружены тексты из параллельного русско-французского подкорпуса НКРЯ общим объемом 4,9 миллионов словоупотреблений (подробнее см. Зацман и др. 2016, Инькова 2018б).

2. Отношение сопутствования

Отношение сопутствования практически никогда не включается в классификации логико-семантических отношений. Оно, например, отсутствует в списке риторических отношений, используемых в рамках теории риторической структуры, разработанной

У. Манном и С. Томпсон (Mann, Thompson 1986, 1988, Mann et al. 1992), а также в их расширенном списке, предложенном в работе (Кибрик, Подлесская 2009: 438–440). Нет его и в классификациях, применяемых в рамках проекта The Penn Discourse TreeBank 2.0. (см., например, Prasad et al. 2008, Prasad, Bunt 2015, 2016). Это связано с тем, что во многих языках отсутствуют специфические показатели данного отношения, в отличие, например, от немецкого или, как будет показано, русского языков. Это позволяет Б. Кортманну (Kortmann 1997: 281) отнести отношение сопутствования к отрицательным евроуниверсалиям (negative Eurouniversal)[3]. Неслучайно поэтому, что данное отношение упоминается, прежде всего, в работах, посвященных коннекторам немецкого языка.

Насколько нам известно, оно впервые вводится в число логико-семантических отношений в уже упомянутой работе (Kortmann 1997) под названием 'concomitance' (предлагаемые альтернативные термины *accompagying circumstance, accompaniment*) и иллюстрируется немецким *wobei.*

(8) Ich nahm das Buch vom Regal, *wobei* mir die Vase herunterfiel. [пример Kortmann 1997: 89]

Б. Кортманн определяет это отношение следующим образом: "two separate situations *p* and *q* stand side by side; there is no indication of specific semantic relation holding between *p* and *q*; all that needs to be secured is the unity of space and time" (Kortmann 1997: 89).

Это отношение фигурирует и в классификации, предложенной Breindl, Volodina, Waßner (2014) также на материале немецкого языка. Авторы предпочитают термин *Komitativität* 'комитативность', давая термины *Kookkurenz, Konkomitanz, begleitender Umstand* как альтернативные. Комитативность определяется как

---

3 Еще более радикальную позицию занимает Р. Бартш (Bartsch 1976: 184), которая полагает, что коннекторы, подобные нем. *wobei* не устанавливают отношений между двумя ситуациями ("do not establish a relation <…> between circumstances").

концептуально элементарное отношение, описывающее совместное участие в некоторой ситуации двух участников, причем, как правило, иерархическое („eine konzeptuell elementare Relation, die die gemeinsame kooperative, aber im Typischen Fall nicht gleichgewichtige Beteiligung von zwei Partizipanten an einer Situation beschreibt") (Breindl, Volodina, Waßner 2014: 569).

Авторы сближают семантику комитативности с семантикой инструменталиса на основании того, что немецкий язык использует для выражения этих отношений одни и те же языковые средства, в частности, с участием предлогов *mit* и *durch*. На семантическую близость этих двух отношений, в связи с описанием семантический ролей в структуре простого предложения, обратил в свое время внимание X. Зайлер (Seiler 1974), который считает инструменталис и комитатив[4] различными проявления одного общего принципа – принципа сопутствования (*the Principle of Concomitance*). Зайлер полагает, что предложные группы, возглавляемые предлогом *mit* (*mit X*) и которые можно перефразировать при помощи *und X ist dabei / unter Dabeisein X* представляют собой «сопутствующие предикации», сопровождающие главную ("a 'Concomitant Predication', i.e., a predication accompanying the main predication") (Seiler 1974: 218). При этом семантическое отношение между главной и сопровождающей предикацией не специфицировано и зависит от контекста (Seiler 1974: 228*sq*. и особенно 243: "The concomitant predication is apprpriate when [the] roles or relationships demands to be specified").

В русской лингвистической традиции термин «сопроводительный», «комитативный» употребляется как для описания семантических ролей, так и для обозначения способа глагольного действия, выражаемого глаголами с приставками *при-* и *под-*, которые «обозначают действие, происходящее одновременно с некоторым другим действием и выполняющее как бы вспо-

4 Подробнее о различных употреблениях термина «комитатив» и его отношении с другими терминами, обозначающими схожие синтаксические и семантические конструкции, в частности, с термином «инструменталис», см. Архипов (2009).

могательную по отношению к нему роль» (Зализняк, Шмелев 2000: 126); ср. (9):

(9) Дядя выносил ей горстку соли и кормил ее с руки, что-то тихо *приговаривая*. [Фазиль Искандер. Лошадь дяди Кязыма (1966)]

Для анализа семантики сложного предложения, термин «сопутствование» как название одного из логико-семантических отношений не употребляется, хотя и встречается в некоторых исследованиях, посвященных интересующей нас группе коннекторов. Например, термин «действие, сопутствующее основному» используется Кузнецовой (1968а: 9) для описания значений *причем* в рамках присоединительных отношений в таких высказываниях, как (10):

(10) Диктовал он очень скоро и горячо, *причем* делал движение головой и руками [С. Т. Аксаков. Детские годы Багрова-внука, служащие продолжением семейной хроники (1858)]

Киселева (1980: 61, 64, 66, 69) предпочитает ему термины «комитативные отношения», «обязательная сопроводительность», «сопроводительный характер», используя их также для определения значений *причем* и *притом* в рамках присоединительных отношений, но в ином типе конструкции; ср. (11), где часть, вводимая *притом*, находится в атрибутивных отношениях к именной части предиката (*удача*) первой части:

(11) Для этого опять потребуется линейка, *притом* прямая линейка [пример Киселева 1980: 70].

В (10) и (11) речь идет о принципиально разных конструкциях. В (10) действие *диктовать* сопровождается, т.е. имеет место одновременно с ним, другим действием того же субъекта *делать движение головой и руками*. В (11) ситуация одна, но говорящий описывает ее как бы в два приема: вторая часть предложения сопровождает первую в том смысле, что уточняет информацию, в ней содержащуюся (в данном случае, сужая интенсионал существительного *линейка*). В случае (10) можно говорить об отношении сопутствования на пропозициональном уровне, в (11) – об отношении сопутствования на уровне высказывания, т.е. иллокутивном сопутствовании.

Различия между двумя видами отношения сопутствования – пропозитивным и иллокутивным – проявляется и в семантической структуре высказываний. При сопутствовании на пропозициональном уровне должны быть соблюдены три семантических условия: а) обе ситуации имеют место одновременно и б) одна из них представлена как главная, а вторая, вводимая показателем отношения сопутствования, как вспомогательная, второстепенная, участвующая в реализации первой, что предполагает в свою очередь, помимо общности времени, в) еще и общность участников и места реализации обеих ситуаций.

При сопутствовании на уровне высказвыания эти ограничения снимаются.

(12) Средняя цена по всему элитному жилью в районе Замоскворечье составила в феврале 2003 г. $3750/кв.м. *При этом* за прошлый год она выросла более чем на $1200 (35%). [Бесконечный рост «элиты» (2004) // «Мир & Дом. City», 2004.05.15]

В (12) действия, описанные в левом и правом контекстах *при этом*, разделены временным промежутком (*в феврале 2013 г.* и *за прошлый год*), и вторая ситуация не может рассматриваться как вовлеченная в реализацию первой, хотя они и имеют общий субъект действия (*средняя цена*). В (13):

(13) 29 декабря предполагаемый террорист отправился в Стамбул, *при этом* его жена сказала, что не знала о планах мужа и его связях с «Исламским государством». «Я узнала о нападении из новостей», – заявила она. [http://rus.postimees.ee/3967367/smi-uznali-o-zaderzhanii-zheny-predpolagaemogo-stambulskogo-terrorista; дата обращения 04.01.2017]

ситуации, соединенные *при этом*, различаются не только временем (речь идет о теракте в Стамбуле в новогоднюю ночь 2017 года), но и субъектами действия и, по-видимому, местом.

При этом следует иметь в виду, что и степень вовлеченности второстепенной ситуации в реализацию главной является переменной величиной. Ее можно расположить на шкале, на полюсе максимальной вовлеченности которой будут находится причинные отношения, а на противоположном полюсе – семантически недифференцированные отношения, иначе говоря, наиболее информативно бедные, например, выражаемые союзами рус. *и*, нем. *und*, фр. *et* и т.д. По мнению Breindl, Volodina, Waßner (2014: 570), семантическое ядро отношения сопутствования находится в середине этой шкалы, представляя одну из ситуаций как главную, а вторую как сопровождающую ее. Поэтому высказывания с отношением сопутствования в зависимости от смыслового соотношения фрагментов текста, связанных одним из показателей этих отношений, могут быть интерпретированы как выражающие наиболее сильную степень зависимости двух ситуаций, а именно причинно-следственные или противительно-уступительные отношения, или, наоборот, простую ассоциацию мыслей: *p. При этом мне приходит в голову q* [*p. Dabei fällt mir ein q*]. Это утверждение согласуется с мнением Б. Кортмана, который считает отношение сопутствования одним из наиболее информативно бедных отношений[5], и вполне применимо к данным русского языка.

Так, в (14):

(14) Слуга молча повернулся ко мне спиною, *причем* обнаружилась сильно истертая спинка его ливреи, с одинокой порыжелой гербовой пуговицей, и ушел, поставив тарелку на пол. [И. С. Тургенев. Первая любовь (1860)]

ситуация *q*, вводимая *причем*, может быть интерпретирована как следствие ситуации *p* (*слуга повернулся спиной*). Тогда как в (12)

5 Понятие шкалы информативности в работах Б. Кортманна определяется так: “a scale on which the semantic relations... can be arranged according to their degree of informativeness or, alternatively, specificness” (Kortmann 1991: 119–120). “Manner and even more so Concomitance generally qualify as interclausal relations exhibiting a low degree of informativeness, while Concession is claimed to be positioned at the opposite end of the gradient” (Kortmann 1997: 154).

и (13) выше можно говорить лишь о простой ассоциации идей: в (12) вторая часть говорит о том, как поднялись средние цены в предыдущий период, а в (13) – о том, что жена предполагаемого террориста не знала о его планах. В сопоставительном разделе главы мы увидим, что французские переводчики часто выбирают в качестве эквивалента русских коннекторов с формантом *при* показатели более семантически насыщенных логико-семантических отношений.

Следующие разделы (§§3–6) посвящены описанию коннекторов с формантом *при* – *при этом, притом, причем* и *при том что* – с целью определить особенности их функционирования: смысловые отношения между пропозициональным содержанием соединяемых ими фрагментов текста, их синтаксические характеристики, а также способность выражать тот или иной вид отношения сопутствования и иметь ту или иную семантически более «богатую» интерпретацию. Раздел 7 содержит статистические данные, позволяющие увидеть различия в синтаксическом и семантическом функционировании членов парадигмы с формантом *при.* В последнем разделе приводится анализ показателей сопутствования с точки зрения их лингвоспецифичности в паре языков русский – французский.

3. *При этом*

Коннектор *при этом* является одним из наименее изученных в парадигме с формантом *при*. Он, как правило, не фигурирует в списках показателей присоединительных отношений (хотя, как мы видели, упоминается в числе синонимов *причем*), что связано, по-видимому, с тем, что статус союза закрепляется за ним относительно недавно. Так, Я. Грот в «Спорных вопросах русского правописания» (1873) отмечает, что слова *при этом* «не составляют союза и не должны писаться слитно», в отличие от *притом* и *причем* (Грот 1873: 131). Употребление в качестве свободного сочетания местоимения и предлога сохраняется за *при этом* и сегодня:

(15) – Секретаря МАССОЛИТа Берлиоза сегодня вечером задавило трамваем на Патриарших. – Не ври ты, чего не знаешь! – рассердился на Рюхина Иван, – я, а не ты был *при этом*! Он его нарочно под трамвай пристроил! [М. А. Булгаков. Мастер и Маргарита, часть 1 (1929–1940)]

Сочетание *при этом*, которое входит в обязательную валентность предиката *быть*, сохраняет здесь значения своих компонентов: предлог *при* «[у]потребляется для указания на событие, действие, в момент которого происходит, совершается что-либо» (БАС, *s.v.*), а указательное местоимение *это* анафорически отсылает к событию, упомянутому в предыдущем контексте, т.е. гибели Берлиоза.

То же значение указания на одновременность событий сохраняется у *при этом* и в (16):

(16) Ему прокуратор приказал сдать преступника начальнику тайной службы и *при этом* передать ему распоряжение прокуратора о том, чтобы Иешуа Га-Ноцри был отделен от других осужденных <…>. [М. А. Булгаков. Мастер и Маргарита, часть 1 (1929–1940)]

Однако, в отличие от (15), в (16) *при этом* не входит в обязательную валентность предиката, хотя и в полной мере сохраняет свою анафорическую функцию. И если здесь еще можно не признать у *при этом* связующей функции, так как однородные инфинитивы соединены союзом *и*, то в (17) *при этом* может считаться коннектором, о чем свидетельствует и его начальная позиция.

(17) В пакете что-то щелкало, свистело и царапалось. *При этом* доносились тягостные вздохи. [Сергей Довлатов. Иностранка (1985)]

При этом сигнализирует о том, что действия «щелкало, свистело и царапалось» сопровождались «тягостными вздохами». Оба положения вещей, второе из которых благодаря семантике предлога *при* представлено как второстепенное с коммуникативной точки зрения, осуществляются одновременно, в одном месте и касаются одного субъекта (как потом выяснится, большого зеленого попугая). Таким образом, все три условия, необходимые для возникновения отношения сопутствования между двумя положениями дел, здесь соблюдены, и именно *при этом* выражает данное отношение.

В (18) тот факт, что оба действия осуществляются одним субъектом и одновременно, выражен морфологически: второе из них описывается деепричастием настоящего времени, что одновременно устанавливает и иерархию между двумя положениями вещей не только в коммуникативном, но и в синтаксическом плане.

(18) А вот картины Тарковского я похваливал снисходительно. *При этом* намекая, что Тарковский лет шесть ждет от меня сценария. [Сергей Довлатов. Чемодан (1986)]

Однако, субъекты действий не обязательно должны быть подлежащими. В следующем примере, подлежащим является местоимение *он*, а во втором – существительное *улыбка*, тогда как субъект первого действия становится здесь дополнением с посессивным значением (*у него на лице* = на *его* лице).

(19) Тут он зааплодировал, но в совершенном одиночестве, *и* на лице *при этом* у него играла уверенная улыбка <…>. [М. А. Булгаков. Мастер и Маргарита, часть 1 (1929–1940)]

В (19) можно говорить об отношении ассоциативной анафоры, которая связывает семантические субъекты действий: *он* и *его лицо* (которое улыбалось). Иными словами, он аплодировал и одновременно уверенно улыбался.

Таким образом, при анализе высказываний с отношением сопутствования важна прежде всего не их поверхностная синтаксическая структура, а их глубинная семантическая структура. Расхождение между этими структурами может быть значительным. Так, в (20) в первом из фрагментов текстов, связанных *при этом*, подлежащими являются номинализации действий субъекта (*вдыхания* и *выдыхания*), Кати, когда она смеется, а во втором фрагменте описывается действие одной из 'частей' того же субъекта: смеются только ее ноздри:

(20) Хохот у нее какой-то странный: вдыхания быстро и ритмически правильно чередуются с выдыханиями – похоже на то, как будто она играет на гармонике – *и* на лице *при этом* смеются одни только ноздри. [А. П. Чехов. Скучная история (1889)]

В большинстве случаев ассоциативной анафоры, связывающей субъекты одновременных действий, одно из них представляет собой речь субъекта, которая сопровождается его жестами, мимикой, тем или иным выражением лица, глаз и т.д.:

(21) – Светильники зажег… – сквозь зубы в тон арестанту проговорил Пилат, *и* глаза его *при этом* мерцали. [М. А. Булгаков. Мастер и Маргарита, часть 1 (1929–1940)]

(22) Вы посудите сами… я не знаю, милостивый государь. (*При этом* майор Ковалев пожал плечами.) Извините… если на это смотреть сообразно с правилами долга и чести… вы сами можете понять… [Н. В. Гоголь. Нос (1836)]

Но речь субъекта может сопровождаться и другими его действиями:

(23) – В смысле головы – не очень. Тройка с плюсом. А вот фактура – потрясающая. *При этом* Людмила Борисовна трогала мою губу, оттягивала нос, касалась уха. [Сергей Довлатов. Чемодан (1986)]

Как в одном, так и в другом случае второе действие, вводимое *при этом*, может непосредственно следовать за прямой речью, иными словами, действие говорения может не быть эксплицировано соответствующим глаголом; ср. в этом отношении (22)-(23), с одной стороны, и (21) с другой.

Слова субъекта могут, наоборот, быть представлены говорящим, как сопровождающие какое-то его действие, как в (24), где глагол *говорить* находится во фрагменте текста, вводимом *при этом*:

(24) Маруся дарила сестре платья и кофты. *При этом* говорилось: – Синюю кофту бери, а зеленую я еще поношу… [Сергей Довлатов. Иностранка (1985)]

В рассмотренных выше примерах (16)-(24) *при этом* связывает два действие, одно из которых сопровождает другое. Но второе действие, то, которое вводит *при этом*, может восприниматься и как составляющая первого действия.

(25) Галина налила себе из термоса кофе. Крышка термоса *при этом* отвратительно скрипела. [Сергей Довлатов. Чемодан (1986)]

В (25) первое действие *налить из термоса кофе* совершается Галиной, а фрагмент текста, содержащий *при этом*, описывает действие другого субъекта – крышки термоса, – который является составляющей первой ситуации: Галина наливает кофе из термоса.

Следует также, по-видимому, признать, что *при этом*, в силу своего анафорического характера, может выражать отношение сопутствования на пропозициональном уровне не только в функции коннектора, но и в функции обстоятельства времени:

(26) Петр Иванович вошел, как всегда это бывает, с недоумением о том, что ему там надо будет делать. Одно он знал, что креститься в этих случаях никогда не мешает. Насчет того, что нужно ли *при этом* и кланяться, он не совсем был уверен и потому выбрал среднее: войдя в комнату, он стал креститься и немножко как будто кланяться. [Л. Н. Толстой. Смерть Ивана Ильича (1886)]

Речь здесь, безусловно, идет об отношении сопутствования: два действия – *креститься* и *кланяться* – совершаются одним субъектом, одновременно и в одном месте, что и эксплицировано в заключительной фразе, и *при этом* анафорически отсылает к первому из двух действий (*креститься*). Но вряд ли у *при этом* можно признать здесь статус коннектора, поскольку он не имеет сентенциальной сферы действия.

С другой стороны, *при этом* может анафорически отсылать не только к действию, описанному в предыдущем контексте, но и к целой ситуации, которая, к тому же, может быть довольно сложной по своей семантической структуре, как, например, в (27):

(27) В Ярославле, как раз в обеденную пору, в ресторан явился гражданин с примусом в руках, который он только что взял из починки. [Двое швейцаров, лишь только увидели его, бросили свои посты в раздевалке и бежали, а за ними бежали из ресторана все посетители и служащие]*p*. *При этом* [у кассирши непонятным образом пропала вся выручка]*q*. [М. А. Булгаков. Мастер и Маргарита, часть 2 (1929–1940)]

Ситуация *p*, описанная в контексте, предшествующем *при этом*, и к которой он отсылает, состоит из нескольких действий, совпадающих по месту и следующих друг за другом во времени. *При этом* резюмирует всю эту ситуацию *p* и указывает на то, что событие, описанное во вводимом им высказывании (*q*), происходит вместе с этими событиями, являясь составной частью объединяющего их события: происшествие в ресторане. Действительно, хотя в этой ситуации участвуют разные субъекты, но все они связаны с обстоятельством места (*ресторан*) ассоциативной анафорой: в ресторане есть швейцары, посетители и служащие, а также кассирша.

Ср. также (28), в котором *при этом* резюмирует все предыдущее высказывание и может быть перефразировано через *в таком случае* или *при таком подходе*.

(28) Большинство критических и историко-литературных работ о нем до сих пор еще игнорируют своеобразие его художественной формы и ищут это своеобразие в его содержании – в темах, идеях, отдельных образах, изъятых из романов и оцененных только с точки зрения их жизненного содержания. Но ведь *при этом* неизбежно обедняется и само содержание: в нем утрачивается самое существенное – то новое, что увидел Достоевский. [М. М. Бахтин. Проблемы поэтики Достоевского (1963)]

Именно из употребления *при этом* как показателя резумптивной анафоры (т.е. анафоры, резюмирующей ситуацию, которая может быть описана и в нескольких высказываниях, в целом) развивается, на наш взгляд, его иллокутивное употребление, когда этот коннектор выражает отношение сопутствования на уровне высказывания. Высказывание, вводимое *при этом*, сопровождает предыдущее высказывание, представляющее собой самостоятельный коммуникативный акт; оба высказвания должны быть интерпретированы вместе, если можно так сказать, одновременно.

(29) Когда-то я довольно много пил. И, соответственно, болтался где попало. Из-за этого многие думали, что я общительный. Хотя стоило мне протрезветь – и общительности как не бывало. *При этом* я не могу жить один. Я не помню, где лежат счета за электричество. [Сергей Довлатов. Чемодан (1986)]

В этом примере, уже нельзя говорить том, что *при этом* связывает действия, одно из которых имеет сопутствующий характер, хотя бы потому что речь в нем идет о постоянных качествах героя: его необщительности и невозможности для него жить одному. Эти две характеристики должны рассматриваться вместе, чтобы создать полную картину. Отношение сопутствования переносится, следовательно, с пропозиционального уровня на уровень высказывания.

Тот факт, что отношение сопутствования переносится на уровень высказывания, может быть выражено специальными языковыми средствами, в частности, глаголами речи (*добавить, заметить, отметить* и др.), следующими за *при этом*, который выдвигается в начальную позицию, как в (30):

(30) Лернер еще месяца три пролежал без движения. *При этом* следует отметить, что его финансовые дела шли неплохо. [Сергей Довлатов. Иностранка (1985)]

Что касается семантической структуры высказываний, связанных отношением иллокутивного сопутствования, то если при пропозициональном сопутствовании должно соблюдаться единство времени, места и актантов действий, связанных этим отношением, то при сопутствовании на уровне высказывания ограничения на структуру фрагментов текста становятся менее сильными. По крайней мере, совпадение места и времени двух ситуаций становится необязательным, тем более что высказывания, связанные этим отношением, описывают, как правило, постоянные качества или вневременные ситуации или же вводимые *при этом* фрагменты текста содержат комментарий к положению вещей, описанному в первом фрагменте текста, как в (31):

(31) Обратились к Шлиппенбаху. Тот воскликнул: – Я и за живого Матюшина рубля не дал бы. А за мертвого и пятака не дам. Пускай КГБ хоронит своих осведомителей... *При этом* Шлиппенбах без конца занимал деньги у сослуживцев и возвращал их неохотно. [Сергей Довлатов. Чемодан (1986)]

Пример (31), в сравнении с (21)-(24), где одно из описанных действий также представляет собой речь субъекта, наглядно показывает, что отношение сопутствования установлено здесь на уровне высказывания: повторяющееся действие, описанное во фрагменте текста, вводимом *при этом*, не является одновременным с действием *воскликнул* того же субъекта (Шлиппенбаха), описанном в предыдущем контексте. *При этом* сигнализирует здесь о том, что слова Шлиппенбаха должны оцениваться на фоне сообщаемой в данном фрагменте текста информации.

Если общность места и времени описанных в *p* и *q* ситуаций не является обязательной, они тем не менее обладают по крайней мере одним общим референтом. Иными словами, во фрагменте текста, вводимом *при этом* (*q*), сообщается информация об одном из референтов, присутствующих в предыдущем контексте (*p*), причем, как правило, этот референт является семантическим субъектом действий или носителем признаков, описанных в высказываниях, соединенных *при этом*; ср. приведенные выше (30) и (31). Разновидностью этого случая могут считаться такие семантические построения, когда в *p* сообщается информация о двух референтах, которые в *q* объединяются в один (32), или наоборот, когда в *p* присутствует коллективный референт, а в *q* говорится по отдельности об одном или нескольких референтах, входящих в его состав (33).

(32) Жора был веселый, разбитной и откровенный. А Балиев – по контрасту – хмурый, строгий и неразговорчивый. *При этом* между ними ощущалась согласованность, как в цирке. [Сергей Довлатов. Иностранка (1985)]

(33) Оба были мастерами своего дела и, разумеется, горькими пьяницами. *При этом* Лихачев выпивал ежедневно, *а* Цыпин страдал хроническими запоями. [Сергей Довлатов. Чемодан (1986)]

Несмотря на близость своей семантической структуры, (32) и (33) различаются своим актуальным членением. Если в (33) общие референты находятся в позиции темы и в *p* (*оба*) и в *q* (*Лихачев* и *Цыпин*), то в (32) общие референты находятся в *p* в позиции темы (*Жора* и *Балиев*), а в *q* – в реме (*между ними*), поскольку в позиции темы оказывается *при этом*. Возможность участвовать – в качестве одного из его компонентов – в актуальном членении высказывания отличает *при этом* от других показателей сопутствования с формантом *при*.

Актуальное членение может иметь и другую конфигурацию: референт, находящийся в реме в *p*, становится темой или ее частью в *q*; ср. (34):

(34) Но автор может использовать чужое слово для своих целей и тем путем, что он вкладывает новую смысловую направленность в слово, уже имеющее свою собственную направленность и сохраняющее ее. *При этом* такое слово, по заданию, должно ощущаться как чужое. [М. М. Бахтин. Проблемы поэтики Достоевского (1963)]

В *p* референт *слово* входит в рему, а в *q* этот же референт становится темой высказывания. Таким образом, общность референта в *p* и в *q* позволяет понять, что в *q* сообщается что-то «по поводу» сказанного в *p*.

Однако в некоторых случаях семантическая связь между *p* и *q* может быть менее очевидной.

(35) Что, если Рафаэль полезет драться?.. Я не трус. Но мы в чужой стране. Языка практически не знаем. В законах ориентируемся слабо. К оружию не привыкли. А тут у каждого второго – пистолет. Если не бомба… *При этом* латиноамериканцы, говорят, еще страшнее негров. Те хоть рабами были двести лет, что отразилось соответственно на их ментальности. А эти? Все, как один, здоровые, нахальные и агрессивные… Драки, конечно, в Ленинграде бывали. Но обходилось все это без роковых последствий. [Сергей Довлатов. Иностранка (1985)]

В (35) фрагменты текста, связываемые *при этом*, не имеют общих референтов, но составляют единую аргументацию говорящего, решающего драться или нет. Та часть аргументации, которая начинается после *но* (*Но мы в чужой стране*), содержит два аргументативных блока против драки. Первый блок аргументов организуется вокруг того, что все происходит в чужой стране со своими законами и обычаями. Новый аргумент против драки изложен во фрагменте текста, который вводит *при этом*: латиноамериканцы еще страшнее негров (Рафаэль, с которым предстоит возможная драка, – латиноамериканец). Аргументация затем продолжается новым аргументом, построенным снова вокруг союза *но* (драки, конечно, бывали и раньше, но без последствий). Таким образом, отношение иллокутивного сопутствования приобретает аргументативную функцию: *при этом* вводит новый аргумент, который должен быть понят как однонаправленный с изложенным в предыдущем контексте.

Иллокутивное сопутствование с аргументативной функцией характерно и для научной речи.

(36) Параллелизм синтаксического положения и морфологическая однотипность ведущих слов внешне сближают пояснительную конструкцию с однородными членами предложения. *При этом* в нашей литературе утвердилось мнение, что союз, связывающий члены предложения, связывает их как однородные. Отсюда и то определение синтаксического значения пояснительных союзов, которое дано в академической «Грамматике русского языка»: «К сочинительным союзам примыкают союзы пояснительные... Эта группа союзов также связывает не только предложения, но и однородные члены». [А.Ф. Прияткина. Русский синтаксис в грамматическом аспекте (2007: 184)]

В этом примере, который представляет собой аргументативный абзац в защиту того, чтобы считать пояснительные союзы сочинительными, первое высказывание говорит о близости пояснительной конструкции с однородными членами предложения. Высказывание, вводимое *при этом*, излагает мнение, имеющееся в научной литературе о том, что связанные союзом члены предложения являются однородными. На основе этих двух положений сформулирован вывод (который вводится *отсюда и*), завершающий рассуждение. Заметим, что именно *при этом* обеспечивает связность аргументации; без него логика рассуждения была бы менее ясна.

Таким образом, проведенный анализ показал, что *при этом* может считаться показателем отношения сопутствования, которое он устанавливает как между пропозициями, так и между речевыми актами. Что касается других, семантически более богатых интерпретаций, то они возникают как смысловые эффекты на основе соотношения семантического наполнения *p* и *q*. Так, (32) выше приобретает уступительно-противительную семантику: *p* блокирует условия осуществления *q*, так как особенности характера Хоры и Балиева плохо совместим в нашем представлении с существующей между ними согласованностью. Но *p* может, наоборот, быть интерпретировано как условие для реализации *q*, как в (37), где *при этом* должно быть понято *в этих условиях*:

(37) Президент Российской Федерации прекращает исполнение полномочий досрочно в случае его отставки, стойкой неспособности по состоянию здоровья осуществлять принадлежащие ему полномочия или отрешения от должности. *При этом* выборы Президента Российской Федерации должны состояться не позднее трех месяцев с момента досрочного прекращения исполнения полномочий [Конституция Российской Федерации (1993)]

Наконец, *p* может быть понято как основа для вывода, сделанного в *q*:

(38) Это не столкновение двух последних смысловых инстанций, а объектное (сюжетное) столкновение двух изображенных позиций, всецело подчиненное высшей, последней инстанции автора. Монологический контекст *при этом* не размыкается и не ослабляется. [М. М. Бахтин. Проблемы поэтики Достоевского (1963)]

Следует, однако, подчеркнуть, что все эти интерпретации контекстуально обусловлены и возникают на основе базового значения *при этом* как показателя отношения сопутствования. В разделе 8 они будут проанализированы с сопоставительной точки зрения.

4. *Причем*

В отличие от *при этом*, *причем* является несомненно наиболее изученным из анализируемых коннекторов. Ему специально посвящен целый ряд исследований (Кузнецова 1966, 1968а, 1968б, 1968в, Киселева 1980, Weiss 1991); рассматривается он и в работах, посвященных присоединительным отношениям, как один из их бесспорных показателей (Виноградов 1984, Чжон 2003, Ваулина 2011 и др.).

Возникает коннектор *причем*, как и *при этом*, из сочетания предлога *при* с местоимением, но местоимением относительным. Еще в середине XIX века это сочетание писалось раздельно. Ср., например, в издании 1855 года «Шинели» Н.В. Гоголя[6] (39) или (40) у Ф.М. Достоевского:

(39) Ребенка окрестили; *при чем* он заплакал и сделал такую гримасу, как будто бы предчувствовал, что будет титулярный советник. [Н. В. Гоголь. Шинель (1842)]

(40) Федор Павлович мигом завел в доме целый гарем и самое забубенное пьянство, а в антрактах ездил чуть не по всей губернии и слезно жаловался всем и каждому на покинувшую его Аделаиду Ивановну, *при чем* сообщал такие подробности, которые слишком бы стыдно было сообщать супругу о своей брачной жизни. [Ф. М. Достоевский. Братья Карамазовы (1878)]

Сочетание *при* + *что* является здесь членом предложения (обстоятельством времени), а относительное местоимение *что* сохраняет свою анафорическую функцию (что мы наблюдали у *при этом*), которая характеризует и другие относительные местоимения в так называемых «присоединительных придаточных»[7]; ср. (41):

(41) Я здоров был и силен, и нисколько мне не стыдно вспомнить, что я на постоялом дворе колол дрова, рубил капусту и нянчил ребят хозяйских, *за что* меня и кормили. [Н. Г. Помяловский. Молотов (1861)].

Сохраняет это употребление *при чем* и сегодня, хотя НКРЯ приводит считанные примеры:

(42) Не мог же Антон объяснить ему, что больше всех лаптей вместе взятых, настоящих и будущих, ему нравилось само слово и то, как Гурка его произносит, выдвигая на последнем слоге вперед челюсть, *при чем* обтягивался кожею и заострялся его кадык <…>.

6 Гоголь Н. В., «Шинель», *Сочинения Гоголя*, т. 3, Москва, 1855, сс. 229–288.

7 Подробнее об этом типе придаточных см. (Инькова 2013).

[Александр Чудаков. Ложится мгла на старые ступени (1987–2000) // «Знамя», 2000]

Но сочетание *при чем*, как мы видели и в случае *при этом*, развивает еще одно употребление, в котором оно уже не может считаться членом предложения; см. (43), где анафорически отсылает к ситуации, описанной в предыдущем контексте, местоимение *это*, а *причем* выполняет лишь связующую функцию:

(43) Авторитет в массах завоевывается на местном уровне. *Причем* это не требует больших ресурсов. [Андрей Андреев. Будушее принадлежит нам! (2003) // «Завтра», 2003.08.22]

По-видимому, чтобы избежать омонимии для разных употреблений сочетания *при* + *что*, уже у Я. Грота (1873) в тех случаях, где это сочетание не входит в состав предложения и где *что* не может считаться относительным местоимением, нормированным признается его слитное написание. Но конкуренция слитного и раздельного написания *причем* в высказываниях такого рода сохранилась и даже оживилась в современном русском языке. Вероятные причины этого можно видеть, с одной стороны, в уменьшении частотности *притом* (см. об этом ниже), а с другой, во вхождении в широкое употребление в функции коннектора двух членов парадигмы – *при этом* и *при том что*. Характерным с этой точки зрения является пример (44), где соседствуют *при том что* и *при чем*.

(44) Жалобы: Сейчас основная проблемы аденоиды, *при чем* практически всегда обострение с этмоидитом и др. пазухами *при том, что* выделений из носа нет. [коллективный. Форум: Помогите разобраться со случаем (2011–2012)]

Заметим однако, что раздельное написание встречается не только на форумах, грешащих небрежностью стиля и орфографическими ошибками (44)-(45), и раздельное написание *при чем* можно, по-видимому, считать в этих двух примерах ошибочным, но и в солидных изданиях и у солидных авторов (46)-(47).

(45) Я уже начиталась разной инфо в нете – вроде все излечимо, но побочных эффектов пруд пруди, *при чем* проявляются не сразу. [Красота, здоровье, отдых: Медицина и здоровье (форум) (2005)]

(46) За сезон будет поставлено три спектакля, *при чем* все это совместные проекты театра драмы и «Коляда-театра». [Марина Борисова. Уральские драматурги выйдут к публике. В Екатеринбурге родился «Коляда-театр» (2002) // «Известия», 2002.12.10]

(47) До сих пор я восстановил только две первые главы первого отдела, *при чем* получилось уже 120 страниц большого формата (почерк мой довольно убористый). [Н. С. Трубецкой. Письма Р. О. Якобсону (1920–1938)]

НКРЯ дает достаточное количество примеров из текстов XX и XXI веков разной стилевой принадлежности, чтобы говорить о маргинальности раздельного написания *причем* в функции коннектора. С другой стороны, наоборот, слитное написание мы находим в тех случаях, когда *при чем* используется как вопросительное местоимение с целью выяснить релевантность сказанного (Смирнова 2003: 204):

(48) А что Мила? И *причем* тут Мила? Разве она не свободна сама выбирать, с кем дружить? [Евгений Шкловский. Противостояние (1990–1996)]

Как мы уже упоминали (см. §1), словари и грамматики считают *причем* в функции коннектора синонимичным *при этом*. Однако, если в некоторых высказываниях мена коннекторов возможна, в других случаях она представляется неприемлемой. Так, если в (33) выше замена *при этом* на *причем* возможна, то в (32) *причем* кажется менее естественным:

(33’) Оба были мастерами своего дела и, разумеется, горькими пьяницами. *Причем* Лихачев выпивал ежедневно, *а* Цыпин страдал хроническими запоями. [Сергей Довлатов. Чемодан (1986)]

(32’) Жора был веселый, разбитной и откровенный. А Балиев – по контрасту – хмурый, строгий и неразговорчивый. *??Причем* между ними ощущалась согласованность, как в цирке. [Сергей Довлатов. Иностранка (1985)]

Как мы видели выше, эти два примера различаются актуальным членением, а, следовательно, можно предположить, что *причем* более чувствителен к коммуникативной организации высказывания, чем *при этом*. Для того, чтобы ответить на этот вопрос, рассмотрим смысловые соотношения между фрагментами текста, соединенными *причем*, что нам поможет в свою очередь определить логико-семантическое отношение, которое оно устанавливает.

Анализ примеров позволяет констатировать, что *причем* может выражать отношение пропозиционального сопутствования; ср. (49)-(50):

(49) Катерина Ивановна <...> стала с одушевлением говорить о несомненных способностях Софьи Семеновны служить ей помощницей, «о ее кротости, терпении, самоотвержении, благородстве и образовании», *причем* потрепала Соню по щечке и, привстав, горячо два раза ее поцеловала. [Ф. М. Достоевский. Преступление и наказание (1866)]

(50) Но как вино подавалось у нас только за обедом, и то по рюмочке, *причем* учителя обыкновенно и обносили, то мой Бопре очень скоро привык к русской настойке <...> [А. С. Пушкин. Капитанская дочка (1836)]

Семантическая структура этих высказываний сопоставима с той, что мы видели в случае употребления *при этом* в функции показателя пропозиционального сопутствования: оба фрагмента текста, соединяемые *причем*, описывают действия одного и того же субъекта, происходящие одновременно и в одном и том же месте. Однако, в отличие от *при этом*, синтаксическая структура подчинения представляет второе действие не столько как самостоятельное действие, сопровождающее первое, сколько как способ его реализации. Так, в (14) выше, придаточное, вводимое *причем*, может быть понято следующим образом: лакей повернулся таким образом, что стала видна истертая спинка ливреи; то же в (51):

(51) Девушка, кажется, очень мало уж понимала; одну ногу заложила за другую, *причем* выставила ее гораздо больше, чем следовало, и, по всем признакам, очень плохо сознавала, что она на улице. [Ф. М. Достоевский. Преступление и наказание (1866)]

Поэтому в тех случаях, когда действие, описанное в *p*, не является действием в узком смысле этого термина, как, например, *сидеть* в (52), замена *причем* на *при этом* кажется неестественной:

(52) <…> а под капельницей я сидела с котом на плечах, *причем* держа его за лапу, т.к. ее надо было прямой держать, а он ее скручивал под себя. [Кошки форева! (2008)]

(52') <…> а под капельницей я сидела с котом на плечах, ??*при этом* держа его за лапу <…>.

Можно также заметить, что все приведенные примеры с *причем* в функции показателя пропозиционального сопутствования взяты из произведений XIX века (Пушкин, Тургенев, Достоевский). В современном русском языке *причем* специализируется на отношении иллокутивного сопутствования, требуя при этом определенную семантическую конфигурацию высказывания и определенное соотношение актуального членения его частей.

Хорошо известно, например, что часть, вводимая *причем* (*q*), может находиться с предыдущей (*p*) в отношении синтаксической зависимости. В *q* могут вводиться определения – как согласованные (53), так и несогласованные (54) – к имени, упомянутому в *p*, актанты (55) или сирконстанты к предикату *p*: обстоятельства места (60), времени (56), образа действия (57), показатели степени проявления признака (58).

(53) Раиса была нашей машинисткой – *причем* весьма квалифицированной. [Сергей Довлатов. Чемодан (1986)]

(54) Найди обыкновенную, скромную мать-героиню. *Причем*, с нормальной фамилией. [Сергей Довлатов. Чемодан (1986)]

(55) Ну хорошо, думал я, возьму и женюсь. Женюсь из чувства долга. Допустим, все будет хорошо. *Причем* для нас обоих. [Сергей Довлатов. Заповедник (1983)]

(56) – Александр Христофорович Бенкендорф, – укоризненно произнесла дама, – родился в тысяча семьсот восемьдесят четвертом году. *Причем* в июне… [Сергей Довлатов. Заповедник (1983)]

(57) И тут Маруся стала ему изменять. *Причем* неразборчиво и беспрерывно. [Сергей Довлатов. Иностранка (1985)]

(58) И вдруг мне стало тошно. *Причем* до такой степени, что у меня заболела голова. [Сергей Довлатов. Чемодан (1986)]

При этом предикат или определяемое имя могут повторяться в *q*:

(59) Микрофон в его руке напоминал фужер. *Причем* фужер с каким-то дьявольским, целительным напитком. [Сергей Довлатов. Иностранка (1985)]
(60) Я украл добротные советские ботинки, предназначенные на экспорт. *Причем* украл я их не в магазине, разумеется. [Сергей Довлатов. Чемодан (1986)]

Повтор общего для *p* и *q* элемента позволяет говорить о том, что такие высказывания не должны рассматриваться как высказывания, содержащие одну сложную рему (Белошапкова, Соскова 1984) или одну тему и две относящиеся к ней ремы, как это часто предлагается (Киселева 1980, Санников 1989, Чжон 2003 и др.). На наш взгляд, их актуальное членение построено по следующей схеме: $Тема_1$ – $Рема_1$, *причем* $Тема_2$ (= $Рема_1$) – $Рема_2$. Иными словами, мы наблюдаем здесь линейную тематическую прогрессию: рема *p* или ее часть становится темой в *q* с характерной для нее повышающейся интонацией (Янко 2001: 52). Так, актуальное членение в (59) может быть представлено следующим образом:

(59’) [Микрофон в его руке]T_1 [напоминал фужер]R_1. *Причем* [фужер]T_2 (= часть R_1) [с каким-то дьявольским, целительным напитком]R_2.

Особенно хорошо видно такое соотношение актуального членения в тех случаях, когда темой *q* становится номинализованный предикат *p*:

(61) Потом они [развелись]R_1. *Причем* [развод]T_2 (= R_1) был чуть ли не единственным миролюбивым актом их совместной жизни. [Сергей Довлатов. Чемодан (1986)]

В том случае, когда общий элемент для *p* и *q* не повторяется, можно считать, что мы имеем дело с нулевой темой, как это принято делать в случае анафоры. Заметим, что такое же соотношение актуального членения частей имеют высказывания с т.н. «присоединительным придаточными» (Инькова 2013), а также с *а*, выражающим аддитивные иллокутивные отношения и определяемым русской грамматической традицией как «*а* присоединиетльное». Это подтверждает оправданность трактовки присоединения как особой коммуникативной стратегии (см. главу 1, а также Зализняк 2017).

Вторым возможным смысловым соотношением фрагментов текста, соединенных *причем*, является такое, в котором о референте, упомянутом в *p*, дается в *q* некоторая дополнительная информация. Такое смысловое соотношение *p* и *q* мы уже видели с *при этом* иллокутивного сопутствовании (см., например, (31) выше).

(62) Писал он на единственную тему – будущее России. *Причем* будущее он различал гораздо яснее, чем настоящее. [Сергей Довлатов. Иностранка (1985)]

(63) У него было все хорошо. *Причем* он даже не знал, что бывает иначе. [Сергей Довлатов. Иностранка (1985)]

В (62) таким общим для *p* и *q* референтом является *будущее*, в (63) – местоимение *он*. Данные фрагменты отличаются, однако, соотношением актуального членения в *p* и в *q*. Если (62) построено по описанной выше схеме линейной тематической прогрессии $Тема_1$ – $Рема_1$, *причем* $Тема_2$ (= $Рема_1$) – $Рема_2$, так как общий референт *будущее* в *p* находится в реме, а в *q* становится темой, то в (63) общим является не только референт, но и тема (*он*):

(63’) [У него]T_1 [было все хорошо]R_1. *Причем* [он]T_2 (= T_1) [даже не знал, что бывает иначе]R_2.

Тем общим, что объединяет все три описанные семантические конфигурации – *i*) примеры (53)-(60), *ii*) пример (61) и *iii*) примеры (62)-(63), является тот факт, что речь в таких высказываниях идет не о двух действиях, одно из которых сопутствует другому, а об одном действии или ситуации, описание которой дается поэтапно, как бы в двух актах. В этом смысле к данным структурам применимо понятие сложного речевого акта, т.е. речевого акта, состоящего из двух или более элементарных речевых актов, подчиненных единой цели (ван Дейк 1978; применительно к анализу придаточных русского языка см. Kobozeva 2000). При этом, как замечает ван Дейк (1978: 283), один из элементарных речевых актов является доминирующим. В нашем случае это речевой акт, реализованный в *p*.

Также, как и при употреблении *при этом* – см. (30) выше, – отношение сопутствования на уровне высказывания может быть сигнализировано во фрагменте, вводимом *причем*, глаголами речи:

(64) Да, кстати, в это ли время или немножко раньше, но только маг, вместе со своим полинялым креслом, исчез со сцены, *причем* надо сказать, что публика совершенно этого не заметила, увлеченная теми чрезвычайными вещами, которые развернул на сцене Фагот. [М. А. Булгаков. Мастер и Маргарита, часть 1 (1929–1940)]

Подводя итог описанию функционирования *причем*, можно, таким образом, констатировать, что, в отличие от *при этом*, этот член парадигмы коннекторов с формантом *при* в современном языке утрачивает способность выражать отношение пропозиционального сопутствования, специализируясь на выражении сопутствования иллокутивного. Но также, как и в случае с *при этом*, уступительное значение, которое некоторые исследователи видят у *причем* (например, Кузнецова 1968а, 1968б, Киселева 1980), является контекстно обусловленным и возникает на основе базового отношения сопутствования при определенном семантическом наполнении соединяемых им фрагментов текста.

(65) Это был гигант, весь ушедший в гриву черных волос и в густую, огромную бородищу, *причем* капризная судьба, точно на смех, дала ему вместо крепкого баса тоненький, гнусавый и дребезжащий дискант. [А. И. Куприн. На переломе (Кадеты) (1900)]

5. *Притом*

Следующий член парадигмы коннекторов с формантом *при* – *притом* – также неоднократно являлся предметом исследования (Киселева 1971, Киселева 1980, Чжон 2003 и др.). Как мы видели, словари и грамматики (см. раздел 1.) считают его синонимом *причем*. У этих двух единиц действительно есть общие употребления в качестве показателей иллокутивного сопутствования. Например, *притом*, как и *причем* (см. (53)-(60) выше), употребляется в высказываниях, где *p* описывает некоторую ситуацию, а часть, вводимая коннектором (*q*) сообщает об этой ситуации новую информацию. В *q* могут быть даны определения к имени, упомянутому в *p* (66)-(67), актанты (68) или сирконстанты (69)-(70) к предикату *p*, который, как и определяемое имя, может повторяться в *q*; ср. (67), (69):

(66) Многие существенные стороны жизни, точнее, пласты ее, *притом* глубинные, могут быть найдены, осмыслены и выражены только с помощью этого языка. [М. М. Бахтин. Проблемы поэтики Достоевского (1963)]

(67) <…> лишь бы она видела симптомы этой страсти, лишь бы он оставался верен идеалу мужчины, *и притом* мужчины, просыпающегося чрез нее к жизни, лишь бы от луча ее взгляда, от ее улыбки горел огонь бодрости в нем и он не переставал бы видеть в ней цель жизни. [И. А. Гончаров. Обломов (1859)]

(68) <…> гипнотизерская банда обладает способностью гипнотизировать на громадном расстоянии, *и притом* не только отдельных лиц, но и целые группы их. [М. А. Булгаков. Мастер и Маргарита, часть 2 (1929–1940)]

(69) Наконец, мениппея внедряется во все большие произведения Достоевского, особенно в его пять зрелых романов, *притом* внедряется в самых существенных, решающих моментах этих романов. [М. М. Бахтин. Проблемы поэтики Достоевского (1963)]

(70) Вы можете ошибиться, *и притом* весьма крупно. [М. А. Булгаков. Мастер и Маргарита, часть 2 (1929–1940)]

Можно заметить, что в (67), (68) и (70) *q* вводится *притом* в сочетании с союзом *и*, что сближает его с *при этом* (ср. (19)-(21) выше), хотя НКРЯ и фиксирует также случаи сочетания с *и* для *причем*, впрочем, довольно редкие (из 34780 вхождений *причем* на долю сочетаний с *и* приходится всего 87 случая, т.е. 0,25%[8]). Характерно, что *причем* часто выделяется в таких случаях запятыми, воспринимаясь как вводное слово, а не союз:

(71) В этом мире такое точно бывает, *и, причем*, довольно часто… [Александр Алексеев. Эстетика террора (2003) // «Спецназ России», 2003.03.15]

Однако, семантические структуры типа (66)-(71), где *притом* и *причем* взаимозаменяемы, являются далеко не самыми распространенными для *притом*. Наиболее часты случаи, когда отношение иллокутивного сопутствования, выражаемого этим коннектором, включается говорящим в аргументацию: аргумент, вводимый *притом* в *q*, является однонаправленным с аргументом, сформулированным в *p*, дополняя уже введенный аргумент (72). Некоторые случаи такого употребления мы видели у *при этом*, но оно гораздо более характерно для *притом*, о чем говорит статистика, приводимая в разделе 7.

(72) Петрович не упустил при сем случае сказать, что он так только, потому что живет без вывески на небольшой улице *и притом* давно знает Акакия Акакиевича, потому взял так дешево; а на Невском проспекте с него бы взяли за одну только работу семьдесят пять рублей. [Н. В. Гоголь. Шинель (1842)]

Аргументация Петровича, который объясняет столь низкую, с его точки зрения, цену за шинель, состоит из двух аргументов: *i*) он работает без вывески на небольшой улице и *ii*) давно знает

8 Для сравнения скажем, что на долю сочетаний *и притом* приходится почти половина: из 12501 вхождений *притом* 5952, т.е. 47,6%, приходится на *и притом*.

Акакия Акакиевича. Эти два аргумента завершаются повторением ‘тезиса’, защищаемого Петровичем: *потому взял так дешево*. Заметим, что *причем* неприемлемо в этом контексте, потому что из-за синтаксической структуры подчинения представляет *q* как информацию, дополняющую *p* (72’). Неудачным в этом контексте будет и *при этом* (72”), которое хотя и представляет *p* и *q* как две самостоятельные ситуации, но смещает отношение между ними в сторону пропозиционального сопутствования (= живет без вывески на небольшой улице, зная при этом А.А.), что в данном контексте также неуместно:

(72’) <…> он так только, потому что живет без вывески на небольшой улице, **причем* давно знает Акакия Акакиевича, потому взял так дешево <…>.

(72”) <…> он так только, потому что живет без вывески на небольшой улице ??*и при этом* давно знает Акакия Акакиевича, потому взял так дешево <…>.

Аргументация, в состав которой входит *притом*, может продолжаться при помощи других показателей с семантикой добавления однонаправленного аргумента; ср. (73), где за *притом* следует *да и*, вводящее третий аргумент:

(73) Чтоб кончить все это разом, ей оставалось одно: заметив признаки рождающейся любви в Штольце, не дать ей пищи и хода и уехать поскорей. Но она уже потеряла время: это случилось давно, *притом* надо было ей предвидеть, что чувство разыграется у него в страсть: *да* это *и* не Обломов: от него никуда не уедешь. [И. А. Гончаров. Обломов (1859)]

Притом в таких структурах, особенно в форме *притом же* (74), является синонимом *кроме того, к тому же*, которые могут его заменить, не нарушая приемлемости высказывания.

(74) Он – член ЦК, даже член Политбюро, *притом же* заместитель председателя Совета народных комиссаров, а я – исключенный из партии. [В. В. Вересаев. Сестры (1928–1931)]

Аргументативное употребление *притом* приводит к тому, что ограничения на смысловое соотношение между *p* и *q* в таких структурах практически отсутствуют, а сами фрагменты текста, вводимые *притом*, могут быть значительной величины. Главное, чтобы они воспринимались как аргументы, имеющие одинаковую направленность (либо оба в пользу некоторого тезиса, либо оба против). Ср. в этом отношении (75), где *p* представляет собой общее утверждение, являющееся одним из аргументов для объяснения близости Обломова и Штольца, но не имеющее ни одного общего элемента с аргументами, вводимыми в *q*, которое, кроме того, представляет собой сложное предложение с перечислением, каждый элемент которого также может являться сложным предложением:

(75) Как такой человек мог быть близок Обломову, в котором каждая черта, каждый шаг, все существование было вопиющим протестом против жизни Штольца? [Это, кажется, уже решенный вопрос, что противоположные крайности если не служат поводом к симпатии, как думали прежде, то никак не препятствуют ей.]*p* *Притом* [их связывало детство и школа – две сильные пружины, потом русские, добрые, жирные ласки, обильно расточаемые в семействе Обломова на немецкого мальчика, потом роль сильного, которую Штольц занимал при Обломове и в физическом и в нравственном отношении, а наконец, и более всего, в основании натуры Обломова лежало чистое, светлое и доброе начало, исполненное глубокой симпатии ко всему, что хорошо и что только отверзалось и откликалось на зов этого простого, нехитрого, вечно доверчивого сердца.]*q* [И. А. Гончаров. Обломов (1859)]

Даже если смысловое отношение между *p* и *q* во многих случаях можно описать как информацию об общем референте, например, о Петрович в (72), о *нем* в (74), то эта информация подчинена общей структуре аргументации, а не описанию этого референта, как это было при употреблении *при этом* (ср. (30), (31)-(33) выше). Заметим, что именно в силу аргументативной однонаправленности *p* и *q* для высказываний или последовательностей высказываний, соединенных *притом*, не характерна противительно-уступительная интерпретация, которая часто возникает при употреблении *при этом*.

Что касается пропозиционального сопутствования, то в НБД коннекторов на 111 аннотаций *притом* нами не было зафиксировано ни одного такого случая. Следует также отметить, что *притом* вообще становится менее частотным в современном русском языке. Согласно ресурсу *Google books Ngram Viewer* (https://books.google.com/ngrams; дата обращения 05.01.2019), из трех рассмотренных членов парадигмы *при притом* является наименее частотным.

НКРЯ фиксирует 7218 случаев его употребления в текстах периода 1600–1899 гг. общим объемом 57 368 404 слов (частотность 0,000126), тогда как их всего 5382 в текстах 1900–2017 гг. общим объемом в три с половиной раза больше: 208 953 262 (частность 0,000026, т.е. в пять раз меньше, чем в период с 1600–1899 гг.). И даже если в НКРЯ можно найти несколько примеров употребления *притом* в значении пропозиционального сопутствования – ср. (76), где *и притом* может быть заменено на *и при этом*, – большинство из них принадлежит перу А. Бенуа, А. Кони, Д. Менделеева, В. Ключевского, т.е. авторам, чья языковая культура принадлежит еще к XIXвеку.

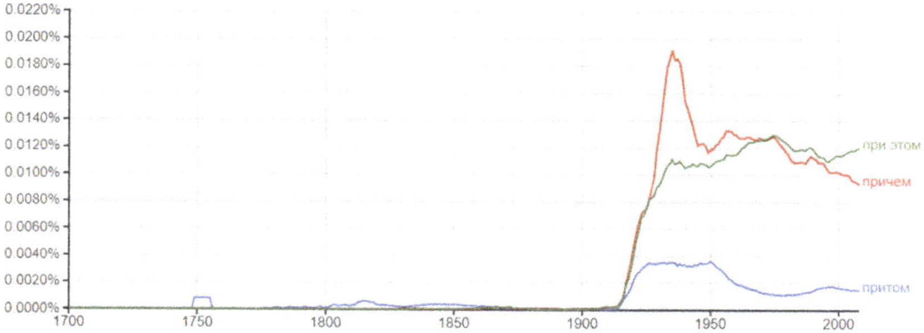

График 1. Распределение частотности *причем, притом* и *при этом* по данным Google books Ngram Viewer.

(76) Девиц так тронул «рыцарский поступок» мальчишки, что они гурьбой набросились на меня и стали меня тискать, теребить *и притом*, забыв всякую осторожность, они громко защебетали. [А. Н. Бенуа. Жизнь художника (1955)]

С другой стороны, в НКРЯ, особенно в подкорпусе 1600–1899 гг., можно найти примеры раздельного написания *при том* в употреблениях, в которых в современном русском языке его заменяет *при этом*[9]. Ср. (77), где *при том* входит в обязательную валентность предиката, (78)-(80) с *притом*, устанавливающим отношение пропозиционального сопутствования, как самостоятельно, так и в сочетании с союзами *но* и *а*.

(77) «Вы изволите говорить, – сказал он мне, – что хотите Алексея Иваныча заколоть и желаете, чтоб я *при том* был свидетелем? Так ли? смею спросить». [А. С. Пушкин. Капитанская дочка (1836)]

(78) Он, приняв от нее блюдо с яблоками, снял с руки своей драгоценный перстень и велел ей вздеть на свою руку, сказав *при том*, что он намерен ее иметь своею супругою. [Сказка о Строевой дочери (1794–1795)]

(79) Правда, обед его состоял из двух или трех блюд, изготовленных отставным солдатом, но шампанское лилось *при том* рекою. [А. С. Пушкин. Повести покойного Ивана Петровича Белкина (1830)

(80) – Только из одной пристойности, – отвечал я, думая, что мои слушатели не приметят во мраке, что я покраснел, а позабыл *при том*, что они видят и без света. [Ф. В. Булгарин. Невероятные небылицы или Путешествие к средоточию Земли (1834)]

Можно сказать, что в современном русском языке *притом* является, в первую очередь, показателем иллокутивного сопутствования, причем в его аргументативной разновидности, но что даже в этой своей функции он теряет свои позиции в современном языке.

---

9 Заметим, что еще в XIX веке с этим значением могло употребляться и *при сем*; ср.:

<...> оно бы не годилось рассказывать на ночь, да разве уже для того, чтобы угодить тебе и добрым людям (*при сем* обратился он к гостям), которым, я примечаю, столько же, как и тебе, хочется узнать про эту диковину. [Н. В. Гоголь. Вечера на хуторе близ Диканьки (1831–1832)]

6. *При том что*

Последний член парадигмы коннекторов с формантом *при* – *при том что* – наоборот, завоевывает свои позиции. Это коннектор появляется в русском языке относительно недавно. НКРЯ фиксирует 30 вхождений *при том что* в период с 1700–1900, 1502 вхождения – в период 1900–2019, к которым следует прибавить 315 вхождений со слитным написанием *притом что*. Согласно ресурсу *Google books Ngram Viewer* (https://books.google.com/ngrams; дата обращения 05.01.2019), количество употреблений *при том что* характеризуется резким увеличением начиная с 1980-гг., едва пересекая нулевую отметку частотности до этого времени.

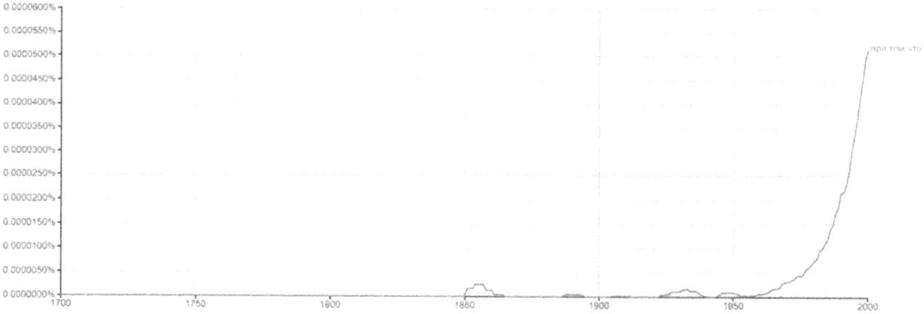

График 2. Частота употребления *при том что* по данным *Google books Ngram Viewer*.

Неслучайно поэтому, что союз *при том что* фиксируется только в словарях служебной лексики XXI века (Рогожникова 2003, Ефремова 2004, Бурцева 2005). При этом вопрос о написании этого союза стоит еще острее, чем в случае с *причем* и *притом*. Это связано, прежде всего, с тем, что союз омонимичен свободной предложной группе с предлогом *при* и указательным местоимением *то*[10]:

---

10 Тесты, позволяющие снять омонимию между двумя языковыми единицами, предложены в (Инькова 2015).

(81) Другое дело, что этот сценарий очень трудно реализовать, да еще *при* сопротивлении Запада *и при том, что* есть реальная опасность гражданской войны. [Александр Механик. Революция под копирку (2004) // «Эксперт», 2004.12.06]

В отличие от других членов парадигмы с формантом *при*, *при том что*, будучи по своим синтаксическим свойствам подчинительным союзом, может вводить как постпозитивное (82), так и препозитивное (83) придаточное предложение, а также придаточное, оформленное в виде вставки (84).

(82) Его водянистые зрачки были вкрадчивы и почти неподвижны, *при том что* рот не закрывался. [Александр Иличевский. Перс (2009)]

(83) *При том что* правящая лейбористская партия обладает большинством в парламенте, принять соответствующий закон не составило бы труда. [Климентий Амелин. Правда про ложи: антимасонский заговор // «Коммерсантъ-Власть», 1998]

(84) Но серьезного движения на эту тему / *при том / что* на эту тему произносилось много слов / не произошло. [Круглый стол «Корпоративные облигации: опыт и перспективы финансирования модернизации промышленности» // Из коллекции НКРЯ, 2002][11]

Как и для других союзов, имеющих сходную внутреннюю форму (предлог + указательное местоимение + подчинительный союз *что*), части *при том что* могут быть разделены запятой. Возможны следующие пять конфигураций:

I. *P при том, что Q.*

(85) Что бы подарить любимому водолею на день рождения *при том, что* он влюблен в компы и паяльники, а я в этом не смыслю ничего. [Женщина + мужчина: Психология любви (форум) (2004)]

---

11 Поскольку в письменном подкорпусе НКРЯ недостаточно примеров с *при том что*, мы используем также устный корпус, в котором мы считаем паузу, обозначенную слэшем, эквивалентом запятой на письме.

II. *P, при том, что Q*.

(86) Так вот за это проголосовали лишь 192 депутата, *при том*, *что* для принятия соответствующего решения нужно 226 голосов. [А. Сафарин. Как отнеслись к бедам села «слуги народа» (2003) // «Советская Россия», 2003.07.10]

III. *P, при том что Q*; ср. (82) выше.
IV. *При том, что Q, P*.

(87) *При том / что* мне не понравился фильм / актер / который сыграл агента Смита в "Матрице" / мне понравился. [Ник Перумов. Творческий вечер Н. Перумова в клубе «Лабиринт» // Из коллекции НКРЯ, 2002]

V. *При том что Q, P*; ср. (83) выше.

Заметим также, что для всех пяти вариантов НКРЯ дает написание *при том* в одно слово: *притом*, что свидетельствует о потере семантической и синтаксической самостоятельности предлога *при* и демонстратива на пути превращения *при том что* в союз:

(88) (вариант II.) К началу 2001 года на заводе трудились 450 человек, *притом, что* в лучшие времена здесь работали 6,5 тысяч. [Иван Штольц. Рыхление почв (2002) // «Дело» (Самара), 2002.07.02]
(89) (вариант III.) В Афинах на трибунах сидели 15 тысяч зрителей, *притом что* в этот день проходил финал женского баскетбола. [Вера Михайлова. Кавалерия нашего времени // «Русский репортер», № 37 (215), 22 сентября 2011, 2011]
(90) (вариант IV.) *Притом, что* выпущено оно было 31 декабря (!), оно кардинально изменило распределение, по мнению рыбаков, в пользу олигархических лоббистов. [Даниил Володин. Рыбакам надоело правительство (2003) // «Ежедневные новости» (Владивосток), 2003.01.14]
(91) (вариант V.) *Притом что* бюрократический аппарат раздут сверх всякой меры, «эффективных людей» даже в самых высоких эшелонах исполнительной власти можно пересчитать по пальцам… [Ирина Ринаева. Голод в белом доме (2003) // «Московский комсомолец», 2003.01.14]

Что касается варианта I., то он представлен, в основном, в парцеллированных конструкциях, типичных также для расчлененной формы причинных и целевых союзов, где главное предложение заменено местоимением *это*. Для этих конструкций в НКРЯ также зафиксированы варианты слитного и раздельного написания *при том*, как с запятой перед *что*, так и без нее:

(92) Купила еще одну юбку, это *при том, что* в юбках она раз в год по обещанию ходит. [Наши дети: Подростки (2004)]

(93) <…> заявил, что сейчас детские книжки доступней и лучше, чем при Советах. Это *притом, что* сейчас самые примитивные детские раскраски стоят не меньше 30–40 рублей (максимум в 5 или 10 тысяч экз.), а тогда их красная цена была 5–15 копеек при тираже от 300000 до миллиона экземпляров! [Владимир Плотников. СМИ без цензуры – диктатура халтуры (2003) // «Советская Россия», 2003.08.19]

(94) Что продавать людей, как собак или кошек, как шкаф или телегу, – нехорошо. Но нет, автор об этом не задумывается. <…> И это *притом что* Пушкин еще в 1819 году писал: <…> [Денис Драгунский. О рабах и свободных // «Частный корреспондент», 2011]

Слитное написание предлога и демонстратива может расцениваться как знак того, что говорящие осмысляют *при том что* как союз, схожий по своей форме с многочисленными составными подчинительными союзами: *несмотря на то что, вместо того чтобы*, но, прежде всего, с *потому что* и *оттого что*. Об этом же, на наш взгляд, свидетельствуют и колебания в пунктуации, также характерные для этой группы союзов.

Что касается значения союза *при том что*, то словари (Рогожникова 2003, Ефремова 2004, Бурцева 2005) считают его уступительным. Однако, если в (95) ему действительно можно приписать противительно-уступительное значение, то такая интерпретация исключена для (96) и (97).

(95) Но когда началась игра, публика довольно скоро заскучала, не захваченная спортивной стороной матча, *при том, что* сами-то мы играли с огромным удовольствием. [И. Э. Кио. Иллюзии без иллюзий (1995–1999)]

(96) *При том что* правящая лейбористская партия обладает большинством в парламенте, принять соответствующий закон не составило бы труда. [Климентий Амелин. Правда про ложи: антимасонский заговор // «Коммерсантъ-Власть», 1998]

(97) Более того, «изменилась сама структура патологии» – «более 70% в ней стали занимать хронические болезни» (*при том, что* острые вроде бы, благодаря успехам медицины, отступили). [Ольга Балла. Превращение боли в функцию разума // «Знание-сила», 2014]

В (96) придаточное, вводимое *при том что*, описывает обстоятельство, сопутствующее реализации ситуации, описанной в главном предложении *p*: принять закон было бы очень легко при том обстоятельстве, что большинство в парламенте принадлежит лейбористской партии. Но «*при том что* вводит не просто сопутствующее обстоятельство, а такое, обстоятельство, которое может как-то повлиять на осуществление положения вещей, описанного в главном» предложении (Инькова 2015: 144). И если это положение вещей уже осуществилось, то ситуация, описанная в придаточном, рассматривается как обстоятельство, которое могло помешать ее реализации.

(98) <…> выход распоряжения по распределению промышленных квот по регионам *Притом, что* выпущено оно было 31 декабря (!), оно кардинально изменило распределение, по мнению рыбаков, в пользу олигархических лоббистов. [Даниил Володин. Рыбакам надоело правительство (2003) // «Ежедневные новости» (Владивосток), 2003.01.14]

В этом примере то обстоятельство, что распоряжение было выпущено 31 декабря, могло повлиять на его последствия (об этом, в частности, свидетельствует и восклицательный знак после даты). Но, несмотря на это обстоятельство, осуществилось *p*. Этим и объясняется уступительная интерпретация высказываний с *при том что*, которая, как и в случае других коннекторов с формантом *при*, возникает на основе отношения сопутствования при соответствующем смысловом соотношении связываемых коннектором фрагментов текста. Если же положение вещей, описанное в *p*, еще не осуществилось, то обстоятельство, вводимое *при том что*, может, наоборот, способствовать его реализации, как в (96). В (96) и (98) мы имеем дело с отношением сопутствования на пропозициональном уровне.

Однако во многих случаях *при том что* вводит обстоятельство, которое должно сопутствовать интерпретации сказанного в *p*, точнее способствовать его адекватной или полной интерпретации. В (97) выше *q* содержит информацию, помогающую интерпретировать сказанное в *p*, а именно долю в 70%, которая приходится на хронические заболевания. Фрагмент текста, вводимый *при том что*, объясняет, что увеличение этой доли произошло за счет снижения доли острых заболеваний, и создает, таким образом, полную картину. Кроме того, информация *q* представлена как второстепенная не только благодаря синтаксической структуре подчинения, но и благодаря оформлению придаточного как вставки.

Показателен в этом отношении пример (99), где процесс адаптации интерпретации *p* к обстоятельствам, сформулированным в *q*, эксплицирован глаголом *означать*.

(99) В 2009 году он обогнал по объемам продаж США и с тех пор уверенно наращивает темпы: за это время сбыт автомобилей в КНР подскочил более чем в полтора раза, достигнув 23,5 млн машин по итогам прошлого года. *Притом что* мировое производство автомобилей сейчас оценивается примерно в 90 млн единиц в год, это означает, что сегодня примерно каждый четвертый автомобиль на Земле продается в КНР. [Алексей Грамматчиков. Китай встает на колеса // «Эксперт», 2015]

Высказывание, предшествующее *при том что*, информирует о резком увеличение сбыта автомобилей в Китае, который достигает 23,5 млн машин. В следующем предложении придаточное, вводимое *при том что* (в слитной форме написания), информирует об общем количестве производимых автомобилей. В принципе, на этом можно было бы остановиться, давая слушающему возможность самостоятельно сделать вывод на основе этой информации. Но говорящий облегчает ему задачу интерпретации: учитывая общее количество автомобилей, цифра 23,5 млн машин *означает*, что каждый четвертый автомобиль продается в Китае.

За предложениями с придаточным, вводимым *при том что*, также, как и за предложениями с *причем*, можно закрепить статус сложного речевого акта. Однако принципиальное отличие между этими двумя типами придаточных заключается в том, что при употреблении *при том что* элементарные речевые акты, входящие в состав сложного, могут быть разнородными.

(100) Задаю вопрос чиновнику в Минздраве: почему в нашей поликлинике бесплатно предлагают такие-то вакцины, *при том, что* большинство родителей хотят прививать детей такими-то и вынуждены покупать их за свои деньги? [коллективный. Форум: Об автоматическом (безоговорочном) признании ПВО (2010)],

В (100), несмотря на то, что все высказывание оформлено как вопросительное, только главное предложение представляет собой речевой акт вопроса, тогда как придаточное, вводимое *при том что*, является ассерцией, описывая тот контекст, в котором следует интерпретировать данный вопрос. Тот факт, что *причем* требует иллокутивной однородности соединяемых им фрагментов текста, объясняет его неприемлемость в таких контекстах; ср. также (3) выше.

Высказывания с *при том что* характеризуются также дискурсивной неоднородностью составляющих их предложений, что подтверждает их статут сложных речевых актов.

(101) В течение обучения у меня тоже не раз возникало желание поступать в другой вуз (*при том, что* мой считался одним из самых крутых), но совсем по другому направлению. [коллективный. Форум: Комментарии к статье «Забота о детях: почему раннее образование в этом не помощник?» (2012)]

В (101) взятое в скобки *q* является комментарием относительно одной из составляющих ситуации описанной в *p*, а именно относительно качества вуза. И этот комментарий как бы вклинивается в общий ход рассуждений говорящего.

При употреблении *при том что* ограничения на смысловое соотношение *p* и *q* минимальны, как при аргументативном употреблении *притом*. Совпадение места, времени и актантов, не является обязательным, причем даже в тех случаях, когда *при том что* вводит обстоятельство, сопутствующее реализации *p*, как в (96) выше, где совпадает только место обоих действий (*парламент*). Ср. также (102) с иллокутивным сопутствованием, где разновременность двух положений вещей *p* и *q* выражена наречием времени *ранее*:

(102) По разным оценкам, он вырос лишь на 7–10%, *притом что* ранее ежегодный рост составлял не менее 15%. [Софья Инкижинова. Без наценки в тысячу процентов // «Эксперт», 2014]

И даже если в *p* и в *q* идет речь об общих референтах, в отличие от структур с *при этом*, информация, сообщаемая в *q* дается как обстоятельство, которое должно способствовать успешной интерпретации *p*, а не как дополнительная информация об этом общем референте. Ср. (103) и его модификацию (103') с *при этом*:

(103) Она постоянно говорит «оставляйте мне ребенка», *при том, что* она реально не способна о нем позаботиться т.к. у нее в принципе экстремально-безалаберный подход ко всему. [коллективный. Форум: Родственники мужа разрушают границы ребенка (2013)]

(103') Она постоянно говорит «оставляйте мне ребенка»; *при этом* она реально не способна о нем позаботиться т.к. у нее в принципе экстремально-безалаберный подход ко всему.

В варианте с *при том что* центральной является информация, сообщенная в *p*, а сообщаемое в *q* должно помочь оценить заявление «оставляйте мне ребенка» как нереализуемое. В варианте (103') с *при этом* сообщаются две информации, выполняющие одинаковую функцию в сообщении об общем референте, и вторая дополняет первую.

Подводя итог анализу функционирования *при том что*, можно, таким образом, сказать, что этот – недавно вошедший в языковой узус – член парадигмы коннекторов с формантом *при*, специализируется на введении сопутствующего обстоятельства. Это обстоятельство может повлиять либо на реализацию ситуации, описанной в *p*, и тогда мы имеем дело с пропозициональным сопутствованием; либо на интерпретацию информации, изложенной в *p*, и тогда сопутствование переносится на уровень речевых актов. Более семантически богатые интерпретации, также как и с другими членами парадигмы *при*, являются контекстно обусловленными. Это может быть уступительная интерпретация, как в (95) или (98) выше, или сопоставительная, как в (104), где *при том что* может считаться синонимом *тогда как*.

(104) И разница между регионами может быть колоссальной: *притом что* в Москве в некоторых больницах до нынешнего года сохранялась стопроцентная доступность, в Новосибирской области вообще была катастрофа, рассказывает Дмитрий Борисов. [Галина Костина. Государство против рака // «Эксперт», 2015]

Отметим, наконец, что *при том что* не сочетается с другими связующими средствами, в частности, союзами, что сближает его с *причем*, и что это единственный показатель отношения сопутствования, который допускает порядок следования компонентов не только *p при том что q*, что характерно для остальных трех членов парадигмы, но и порядок *при том что q p*. Эти свойства позволяют квалифицировать его как полноценный подчинительный союз.

7. Количественный семантический и синтаксический анализ показателей отношения сопутствования

Ниже мы приводим статистическую информацию о функционировании коннекторов с формантом *при*, которая была получена в надкорпусной русско-французской базе данных коннекторов (НБД). В результате сплошной выборки на 05.01.2019 в ней аннотировано 152 случая употребления *при этом*, 79 – *причем*, 111 – *притом* и

2 *при том что* в направлении перевода русский – французский; для *при этом* и *притом* как в самостоятельном употреблении, так и в сочетании с сочинительными союзами. Если для *при этом, притом* и *причем* статистические данные в НБД являются достаточно репрезентативными по объему, то для описания функционирования *при том что* они были получены из НКРЯ. Приводимая ниже статистика основывается на первых 100 вхождениях последовательности *при том что* в подкорпусе 1800–2017 гг. с раздельным написанием (*при том что*) и 30 в слитном (*притом что*), т.е. примерно 10% от общего числа ее вхождений в этом подкорпусе.

В НБД каждый случай употребления коннектора аннотируется при помощи набора параметров, которые описаны в главе 1 (см. также работу Зацман и др. 2016). Из них в целях данного исследования нас будут интересовать следующие: функция языковой единицы в высказывании (т.е. является ли она коннектором или нет), выражаемое коннектором отношение, а также синтаксическая структура вводимого коннектором фрагмента текста. Приводимая ниже статистика по данным рубрикам носит предварительный характер и будет корректироваться по мере пополнения НБД, но уже сейчас она позволяет увидеть тенденции в употреблении трех из четырех анализируемых коннекторов.

Таблица 1. Функции членов парадигмы *при* в высказывании.

	Всего аннотаций	*Не-коннектор*
при этом	152	16 (10,5%)
причем	79	**0**
притом	111	**0**
при том что	130	14 (10,8%)

Статистические данные, приведенные в Таблице 1, показывают, что два наиболее «молодых» члена парадигмы – *при этом* и *при том что* – являются полифункциональными языковыми единицами: они могут употребляться как в функции коннектора, так и в других функциях. *При этом*, как мы видели в (15) выше, может входить в состав предиката или быть обстоятельством.

(105) Она вспоминала этот робкий, умиленный взгляд, которым он смотрел на нее, и странное чувство сострадания и неловкости и потом сознания своей добродетельности, которое она испытывала *при этом*. [Л.Н. Толстой. Анна Каренина (1873–1877)]

На долю таких употреблений *при этом* приходится, однако, чуть более 10%.

У *при том что* этот показатель имеет такое же значение. Однако это может отчасти объясняется наличием омонимичных коннектору структур, поскольку поиск по последовательности *при том что* в НКРЯ не позволяет снять омонимию, проставив, например, дополнительный грамматический признак CONJ. В омонимичных структурах, как мы видели в разделе 6, указательное и относительные местоимения всегда разделены запятой (*при том, что*) и являются разложимыми последовательностями, состоящими из предлога *при* и сложной именной группы с местоименной вершиной *том, что P*.

Так же, как и *при этом*, *при том что*, не являясь коннектором, может входить в состав обязательных валентностей предиката (106):

(106) Я оставался *при том, что* имел. При Токсовском дачном озере, пионерском финском соснячке, с видом на Петропавловскую крепость. [Андрей Битов. Рассеянный свет (1981)]

Последовательность *при том, что* может служить ответом на вопрос, касающийся релевантности сказанного (При чем тут/здесь?), как в (107):

(107) – «А *при чем* тут время?» – «А *при том, что* не в пустыне живешь, а среди людей, во времени, в мире, в стране… Не спи наяву!» [Эдуард Русаков. Как я умирала // «Сибирские огни», 2013]

Наконец, в (108) эта последовательность выполняет функцию обстоятельства, однородного с другим обстоятельством, введенным тем же предлогом *при*, но представляющим собой простую именную группу; ср. также (81) выше:

(108) Тем не менее практически во всей Европе в то время была эпоха Возрождения, эпоха Реформации, эпоха развития ремесленных мануфактур, эпоха научных и технологических открытий – но в России, *при* всей централизации власти и *при том, что* она не была завоевана соседями – такого всплеска не наблюдалось. [коллективный. Форум: Иоанн Грозный (2012)]

В Таблице 2 приведены статистические данные по признаку «Отношения», показывающие, какой вид отношения сопутствования – пропозициональное или иллокутивное – выражают четыре члена парадигмы «при» в функции коннектора.

Таблица 2. Виды отношения сопутствования.

	Всего в функции коннектора	*Отношение сопутствования*	
		пропозициональное	*иллокутивное*
при этом	136	102 **(75%)**	34 (25%)
причем	79	18 (22,8%)	61 **(77,2%)**
притом	111	0	111 **(100%)**
при том что	116	11 (9,5%)	105 **(90,5%)**

Статистические данные свидетельствуют о явной специализации *притом* 100% зафиксированных употреблений) и преимущественном употреблении *причем* (почти 80%) и еще в большей степени *при том что* (более 90%) для выражения иллокутивного сопутствования. Тогда как *при этом* является преимущественно показателем сопутствования пропозиционального (75% случаев употребления).

Статистика по признаку «Структура» приведена в Таблице 3. В ней все синтаксические конструкции, в которых могут употребляться коннекторы с формантом *при*, разделены на четыре группы, в зависимости от того, какую синтаксическую природу имеет вводимый коннектором фрагмент текста: 1) самостоятельное предложение, которое может быть повествовательным, вопросительным и восклицательным: 2) часть сложного предложения; 3) непредикативная единица, оформленная в виде деепричастия или причастия; 4) непредикативная единица, представляющая собой именные группы, прилагательные или наречия. Как мы увидим, возможность вводить синтаксические единицы третьего и четвертого типа является важным параметром, показывающим различия между анализируемыми коннекторами.

Таблица 3. Синтаксические конструкции, в которых употребляются коннекторы с формантом *при*.

	самостоятельная предикативная единица	*предикативная единица в составе сложного предложения или однородные сказуемые*	*деепричастия или действительные причастия*	*непредикативная единица (существительные, прилагательные, наречия)*
при этом (136)	**72 (53%)**	49 (36%)	13 (только деепричастия) (9,5%)	2 (1,5%)
причем (79)	33 (41,8%)	45 (57%)	0	1 (1,2%)
притом (111)	38 (34,2%)	35 (31,6%)	0	38 (34,2%)
при том что (116)	34 (29,3%)	**82 (70,7%)**	0	0

Наименьшее разнообразие синтаксических конструкций характеризует употребление *при том что*. Вводимый им фрагмент текста всегда описывает ситуацию, а вводимая коннектором синтаксическая структура может быть только предикативной. *При этом* также может вводить самостоятельные предложения, но, в отличие от *при том что*, допускающего иллокутивную неоднородность связываемых им фрагментов текста, с *при этом* зафиксированы только повествовательные предложения. В отличие от *при том что*, *при этом* может связывать не только ситуации, но и действия, поэтому оно может вводить непредикативные единицы, оформленные как деепричастные обороты. Сопутствующее действие может быть, в принципе, описано и действительным причастием (109), но таких примеров в НБД пока не зафиксировано, а в НКРЯ они редки.

(109) Бог есть разум всего, высший ум! – возразила Зинаида Ираклиевна, вероятно, *при этом* думавшая: «А я вот тебя немножко и прихлопнула!». [А. Ф. Писемский. Масоны (1880)]

В НБД зафиксировано также два употребления *при этом* с непредикативными единицами. В первом из них (110) *при этом* вводит существительное, но существительное с пропозициональным содержанием: *при этом* при поддержке союза *и* представляет как сопутствующие события, квалифицированные как *неудачи*:

(110) С рождением ребенка, попытками кормления *и* различными неудачами *при этом*, с болезнями <...> ребенка и матери, <...> потребность для Ивана Ильича выгородить себе мир вне семьи стала еще более настоятельна. [Л. Н. Толстой. Смерть Ивана Ильича (1886)]

Во втором случае (111) *при этом*, также при поддержке союза *и*, соединяет два прилагательных, но эти прилагательные являются частями составного именного сказуемого, оформленными в виде аппозитивной структуры. Иными словами, языковые единицы, связанные *и при этом* являются непредикативными только на поверхностном уровне:

(111) Удивительное было лицо у Чепыжина – простое, даже грубое, скуластое, курносое, мужицкое *и при этом* уж до того интеллигентное и тонкое, куда там лондонцам, куда там лорду Кельвину. [Василий Гроссман. Жизнь и судьба (1960)]

В целом *при этом* характеризует употребление с предикативными единицами (89%), с небольшим преобладанием самостоятельных предложений (53%).

Для *причем* статистические данные, приведенные в Таблице 3, говорят о том, что два его основных употребления – в самостоятельных предложениях (41,8%) и с предикативными структурами в сложном предложении (57%). Следует, однако заметить, что в число употреблений *причем*, в которых этот коннектор вводит самостоятельное предложение, попадают и случаи с парцелляцией, как в приведенных выше (53)-(59), характерные для современной художественной прозы. Ср. также (112):

(112) Длинноволосый, нелепый и тощий, он производил впечатление шизофреника-симулянта. *Причем*, одержимого единственной целью – как можно скорее добиться разоблачения. [Сергей Довлатов. Заповедник (1983)]

На парцеллированные конструкции, которые в НБД зафиксированы в основном в прозе С. Довлатова, приходится 22 случая из 33. Это означает, что, если на случаи, в которых *причем* вводит самостоятельное предложение, и приходится в целом почти 42%, но доля случаев, где самостоятельное предложение с *причем* содержит полноценную предикативную структуру, как в (113) или в (114) из научной прозы, составляют всего 13,9% от общего количества (в НБД зафиксированы 11 случаев). Заметим в этой связи, что все самостоятельные предложения являются повествовательными.

(113) Явился как-то раз, снимает брюки, а трусы в помаде. Я тебе клянусь! *Причем* его и ревновать-то бесполезно. Не поймет. [Сергей Довлатов. Иностранка (1985)]

(114) Они требуют совершенно нового подхода к речи, не укладывающегося в пределы обычного стилистического и лингвистического рассмотрения. Ведь обычный подход берет слово в пределах одного монологического контекста. *Причем* слово определяется в отношении к своему предмету (например, учение о тропах) или в отношении к другим словам того же контекста, той же речи (стилистика в узком смысле). [М. М. Бахтин. Проблемы поэтики Достоевского (1963)]

С другой стороны, из 22 случаев с парцеллированными структурами 2 приходится на предложения со сказуемыми, относящимися к одному подлежащему (115), а 20 – на непредикативные структуры, как в (53)-(59) и (112).

(115) На пари рисовал Молотова за десять секунд. *Причем* рисовал с завязанными глазами. [Сергей Довлатов. Иностранка (1985)]

Таким образом, распределение употребления *причем* по синтаксическим конфигурациям с учетом синтаксического типа парцеллированной структуры выглядит следующим образом:

Таблица 4. Синтаксические единицы, вводимые *причем*, с учетом синтаксической природы парцеллированных конструкций.

	самостоятельная предикативная единица	*предикативная единица в составе сложного предложения или однородные сказуемые*	*деепричастия или действительные причастия*	*непредикативная единица (существительные, прилагательные, наречия)*
причем	11 (13,9%)	**47 (59,5%)**	0	21 (26,5%)

Данные из Таблицы 4 позволяют говорить о преобладающем употреблении *причем* с предикативными структурами в рамках предложения (почти 60%). Часть предложения, вводимая *причем*, может быть простым предложением (34 случая), как в (116), или сложным предложением (11 случаев), как в (117):

(116) Все три полячка ужасно горячились и кричали ему беспрестанно: «пане лайдак!», *причем* бормотали еще какие-то угрозы по-польски. [Ф. М. Достоевский. Преступление и наказание (1866)]

(117) А иностранец окинул взглядом высокие дома, квадратом окаймлявшие пруд, *причем* заметно стало, что видит это место он впервые и что оно его заинтересовало. [М. А. Булгаков. Мастер и Маргарита, часть 1 (1929–1940)]

Заметим также, что нулевой показатель употребления *причем* с деепричастием отражает общую закономерность, хотя, как мы видели в (51) выше, такое употребление не исключено; ср. также (118):

(118) Отец же, прошедший войну и лагеря, сумевший в тяжкие времена уберечь семью от многих смертельных опасностей, на склоне лет превратился в домашнего тирана, мучающего окружающих,

причем словно бы совершенно этого не осознавая. [Ирина Новикова. Преодоление иллюзий (о романе Александра Мелихова «Любовь к отеческим гробам») // «Октябрь», 2003]

Однако употребление *причем* с деепричастием возможно только в том случае, когда второе действие воспринимается не как самостоятельное, а как способ реализации первого. Об этом говорит невозможность замены *причем* на *при этом* в (118); ср. также (51) выше. И наоборот, в (109) невозможно заменить *при этом* на *причем*.

Для *притом* нулевой показатель употребления с деепричастием подтверждает тенденцию его преимущественного употребления в современном русском языке как показателя аргументативного сопутствования, требующего в *q* полноценную предикативную единицу. Остальные его употребления равномерно распределены по частотности.

Что касается употребления *притом* в сочетании с существительными, прилагательными и наречиями, употребление, сближающее его с *причем*, то для *притом* в эту рубрику включены также случаи, когда этот коннектор в сочетании с союзом *и* вводит однородное определение к имени, упомянутому в *p*, употребление не характерное для *причем*:

(119) За двадцать лет своей деятельности в театрах Варенуха видал всякие виды, но тут он почувствовал, что ум его застилается как бы пеленою, и он ничего не сумел произнести, кроме житейской *и притом* совершенно нелепой фразы: [М. А. Булгаков. Мастер и Маргарита, часть 1 (1929–1940)]

В современном языке в такой синтаксической конструкции можно встретить *при этом*:

(120) Мы создавали ресторан современной русской кухни и хотели найти главный литературный образ – одновременно харизматичный, романтичный *и при этом* находящийся вне политики. [Лина Калянина, Александр Раппопорт. «Если вы видите красивые, интересные, свежие лица — это моя публика» // «Эксперт», 2015]

Семантический анализ аннотаций НБД позволил установить следующие виды смыслового соотношение *p* и *q* при иллокутивном сопутствовании, показателями которого могут выступать все члены парадигмы. Они представлены в Таблице 5 и показывают, что каждый из показателей ведет себя по-разному. Противоположные тенденции проявляют *при этом* и *при том что*: *при этом* специализируется на семантических конфигурациях, в которых вводимый коннектором фрагмент текста вводит информацию о референте, упомянутом в первом фрагменте текста, а *при том что* – на конфигурациях, в которых вводимый коннектором фрагмент текста способствует адекватной интерпретации первого фрагмента текста.

Таблица 5. Смысловое соотношение *p* и *q* при иллокутивном сопутствовании.

	*Семантическая характеристика фрагмента текста, вводимого коннектором (**q**)*					
	*информация о референте, упомянутом в **p***	*определение имени, упомянутого в **p***	*актанты или сирконстанты ситуации, описанной в **p***	*номинализация предиката **p***	***p** и **q** – аргументы в пользу тезиса R*	***q** способствует адекватной интерпретации **p***
при этом (34)	32 (94,1%)	0	0	0	2 (5,9%)	0
причем (61)	24 (39,3%)	14 (22,9%)	20 (32,8%)	3 (5%)	0	0
притом (111)	0	27 (24,3%)	21 (18,9%)	0	63 (56,8%)	0
при том что (105)	0	0	0	0	0	105 (100%)

Несмотря на нулевые показатели для *при этом* во второй и третьей колонке, на основе данных НКРЯ, пусть и немногочисленных, можно заключить, что *при этом* расширяет сферу своего употребления, заступая на территорию *причем* и *притом* и вытесняя последний. Так, (121) и (122) соответствуют смысловому соотношению, в котором *q* вводит определение имени, упомянутого в *p*, причем (122) с повторением этого имени.

(121) Конечно, никто не имел серьезного богословского образования, были лишь обрывки чего-то, *при этом* окрашенные апокрифами. [Георгий Орлов. Галерея масонских портретов (2003) // Интернет-альманах «Лебедь», 2003.07.28]
(122) Результат – высочайшая производительность труда, *при этом* труда организованного и группового. [Дмитрий Соколов-Митрич, Виктор Дятликович. Чудо корейское // «Русский репортер», 2013]

Следующие два примера соответствуют конфигурациям, где *q* вводит новый актант или сирконстант к предикату *p*, (124) с повторением этого предиката.

(123) Она сама недавно вернулась из паломничества, *при этом* с исцеленной ногой. [Майя Кучерская. Современный патерик: чтение для впавших в уныние (2004)]
(124) Февральский в «Литературной газете» (10 февраля 1935 г.) утверждал, что «блестяще раскрыто одно из лучших произведений оперного искусства, *при этом* раскрыто впервые конгениально ему. <…>». [Юрий Елагин. Темный гений (1998)]

Нулевой показатель для *притом* и *при том что* в первой колонке объясняется тем, что даже в тех случаях, когда *p* и *q* имеют общие референты, информация, содержащаяся в *q*, подчинена в случае употребления *притом* общей аргументативной цели, а при употреблении *при том что* – задаче адекватной интерпретации *p*.

Синтаксический и семантический анализ высказываний с показателями отношения сопутствования, подкрепленный статистическими данными, позволил выявить между ними существенные функциональные различия, как в синтаксических свойствах, так и в семантических. В следующем разделе мы покажем, как эти различия отражаются в переводах коннекторов на французский язык.

8. Количественный анализ лингвоспецифичности показателей отношения сопутствования

Как мы уже отмечали в разделе 2, Б. Кортманн (Kortmann 1997: 281) в результате анализа показателей подчинительной связи наречной природы (adverbial subordinator) в 49 европейских языках, приходит к выводу о том, что отношение сопутствования можно отнести к числу европейских антиуниверсалий, поскольку ни один из проанализированных европейских языков не располагает показателем наречного происхождения, который являлся бы исключительным или основным показателем отношения сопутствования[12]. В европейских языках, продолжает Б. Кортманн, сопутствование выражается, как правило, деепричастиями, причастными оборотами, в английском языке может вводиться предлогом *by*, а в немецком – союзом *wobei*. Хотя русский язык и входит в число анализируемых, коннекторы с формантом *при* среди показателей сопутствования лингвистом не упоминаются. Это объяснимо, по-видимому, тем, что русские грамматики, как мы подчеркивали, не упоминают об этом отношении, а его показатели описываются в группе «присоединительных».

Сравнивая переводы русских текстов на немецкий язык из параллельного немецко-русского подкорпуса НКРЯ, мы уже имели возможность убедиться, что показатели из парадигмы *при* могут переводиться с помощью *wobei* и *dabei*. Однако сопоставление с французским языком показывает, что в нем русским коннекторам

---

12 “<...> a negative Eurouniversal, i.e. a generalization concerning the non-availability of adverbial subordinators. <...> The overwhelming majority of the European languages which predominantly of exclusively use of adverbial subordinators do not have any adverbial subordinator for the (exclusive or primary) expression of Concomitance, Instrument, Manner, and Negative Purpose” (Kortmann 1997: 281).

при переводе либо не соответствует никакая языковая единица, либо соответствуют языковые единицы разной морфологической природы, как коннекторы, так и синтаксические конструкции, морфологические формы или лексические единицы, не являющиеся коннекторами. Ср. следующие примеры, в которых дается перевод русского фрагмента текста на немецкий и французский языки.

(125) За ним зевает сосед, потом следующий, медленно, как будто по команде, отворяет рот, и так далее, заразительная игра воздуха в легких обойдет всех, *причем* иного прошибет слеза. [И. А. Гончаров. Обломов (1859)]
Nach ihm gähnt sein Nachbar, dann öffnet der nächste langsam, wie auf ein Kommando, den Mund und so weiter; das ansteckende Spiel der Luft in der Lunge macht die ganze Runde, *wobei* manchem die Tränen kommen.
a. Et à la suite, bâillait le voisin; puis le voisin du voisin, et toujours avec lenteur, comme mû par un commandement, ouvrait la bouche, et ce jet d'air dans les poumons devenait de plus en plus contagieux, se répercutait d'un bout à l'autre de la pièce – et de temps en temps quelqu'un essuyait une larme. [Trad. par Arthur Adamov (1959)]
б. Son voisin bâille aussi, puis, lentement, comme à la commande, ouvre sa bouche, un troisième, et ainsi de suite jusqu'à ce que ce jeu contagieux de l'air dans les poumons ait fait le tour; *d'ailleurs*, l'un d'entre eux laisse échapper une larme. [Trad. par Luba Jurgenson (1988)]

(126) Но как вино подавалось у нас только за обедом, и то по рюмочке, *причем* учителя обыкновенно и обносили, то мой Бопре очень скоро привык к русской настойке <...>. [А. С. Пушкин. Капитанская дочка (1836)]
Da jedoch in unserem Hause Wein nur bei Tisch getrunken wurde, und auch dann nur höchstens ein Glas, *wobei* der Lehrer sogar meistens übergangen wurde, so blieb Beaupré nichts anderes übrig, als sich mit großer Schnelligkeit an die russischen Liköre zu gewöhnen <...>.
Mais, comme on ne présentait chez nous le vin qu'à table, et encore par petits verres, et que, *de plus*, dans ces occasions, on passait L'OUTCHITEL, mon Beaupré s'habitua bien vite à l'eau-de-vie russe, <...>. [Trad. par Louis Viardot (1853)]

(127) Но останавливаться на лестнице, слушать всякий взор про всю эту обыденную дребедень, до которой ему нет никакого дела, все эти приставания о платеже, угрозы, жалобы, *и при этом* самому изворачиваться, извиняться, лгать, – нет уж, лучше проскользнуть как-нибудь кошкой по лестнице и улизнуть, чтобы никто не видал. [Ф. М. Достоевский. Преступление и наказание (1866)]

Doch auf der Treppe stehen zu bleiben, jedes Geschwätz über diese alltäglichen Kleinlichkeiten, um die er sich absolut nicht kümmerte, alle diese zudringlichen Vorstellungen wegen der Bezahlung, die Drohungen und Klagen anzuhören und sich *dabei* selbst herauszuwinden, zu entschuldigen und zu lügen – nein, es ist schon besser, wie eine Katze die Treppe hinunterzuschleichen und, von niemand gesehen, zu verschwinden.

Mais s'arrêter dans l'escalier, écouter toute sorte de sottises sur ces mesquineries quotidiennes dont il n'avait cure, subir tous ces harcèlements au sujet du paiement, ces menaces, ces récriminations; non, il valait mieux se glisser comme un chat le long de l'escalier et s'esquiver de façon à n'être vu de personne. [Trad. par Élisabeth Guertik (1947)].

(128) – Вы бы написали, сударь, к хозяину, – сказал Захар, – так, может быть, он бы вас не тронул, а велел бы сначала вон ту квартиру ломать. Захар *при этом* показал рукой куда-то направо. [И. А. Гончаров. Обломов (1848–1859)]

„Sie sollten an den Hausherrn schreiben, gnädiger Herr“, sagte Sachar, „dann würde er Sie vielleicht in Ruhe lassen und würde zuerst jene Wohnung niederreißen lassen.“ Sachar zeigte *dabei* mit der Hand irgendwohin nach rechts.

a. – Vous pourriez peut-être écrire au propriétaire, dit Zakhar. On ne sait jamais. Il vous laisserait peut-être un moment tranquille, en commençant les travaux par l'autre appartement. *Ce disant*, Zakhar esquissa vaguement un geste de la main vers la droite. [Trad. par Arthur Adamov (1959)]

б. – Et si vous aviez écrit au propriétaire, Monsieur? dit Zakhar. Il vous aurait peut-être laissé tranquille, il aurait peut-être commencé par démolir l'autre appartement là-bas, dit Zakhar *avec un geste déterminé* de la main vers la droite. [Trad. par Luba Jurgenson (1988)]

Для (125) в параллельном французско-русском подкорпусе имеется два варианта перевода. В варианте а. русскому коннектору *причем* соответствует сочетание союза *et* и наречного выражения *de temps en temps* 'время от времени'. В варианте б. эквивалентом *причем* служит коннектор *d'ailleurs*, который выражает, однако, не отношение сопутствования, а отношение «вопреки ожидаемому». В (126) для его перевода выбран показатель другого логико-семантического отношения – аддитивного: *de plus*. В (127) остается без перевода весь фрагмент текста с коннектором *при этом*: «и при этом самому изворачиваться, извиняться, лгать», что косвенно подтверждает те сложности, которые испытывают переводчики в поиске переводных эквивалентов для коннекторов группы *при*. Наконец, в (128) *при этом* переведен оба раза языковыми единицами, не являющимися коннекторами: в а. это причастие настоящего времени глагола *dire* 'говорить, сказать' с демонстративом *ce* 'это', являющимся его прямым дополнением (*ce disant* 'говоря это'); в б. предложная группа, состоящая из предлога *avec* 'с', существительного *geste* 'жест, движение' и определения *déterminé* 'решительный', которая является номинализацией предиката *показать рукой*. Семантика сопутствования выражена в данном случае предлогом *avec*, а о близости значений комитатива и сопутствования мы говорили в разделе 2.

Подчеркнем, что в (124)-(128) в немецком языке коннекторам группы *при* каждый раз соответствует коннектор сопутствования: *wobei* или *dabei*. Это различие между сопоставляемыми языками еще раз подчеркивает относительный и сопоставительный характер явления лингвоспецифичности, на который, вслед за В. Ярцевой, обратила внимание А. Зализняк (Зализняк 2015). То что является лингвоспецифичным для одной пары языков, в нашем случае, русский и французский язык, может не быть таковым или проявляться в меньшей степени в другой паре языков, в нашем случае, русский и немецкий.

Для количественного анализа меры лингвоспецифичности показателей сопутствования мы возьмем *при этом, притом* и *причем* в самостоятельном употреблении, чтобы не затемнять картину семантикой союзов, с которыми они сочетаются. Сопоставительный анализ проведен с учетом не только аннотаций, сформированных в направлении перевода русский – французский, как это было сделано для синтаксического и семантического анализа, но и в направлении французский – русский. В тех случаях, когда коннектор не имеет эквивалента в тексте перевода, мы будем говорить о нулевом эквиваленте (для направления французский – русский, соответственно, о нулевом стимуле перевода); в тех случаях, когда коннектор переведен языковой единицей, не являющейся коннектором, в том числе и «семантически богатым» знаком препинания, как тире или двоеточие, мы будем говорить о дивергентной модели перевода (в направлении французский – русский о дивергентном стимуле перевода).

8.1. При этом

Значения параметров лингвоспецифичности, полученные в НБД, приведены в Таблице 6.

Таблица 6. Значения параметров лингвоспецифичности *при этом* в направлении перевода русский – французский.

Коннектор	*Всего аннотаций*	*Нулевые эквиваленты*	*Нулевые эквиваленты в %*	*Дивергентные МП*	*Дивергентные МП в %*	*Всего МП*	*Рейтинг МП*
при этом	89	27	30,34	28	31,46	37	2.00

При этом имеет высокие показатели по всем параметрам лингвоспецифичности. На нулевые эквиваленты и дивергентные модели перевода (МП) приходится 30,34% и 31,46%, соответственно. Многочисленны и сами МП, причем нулевой эквивалент является наиболее частотной моделью перевода (см. Таблицу 7): в НБД зафиксировано 37 МП *при этом* на 89 аннотаций, большинство из них с единичными вхождениями. Отсюда и их высокий рейтинг (в зоне максимальных показателей по НБД; см. раздел 3 главы 1), величина, которая рассчитывается исходя из количества МП и количества аннотаций с данным коннектором.

Таблица 7. Модели перевода *при этом* в направлении перевода русский – французский.

РР в оригинале	*РР в переводе*	*Всего аннотаций*	*% в группе*
при этом	zero	27	30,34
при этом	x_gér_prés	7	7,87
при этом	en même temps	6	6,74
при этом	de plus	3	3,37
при этом	en plus	3	3,37
при этом	xn_à ces mots	3	3,37
при этом	avec N	3	3,37
при этом	par ailleurs	2	2,25
при этом	xn_à cette occasion	2	2,25
при этом	ici	2	2,25
при этом	et	2	2,25
при этом	en outre	2	2,25
при этом	cela étant	2	2,25
при этом	x_tout_gér_prés	2	2,25
при этом	enfin	1	1,12
при этом	de surcroît	1	1,12
при этом	pour cela	1	1,12
при этом	ce faisant	1	1,12
при этом	en l'occurence	1	1,12
при этом	xn_par la même occasion	1	1,12
при этом	xn_dans cet état	1	1,12
при этом	et en plus	1	1,12
при этом	par conséquent	1	1,12
при этом	xv_il faut remarquer que	1	1,12
при этом	à cela	1	1,12
при этом	de ce fait	1	1,12
при этом	à N	1	1,12
при этом	là-bas	1	1,12
при этом	ce disant	1	1,12

РР в оригинале	*РР в переводе*	*Всего аннотаций*	*% в группе*
при этом	dans ce cas	1	1,12
при этом	en plus de ça	1	1,12
при этом	entre autres	1	1,12
при этом	toutefois	1	1,12
при этом	non sans	1	1,12
при этом	disons que	1	1,12
при этом	mais même alors	1	1,12
при этом	tout cela_x_gér prés	1	1,12

Однако, *при этом* может устанавливать отношение сопоставления на пропозициональном уровне и на уровне высказывания, и значения параметров лингвоспецифичности разнятся у него в зависимости от выражаемого им значения, что отражено в Таблице 7.

Таблица 8. Значения параметров лингвоспецифичности *при этом* с учетом значения.

Коннектор	*Отношение сопутствования*	*Всего аннотаций*	*Нулевой эквивалент*	*В %*	*Дивергентные МП*	*В %*	*Всего МП*	*Рейтинг МП*
при этом	иллокутивное	24	3	12,50	4	16,67	18	2.28
при этом	пропозициональное	63	24	38,10	24	38,10	25	1.69

У *при этом* как показателя отношения сопутствования, установленного на уровне высказывания, все значения показателей в два, а то и в три раза ниже, чем у *при этом* – показателя пропозиционального сопутствования. Он остается в переводе без эквивалента в 12,5%, а на долю дивергентных МП приходится менее 17%. Ср. с нулевым эквивалентом (129), перевод (25), или (130); с дивергентными моделями перевода – (128) выше и (131), который интересен тем, что все четыре переводчика выбрали дивергентную модель перевода *при этом:* двое (варианты б. и в.) – наречие *ici* 'здесь, тут', высвечивающее одновременность двух действий, основного и сопутствующего; один (вариант г.) – деепричастный оборот, также подчеркивающий одновременность действий, а также устанавливающий иерархию между ними; четвертый переводчик (а.) передал отношение сопутствования, в данном случае сопровождение слов жестом, с помощью предложной группы *à ces mots* 'при этих словах'.

(129) Galina prit une Thermos et se versa un café. Le bouchon de la Thermos fit un affreux grincement. [Trad. par Jacques Michaut-Paternò (2001)]

(130) Давай, давай, колись: где взял сахар? – *При этом* Жеглов смеялся, и я не мог сообразить, шутит он или спрашивает всерьез. [Аркадий Вайнер, Георгий Вайнер. Эра милосердия (1975)]
Allez, vide ton sac, il vient d'où, ton sucre? Jeglov ne cessait de rire et je me demandais s'il parlait sérieusement. [Trad. par Jean-Pierre Dussaussois, Evgueni Avrorine (2005)]

(131) Вы посудите сами… я не знаю, милостивый государь. (*При этом* майор Ковалев пожал плечами.) [Н. В. Гоголь. Нос (1832–1833)]
  а. Vous jugerez vous-même… je ne sais pas, monsieur. (*A ces mots*, le major Kovaliov haussa les épaules.) [Trad. par André Markowicz (2007)]
  б. Jugez vous-même… Je ne sais pas, Monsieur (*ici* le major Kovaliov haussa les épaules). [Trad. par Boris de Schloezer (1925)]
  в. Je ne sais vraiment… Excusez, monsieur (*ici*, le major Kovaliov haussa les épaules) [Trad. par Henri Mongault (1938)]
  г. Jugez par vous-même… Je ne sais pas, monsieur, fit le major Kovalev *en haussant* les épaules. [Trad. par Bernard Kreise (1998)]

Среди других, еще не упоминавшихся дивергентных МП, зафиксированы *à cette occasion, par la même occasion* (см. (132), перевод (27) выше), *en même temps* (см. (133), перевод (17) выше) и деепричастие в сочетании с *tout* (134). Заметим, что деепричастие настоящего времени является наиболее частотной моделей перевода *при этом* пропозиционального сопутствования после нулевого эквивалента.

(132) À Iaroslav, en pleine heure du déjeuner, un citoyen entra dans un restaurant en portant sous son bras un réchaud à pétrole, qu'il venait de reprendre chez le réparateur. Dès qu'ils le virent, les deux portiers abandonnèrent leur poste au vestiaire et s'enfuirent. Derrière eux s'enfuirent tous les clients, ainsi que le personnel de service. *Par la même occasion* – mais on n'a jamais su comment –, toute la recette disparut de la caisse. [Trad. par Claude Ligny (1968)]

(133) À l'intérieur du paquet quelque chose remuait, sifflait, grattait. On entendait *en même temps* des espèces de soupirs accablés. [Trad. par Jacques Michaut-Paternò (2001)]

(134) <...> жанровая традиция продолжала развиваться, осложняться, видоизменяться, переосмысливаться (сохраняя *при этом* свое единство и непрерывность) [М.М. Бахтин. Проблемы поэтики Достоевского (1963)]
<...> la tradition n'a cessé de se développer, de se compliquer, de changer de visage et de signification (*tout en gardant* son unité et sa continuité). [Trad. par Isabelle Kolitcheff (1970)]

Высокий рейтинг МП *при этом* пропозиционального сопутствования объясняется как раз за счет разнообразия дивергентных моделей.

Если же переводчики используют для перевода *при этом* пропозиционального сопутствования коннекторы, то это, как правило, показатели наиболее семантически бедных отношений – соединительных (*et* 'и') или аддитивных: *en outre, en plus, de plus, par ailleurs, de surcroît* 'кроме того, к тому же, сверх того'.

(135) Чек он сохранил, загадочно *при этом* высказавшись: – Таксдидактибл… [С.Д. Довлатов. Иностранка (1986)]
Il avait conservé le ticket de caisse *et* dit, l'air énigmatique: «Tax déductible... » [Trad. par Jacques Michaut-Paternò (2001)]

(136) Таня приняла все в сердце, испытав *при этом* сильнейшее сложносоставное чувство жалости, зависти и стыда за свое беспросветное благополучие. [Л.Е. Улицкая. Сонечка (1992)]
Tania fut profondément bouleversée, tout en éprouvant *par ailleurs* un mélange complexe de pitié, d'envie, et de honte pour le bonheur sans fond dont elle jouissait elle-même. [Trad. par Sophie Benech (1998)]

Лишь в одном случае (137) зафиксирован показатель отношения «вопреки ожидаемому» *mais* в сочетании с наречием *alors* и градационной частицей *même* (*mais même alors* ‘но даже тогда’):

(137) Только раз они задели борт чужого «мерседеса». *При этом* рук своих латиноамериканец так и не убрал. [С.Д. Довлатов. Иностранка (1986)]
Une seule fois seulement ils avaient égratigné le flanc d’une Mercedes. *Mais même alors* il n’avait pas déplacé ses mains. [Trad. par Jacques Michaut-Paternò (2001)]

При этом, устанавливающее отношение сопутствования на уровне высказывания, значение, которое для него менее характерно, имеет, как показывает Таблица 8, в два раза меньше нулевых (138) и дивергентных переводов.

(138) Единство сознания, подменяющее единство бытия, неизбежно превращается в единство одного сознания; *при этом* совершенно безразлично, какую метафизическую форму оно принимает. [М.М. Бахтин. Проблемы поэтики Достоевского (1963)]
L’unité de la conscience remplaçant l’unité de la substance aboutit immanquablement à l’unité d’une seule conscience; peu importe la forme métaphysique qu’elle prend. [Trad. par Isabelle Kolitcheff (1970)]

Среди дивергентных МП особо следует отметить глаголы класса *verba dicendi*; ср. *disons que* ‘скажем, что’ (139) и *il faut remarquer que* ‘следует заметить, что’ (140). Их использование подтверждает, что отношение сопутствование установлено на уровне высказывания: вводимая ими информация дополняет сказанное ранее.

(139) В Америке Лернер около года пролежал на диване. Его жена работала продавщицей в «Александерсе». Сын посещал еврейскую школу. Лернер мечтал получить работу на телевидении. *При этом* он был совершенно нетипичным эмигрантом. [С.Д. Довлатов. Иностранка (1986)]

En Amérique pendant près d'un an Lerner ne quitta pas son divan. Sa femme travaillait comme vendeuse chez Alexanders. Son fils fréquentait l'école hébraïque. Lerner rêvait de trouver un travail à la télévision. *Disons que* dans son genre c'était un émigré parfaitement atypique. [Trad. par Jacques Michaut-Paternò (2001)]

(140) Во время кутежа, обиженный своими товарищами, «человек из подполья» хочет показать, что не обращает на них никакого внимания: «Я презрительно улыбался и ходил по другую сторону комнаты, прямо против дивана, вдоль стены, от стола до печки и обратно. Всеми силами я хотел показать, что могу и без них обойтись; а между тем нарочно стучал сапогами, становясь на каблуки. Но все было напрасно. Они-то и не обращали внимания» (IV, 199). *При этом* герой из подполья отлично все это сознает сам и отлично понимает безысходность того круга, по которому движется его отношение к другому. [М.М. Бахтин. Проблемы поэтики Достоевского (1963)]

Outragé pendant le repas d'adieu par ses camarades, « l'homme du sous-sol» veut leur montrer qu'il ne leur prête aucune attention: « Je souriais avec mépris et marchais de l'autre côté de la pièce, de la table à la cheminée et en revenant le long du mur qui faisait face au divan. De toutes mes forces je voulais leur montrer que je pouvais me passer d'eux; et cependant, je martelais exprès le plancher avec mes bottes, en posant les pieds sur les talons. Mais tout cela était vain. Eux ne faisaient pas attention à moi» (IV, 199). *Il faut remarquer que* «l'homme du sous-sol» est parfaitement conscient de ce que le cercle où tournent ses attitudes vis-à-vis des autres est sans issue. [Trad. par Isabelle Kolitcheff (1970)]

Коннекторы, которые служат переводным эквивалентом *при этом* иллокутивного, выбираются из класса аддитивных, те же, что мы видели для *при этом* пропозиционального; ср. *en plus* 'кроме того' в (141):

(141) Но мы в чужой стране. Языка практически не знаем. В законах ориентируемся слабо. К оружию не привыкли. А тут у каждого второго – пистолет. Если не бомба… *При этом* латиноамериканцы, говорят, еще страшнее негров. [С.Д. Довлатов. Иностранка (1986)]

Mais nous sommes dans un pays étranger. Nous ne connaissons pratiquement pas la langue. Nous n'entendons pas grand - chose aux lois. Nous ne sommes pas habitués aux armes. Et ici un type sur deux a une arme. Quand ce n'est pas une bombe... *En plus* les Latino-Américains sont, paraît-il, encore plus terribles que les Noirs. [Trad. par Jacques Michaut-Paternò (2001)]

Однако это могут быть и показатели более семантически насыщенных отношений: в (142) использован показатель сопоставительных отношений *en même temps* 'в то же время'; в (143), переводе (38), – показатель отношений следствия *par conséquent* 'следовательно'; в (144), переводе (37) – показатель условных отношений; в (145), переводе (30) – показатель отношений «вопреки ожидаемому» *toutefois* 'тем не менее'.

(142) Она была мужественной, решительной, целеустремленной. *При этом* холодной, заносчивой и аристократически наивной. [С.Д. Довлатов. Иностранка (1986)]
Elle était courageuse, décidée, persévérante. *En même temps* froide, arrogante et aristocratiquement naïve. [Trad. par Jacques Michaut-Paternò (2001)]

(143) Il ne s'agit pas là d'affrontement entre deux dernières instances de signification, mais de la rencontre objectivée (thématique) de deux positions représentées, rencontre entièrement soumise à l'instance suprême et dernière de l'auteur. Le contexte monologique n'est *par conséquent* ni rompu, ni affaibli. [Trad. par Isabelle Kolitcheff (1970)]

(144) Le Président de la Fédération de Russie cesse d'exercer ses attributions avant terme en cas de démission, d'incapacité permanente pour raison de santé d'exercer les attributions qui lui incombent, ou de destitution. *Dans ce cas*, l'élection du Président doit avoir lieu au plus tard trois mois à compter de ta cessation anticipée de son mandat. [Trad. par Lesage (2000)]

(145) Lerner demeura encore quelque trois mois sans rien faire. Il convient *toutefois* de noter que sa situation financière était loin d'être préoccupante. [Trad. par Jacques Michaut-Paternò (2001)]

Эти переводные эквиваленты можно считать контекстуально обусловленными, потому что в каждом из приведенных примеров *при этом* сохраняет свое значение показателя отношения сопутствования. Поэтому выбор показателя более семантически 'пустого' семантического отношения может оказаться неудачным. Ср. перевод (32) выше, где выбор показателя аддитивных отношений *en outre* 'кроме того' затрудняет интерпретацию французского высказывания:

(146) Jora était gai, déluré, ouvert. Baliev, au contraire, se montrait sombre, sévère, taciturne. On sentait, *en outre*, qu'il y avait entre les deux une sorte de complicité, comme au cirque. [Trad. par Jacques Michaut-Paternò (2001)]

Более уместным здесь был по показатель уступительных отношений *malgré cela* 'несмотря на это' или отношений «вопреки ожидаемому» *cependant, toutefois* 'тем не менее, однако'.

В отличие от *при этом* пропозиционального сопутствования, разнообразие МП которого происходит за счет дивергентных МП, *при этом* иллокутивное имеет большое количество МП-коннекторов из широкого спектра показателей логико-семантических отношений. Это тоже подтверждает языковую специфику *при этом* в паре языков русский – французский.

Параметры лингвоспецифичности *при этом* в направлении перевода французский – русский представлены в Таблице 9, а стимулы перевода – в Таблице 10.

Таблица 9. Значения параметров лингвоспецифичности *при этом* в направлении перевода французский – русский.

Коннектор	*Всего аннотаций*	*Нулевые СП*	*Нулевые СП в %*	*Дивергентные СП*	*Дивергентные СП в %*	*Всего СП*	*Рейтинг СП*
при этом	40	18	45,00	9	22,50	14	1.27

Таблица 10. Стимулы перевода *при этом*.

PP *в оригинале*	*PP* *в переводе*	*Всего* *аннотаций*	*%* *в группе*
zero	при этом	18	45,00
et	при этом	3	7,50
d'ailleurs	при этом	3	7,50
alors	при этом	3	7,50
ainsi	при этом	3	7,50
avec N	при этом	2	5,00
or	при этом	1	2,50
et|d'ailleurs	при этом	1	2,50
pour autant	при этом	1	2,50
c'est ainsi que	при этом	1	2,50
et en même temps	при этом	1	2,50
mais	при этом	1	2,50
moyennant	при этом	1	2,50
cela	при этом	1	2,50

Хотя данные в этом направлении перевода не являются пока представительными, они сопоставимы в значительной степени с данными, полученными для направления перевода русский – французский. Нулевой стимул перевода (СП) и здесь – первый по частотности, но на его долю приходится еще больший процент аннотаций: 45% против 30,45% в направлении русский – французский.

(147) Il téléphone à Tamara, sa pute platonique, en pensant à Sophie, la mère de l'enfant qu'il ne verra pas. [Frédéric Beigbeder. 99 francs (1997–2000)]
Октав звонит своей платонической возлюбленной Тамаре, думая *при этом* о Софи, матери ребенка, которого он никогда не увидит. [Пер. И. Волевич (2002)]

При этом в 6 аннотациях из 18, т.е. в трети случаев нулевого СП, *при этом* появляется во фрагменте текста с деепричастием, как в (147), или причастием (148) настоящего времени.

(148) Piquée dans son orgueil de professionnelle, Tamara nous a ensuite gratifiés d'un show magnifique, debout sur le bar, suçant le goulot de sa Corona <...>. [Frédéric Beigbeder. 99 francs (1997–2000)]
Уязвленная в своей профессиональной гордости, Тамара продемонстрировала нам отвязный номер: вскочив на стойку, она исполнила зажигательный танец, вызывающе облизывая *при этом* горлышко пивной бутылки <...>. [Пер. И. Волевич (2002)]

Высока доля и дивергентных СП, хотя она, наоборот, чуть ниже, чем в противоположном направлении: 22,5% против 31,46%. Здесь также встречается предложная группа с *avec* 'с' и обращает на себя внимание большое количество СП разной семантики, но с более или менее выраженным анафорическим значением: демонстратив *cela*, наречие *alors* 'тогда', которое может быть употреблено в своем прямом временном значении (149) и как показатель отношения следствия, *ainsi* 'так, таким образом' (150), предлог *moyennant* 'благодаря' в сочетании с резумптивным местоимением *quoi* 'что' (151).

(149) Ils s'attardent. Ils manquent leur train. Nous les reconduisons à la porte sans comprendre ce qui se passe et qu'ils ne peuvent ni se payer l'hôtel ni rentrer chez eux. Leur attitude devient *alors* si bizarre qu'il m'arrive de craindre qu'ils ne se noient. [J. Cocteau. La difficulté d'être (1983)]
Они засиживаются у нас. Опаздывают на последний поезд. Мы же провожаем их до двери, даже не догадываясь, что им негде ночевать: денег на гостиницу нет, а до дома не доехать. Поведение их *при этом* бывает иногда до того странным, что я начинаю опасаться, как бы они не пошли топиться. [Пер. Л. Цивьян (2003)]

(150) C'était engager nettement les études lexicologiques sur la voie des recherches structurales. Les «champs notionnels» de Matoré, avec leurs «mots-témoins» et leurs «mots-clefs», rejoignaient *ainsi* les «champs linguistiques» de Jost Trier. [Gérard Genette. Figures (1966–1972)]
Это значило, что лексикологический анализ встает на путь структурных исследований. «Понятийные поля» Маторе, с их «эталонными» и «ключевыми словами», ассоциировались *при этом* с «лингвистическими полями» Поста Трира. [Пер. С. Зенкин (1998)]

(151) Si l'œuvre est un langage et la critique un métalangage, leur rapport est essentiellement formel, et la critique n'a plus affaire à un message, mais à un code, c'est-à-dire un système dont elle doit retrouver la structure, <...>. *Moyennant quoi*, des langages variés que la critique peut essayer sur les œuvres littéraires du passé (ou du présent) «surgirait une forme générale qui serait l'intelligible même que notre époque donne aux choses <...>». [Gérard Genette. Figures (1966–1972)]
Если произведение есть язык, а критика – метаязык, то их соотношение носит по сути своей формальный характер и критика имеет дело уже не с сообщением, а с кодом, то есть с системой, структуру которой она должна выяснить, <...>. *При этом* из разнообразных языков, которые критика может примерять к литературным произведениям прошлого (или же настоящего), «возникнет обобщенная форма смысла, который наша эпоха придает вещам <...>». [Пер. С. Зенкин (1998)]

Это, на наш взгляд, свидетельствует о том, что анафорическое – резумптивное – значение демонстратива *это* в составе *при этом* пока остается прозрачным, а сам коннектор еще не завершил процесс грамматикализации.

Что касается коннекторов, явившихся СП для *при этом*, то здесь преобладают показатели отношения «вопреки ожидаемому» (*d'ailleurs* 'впрочем', *pour autant* 'тем не менее') и соединительных отношений (*et* 'и'). В сочетании с союзом *et* зафиксирован также показатель одновременности действий *en même temps* 'одновременно', который мы уже встречали в качестве МП *при этом*; ср. (133).

(152) En ce moment, l'un d'eux s'approcha de lui, après avoir vigoureusement repoussé les fellahs qui l'assaillaient de leurs offres de service, et il lui demanda fort poliment s'il pouvait lui indiquer les bureaux de l'agent consulaire anglais. *Et en même temps* ce passager présentait un passeport sur lequel il désirait sans doute faire apposer le visa britannique. [Jules Verne. Le tour du monde en quatre-vingt jours (1872)]
В эту минуту один из пассажиров, решительно расталкивая феллахов, пристававших к нему с предложением услуг, приблизился к сыщику и вежливо попросил указать местонахождение британского консульства. *При этом* он показал паспорт, на котором, без

сомнения, хотел поставить британскую визу. [Пер. Н. Габинский, Я. Лесюк (1939)]

Единственное, в чем отличаются данные для двух направлений – это рейтинг МП и, соответственно, СП: он значительно ниже (1.27) для СП, но это может объясняться небольшим количеством аннотаций, созданных для *при этом* в направлении французский – русский (подкорпус переводов на русский язык пока значительно меньше, чем переводов на французский).

8.2. Притом

Притом, в отличие от *при этом*, устанавливает отношение сопутствования только на уровне высказывания, но, как и *при этом*, не имеет точного эквивалента-коннектора во французском языке. Значения по параметрам лингвоспецифичности *притом* в направлении русский – французский приведены в Таблице 11.

Таблица 11. Значения параметров лингвоспецифичности *притом* в направлении русский – французский.

Коннектор	*Всего аннотаций*	*Нулевые эквиваленты*	*Нулевые эквиваленты в %*	*Дивергентные МП*	*Дивергентные МП в %*	*Всего МП*	*Рейтинг МП*
притом	65	15	23,08	0	0	19	1.26

Главное отличие от значений параметров *при этом* – отсутствие дивергентных МП. Как мы видели, они характерны для *при этом*, в основном, в его употреблении как показателя пропозиционального сопутствования (почти 40%) и уменьшаются (до 16,67%) для иллокутивного сопутствования. Статистика по *притом* подтверждает эту тенденцию.

Подтверждается и тенденция оставлять показатель иллокутивного сопутствования без перевода: нулевые эквиваленты *притом* составляют 23,8% и являются, как и для *при этом*, первой по частотности МП.

(153) Слушай. Значитца, раскололся наш клиент на второй эпизод, ты ему без промедления третий адресок шепчешь. *Притом* снова железный. [Аркадий Вайнер, Георгий Вайнер. Эра милосердия (1975)]
Écoute. Donc, notre client a craqué au cours du deuxième épisode, alors, sans tarder, tu lui murmures une troisième petite adresse. Celle-là aussi être béton. [Trad. par Jean-Pierre Dussaussois, Evgueni Avrorine (2005)]

Список МП в направлении русский – французский приведен в Таблице 12.

Таблица 12. Модели перевода *притом* в направлении перевода русский – французский.

РР в оригинале	*РР в переводе*	*Всего аннотаций*	*% в группе*
притом	zero	15	23,08
притом	de plus	10	15,38
притом	d'ailleurs	10	15,38
притом	en plus	6	9,23
притом	en outre	5	7,69
притом	et puis	3	4,62
притом	au surplus	2	3,08
притом	et	2	3,08
притом	et de plus	2	3,08
притом	mais	1	1,54
притом	en plus de tout cela	1	1,54
притом	et pour comble	1	1,54
притом	au reste	1	1,54
притом	et avec ça	1	1,54
притом	et|de plus	1	1,54
притом	par-dessus le marché	1	1,54
притом	et plus précisément	1	1,54
притом	et tout particulièrement	1	1,54
притом	et, de surcroît	1	1,54

МП-коннекторы можно разделить на пять семантических групп. Самую многочисленную (11 МП) группу составляют показатели аддитивных отношений *de plus* (самый частотный в группе), *en plus, en outre*, *en plus de tout ça,* в том числе с градационной семантикой: *au surplus, par-dessus le marché*. Ср. (150), где *притом* один раз переведено с помощью *en plus* (а.), а второй (б.) – с помощью *en outre*, а также (155), где в качестве МП выбрано *au surplus*:

(154) Он очень хорошо помнил, что шляпа на нем была с плюмажем и мундир с золотым шитьем; но шинель не заметил, ни цвета его кареты, ни лошадей, ни даже того, был ли у него сзади какой-нибудь лакей и в какой ливрее. *Притом* карет неслось такое множество взад и вперед и с такою быстротою, что трудно было даже приметить. [Н. В. Гоголь. Нос (1832–1833)]

а. Il se souvenait parfaitement qu'il portait un chapeau à plumes et un uniforme brodé d'or; mais il n'avait pas remarqué son manteau, ni la couleur de son carrosse, ni celle de ses chevaux, ni même si, derrière, il y avait un laquais, et ce qu'il avait comme livrée. *En plus*, les carrosses, il y en avait un tel nombre dans un sens comme dans l'autre, et ils étaient lancés à une telle vitesse qu'il était même difficile de remarquer quoi que ce soit. [Trad. par André Markowicz (2007)]

б. Il se rappelait très bien que l'autre portait un chapeau à panache et une tunique brodée d'or; mais il n'avait pas remarqué son manteau, ni la couleur de son carrosse, ni la robe de ses chevaux, ni même s'il avait derrière un laquais et avec quelle livrée. *En outre*, tant de carrosses roulaient de côté et d'autre et à une telle allure, qu'il était difficile de rien remarquer. [Trad. par Bernard Kreise (1998)]

(155) – Вы ей о бугорках говорили? – То есть не совсем о бугорках. *Притом* она ничего бы и не поняла. [Ф. М. Достоевский. Преступление и наказание (1866)]

– Vous lui avez parlé des tubercules? – C'est-à-dire pas précisément des tubercules. *Au surplus*, elle n'aurait rien compris! [Trad. par Élisabeth Guertik (1947)]

Показатели аддитивных отношений употребляются либо самостоятельно, либо в сочетании с сочинительным союзом *et*, как с контактным расположением (*et de plus; et pour comble; et avec ça; et, de surcroît*), так и с дистантным, т.е. когда составляющие коннектора разделены текстом (*et|de plus*) расположением:

(156) Какой-нибудь торговке, которая продает на Воскресенском мосту очищенные апельсины, можно сидеть без носа; но, имея в виду получить... *притом* будучи во многих домах знаком с дамами: Чехтарева, статская советница, и другие... [Н.В. Гоголь. Нос (1832–1833)]
mais moi, qui ai un poste en vue... *et* qui, *de plus*, connais nombre de dames, l'épouse du conseiller d'État Tchekhtariov et beaucoup d'autres... [Trad. par Boris de Schloezer (1925)]

Вторую по численности группу (3 МП) составляют показатели отношения «вопреки ожидаемому»: *d'ailleurs* (вторая по частотности, вместе с *de plus*, МП), *mais*, *au reste*. Коннекторы этой группы, как мы видели, зафиксированы также и для *при этом*.

(157) Фантастическая форма «Кроткой» является лишь одним из решений этой проблемы, ограниченным *притом* пределами повести. [М.М. Бахтин. Проблемы поэтики Достоевского (1963)]
La forme fantastique de Douce n'est qu'une des solutions possibles, limitée *d'ailleurs* par les dimensions de la nouvelle. [Trad. par Isabelle Kolitcheff (1970)]

Третья группа – показатели отношения спецификации: *et plus précisément, et tout particulièrement*. Их семантика вполне согласуется с семантикой иллокутивного сопутствования: осуществляя переход от общего к частному, они сообщают дополнительную информацию об «общем» (подробнее о семантике спецификации см. Инькова, Манзотти 2018). Так, в (158) говорящий переходит от общего (Достоевский) к частному (полифонизму достоевского):

(158) В романе Томаса Манна «Доктор Фаустус» очень многое навеяно Достоевским, *притом* именно полифонизмом Достоевского. [М.М. Бахтин. Проблемы поэтики Достоевского (1963)]
Le roman de Thomas Mann, Docteur Faustus, s'inspire dans une large mesure de Dostoïevski, *et plus précisément* de son polyphonisme. [Trad. par Isabelle Kolitcheff (1970)]

К четвертому семантическому типу коннекторов, которые служат МП *притом*, относится *et puis*, показатель временных метаязыковых отношений: он вводит «следующий» в ходе рассуждения аргумент, что согласуется с аргументативной функцией *притом*, которая, как мы видели (см. раздел 5), является для *притом* основной.

(159) Но вот приходит Андрюша или его приведут; он начнет рассказывать так бойко, так живо, что рассмешит и ее, *притом* он такой понятливый! [И.А. Гончаров. Обломов (1848–1859)]
Mais voici qu'Andrioucha reparaît, qui narre ses aventures avec tant de fougue et de vivacité que très vite elle se déride. *Et puis* il est si intelligent! [Trad. par Arthur Adamov (1959)]

Наконец, в качестве эквивалента *притом* может использоваться самый бедный по семантике союз *et*, как в самостоятельном употреблении, так и, чаще, в сочетании с показателем других логико-семантических отношений.

(160) Герне издал горлом странный звук, – только истинный пьяница, *притом* крестьянский пьяница, мог с таким выражением смотреть на бутылку. [В.С. Гроссман. Жизнь и судьба (1960)]
Gerne émit un curieux bruit de gorge: seul un authentique ivrogne, *et* un ivrogne paysan, pouvait contempler une bouteille d'un tel regard. [Trad. par Alexis Berelowitch (1980)]

(161) Его слово о мире и открыто и скрыто полемично; *притом* оно полемизирует не только с другими людьми, с другими идеологиями, но и с самим предметом своего мышления – с миром и его строем. [М.М. Бахтин. Проблемы поэтики Достоевского (1963)]
Son mot sur le monde est ouvertement et secrètement polémique; *et, de plus*, il lutte non seulement contre d'autres personnes, d'autres idéologues, mais contre les objets mêmes de sa réflexion, contre le monde et son ordonnance. [Trad. par Isabelle Kolitcheff (1970)]

Количественных данных для *притом* в направлении французский – русский пока еще недостаточно, чтобы делать какие либо заключения. Кроме того, при сплошной выборке в НБД он чаще был зафиксирован в сочетании с союзом *и* (что подтверждает сказанное в разделе 5 и сноске 8): из 20 аннотированных случаев в 13 он встретился с этим союзом, в 3 – с союзом *но* и в 3 – в самостоятельном употреблении. Поэтому в Таблице 13 мы приводим значения параметров лингвоспецифичности для сочетания *и притом*.

Таблица 13. Значения параметров лингвоспецифичности *и притом* в направлении французский – русский.

Коннектор	*Всего аннотаций*	*Нулевые СП*	*Нулевые СП в %*	*Дивергентные СП*	*Дивергентные СП в %*	*Всего СП*	*Рейтинг СП*
и притом	13	7	53,85	2	15,38	5	0.94

Воздерживаясь пока от дальнейших комментариев этих данных, заметим только, что нулевой СП является для *и притом* самым частотным.

(162) Vous êtes le comte Chabert, je le veux bien, mais il s'agit de le prouver judiciairement à des gens qui vont avoir intérêt à nier votre existence. [Honoré de Balzac. Le colonel Chabert (1832)]
Вы граф Шабер, не спорю; но ведь придется доказывать это в юридическом порядке, *и притом* людям, заинтересованным в обратном, – людям, которым выгодно отрицать ваше существование. [Пер. Н. Жаркова (1949)]

8.3. Причем

Причем, как и при этом, может устанавливать отношение сопутсовования как на пропозициональном уровне, так и на уровне высказывания, но именно последнее значение является для него более частотным в современном русском языке. Как и для *при этом*, мы приводим значения параметров лингвоспецифичности для всех употреблений *причем* (Таблица 14) и с учетом значения (Таблица 15); и те, и другие – для направления перевода русский – французский.

Таблица 14. Значения параметров лингвоспецифичности *причем* в направлении русский – французский.

Коннектор	*Всего аннотаций*	*Нулевые эквиваленты*	*Нулевые эквиваленты в %*	*Дивергентные МП*	*Дивергентные МП в %*	*Всего МП*	*Рейтинг МП*
причем	79	25	31,65	16	20,25	28	1.64

Таблица 15. Значения параметров лингвоспецифичности *причем* с учетом значения.

Коннектор	*Отношение сопутствования*	*Всего аннотаций*	*Нулевой эквивалент*	*В %*	*Дивергентные МП*	*В %*	*Всего МП*	*Рейтинг МП*
причем	иллокутивное	61	23	37,70	8	13,11	21	1.45
причем	пропозициональное	18	2	11,11	8	44,44	11	1.68

Если взять параметры лингвоспецифичности для употреблений *причем* в целом, то они сопоставимы с данными для *при этом*: та же доля нулевых эквивалентов: 30,34% для *при этом* и 31,65% для *причем*; несколько ниже доля дивергентных МП: 31,5% для *при этом* и 20,25% для *причем*. Но это может объясняться тем, что количество дивергентных МП у *при этом* и у *причем* выше в пропозициональном употреблении, которое для *при этом* является доминирующим. Чуть ниже у *причем* и рейтинг МП: 1.64 против 2.00 у *при этом*. Список МП *причем* в направлении русский – французский приведен в Таблице 16. Нулевой эквивалент и для *причем* остается первым по частотности, причем с большим отрывом от других МП, как это было в случае *при этом* и *притом*.

Таблица 16. Модели перевода *причем* в направлении перевода русский – французский.

РР в оригинале	*РР в переводе*	*Всего аннотаций*	*% в группе*
причем	zero	25	31,65
причем	qui plus est	9	11,39
причем	et	8	10,13
причем	x_gér_prés	6	7,59
причем	x_part_prés	3	3,80
причем	x_sub_clause	3	3,80
причем	de surcroît	2	2,53
причем	d'ailleurs	2	2,53
причем	en même temps	2	2,53
причем	cependant	1	1,27
причем	de plus	1	1,27
причем	en outre	1	1,27
причем	en plus	1	1,27
причем	mais	1	1,27
причем	et|de plus	1	1,27
причем	et|alors	1	1,27
причем	et de temps en temps	1	1,27
причем	x_part_passé	1	1,27
причем	et à cette occasion	1	1,27
причем	quand	1	1,27
причем	et ce	1	1,27
причем	et encore	1	1,27
причем	avec ça	1	1,27
причем	à cela	1	1,27
причем	et, par ailleurs	1	1,27
причем	x_tout_gér_prés	1	1,27
причем	pendant que	1	1,27
причем	alors	1	1,27

Если взять статистику с учетом значений *причем*, то можно констатировать, что нулевой эквивалент более частотен у *причем* в иллокутивном употреблении: 37,7% против 11,1% для пропозиционального (у *при этом* – обратная тенденция: 12,5% в иллокутивном и 38,1% в пропозициональном). Это может объясняться тем, что *причем* употребляется в таких семантических конфигурациях, где связь между фрагментами текста легко выводится на основе их смыслового соотношения. *Причем* вводит часто либо определение упомянутого в предыдущем контексте имени, либо актанты и сирконстанты описанной в первом фрагменте ситуации (см. Таблицы 3 и 5), а также примеры в разделе 4.

Так, в (163) во втором фрагменте текста повторяется имя «негодование», о котором сообщается дополнительная информация; в примере (53), который мы воспроизводим здесь под (164), дается определение имени «машинистка».

(163) <... > беспрерывно обращалась к Раскольникову и полушепотом спешила излить перед ним все накопившиеся в ней чувства и все справедливое негодование свое на неудавшиеся поминки; *причем* негодование сменялось часто самым веселым, самым неудержимым смехом над собравшимися гостями <...> [Ф. М. Достоевский. Преступление и наказание (1866)]
<... > depuis ces deux jours, elle s'adressait sans cesse à Raskolnikov et se hâtait de lui épancher à mi-voix tous les sentiments qui s'étaient accumulés en elle et toute sa juste indignation devant l'échec du repas; à l'indignation succédait souvent chez elle le rire le plus irrésistible aux dépens des invités <...> [Trad. par Élisabeth Guertik (1947)]

(164) Раиса была нашей машинисткой – *причем* весьма квалифицированной. [С.Д. Довлатов. Чемодан (1986)]
Raïssa était notre dactylo, quelqu'un de parfaitement qualifié. [Trad. par Jacques Michaut-Paternò (2001)]

Сопоставимы, напротив, данные по дивергентным МП, которые преобладают при установлении отношения сопутствования на пропозициональном уровне как у *причем*, так у *притом*: 38,1% у *при этом* и 44,5% у *причем*. В качестве МП преобладают деепричастия и причастия, что также объяснимо синтаксическими особенностями употребления *причем*: как правило, в рамках одного предожения, часто с общим субъектом действия; ср. (165):

(165) Гусар, <...> улыбнулся и поклонился, *причем* щелкнул шпорами и брякнул колечками сабли. [И.С. Тургенев. Первая любовь (1860)]
Le hussard, <...> sourit et s'inclina *en faisant* sonner ses éperons et la bélière de son sabre. [Trad. par Michel-Rostislav Hofmann (1974)]

Что касается коннекторов, которые выбираются в качестве эквивалентов *причем*, то здесь, так же, как у *притом*, преобладают аддитивные коннекторы, но, в отличие от *притом*, с градационной семантикой. На первом месте стоит *qui plus est* (11,39%), вторая после нулевой МП *причем*.

(166) За это время женщины успели полюбить моего брата. *Причем* все три одновременно. [С.Д. Довлатов. Чемодан (1986)]
Dans l'intervalle, les femmes avaient eu le temps de s'amouracher de mon cousin. *Qui plus est*, toutes les trois en même temps. [Trad. par Jacques Michaut-Paternò (2001)]

Зафиксирован также союз *et* (10,13%), третья по частотности МП (167), а также показатели отношения «вопреки ожидаемому» (*d'ailleurs, cependant, mais*); ср. (168) с *cependant*.

(167) <...> каждый участник карнавала нес зажженную свечу («огарок»), *причем* каждый старался погасить свечу другого с криком «Sia ammazzato!» («Смерть тебе!»). [М.М. Бахтин. Проблемы поэтики Достоевского (1963)]
<...> chaque participant portait un cierge allumé (un «bout de chandelle») *et* chacun essayait d'éteindre celui de l'autre en criant: Sia ammazzato! («Sois mort!»). [Trad. par Isabelle Kolitcheff (1970)]

(168) У Сервантеса уже нет площадного звучания, *причем* в первой книге « Дон-Кихота» смех еще достаточно громок, *а* во второй значительно (по сравнению с первой) редуцируется. [М.М. Бахтин. Проблемы поэтики Достоевского (1963)]
Ce n'est plus le cas chez Cervantes. *Cependant*, dans le premier livre du Don Quichotte, le rire est encore suffisamment perceptible, *tandis que* dans le deuxième il est nettement atténué (par rapport au précédent). [Trad. par Isabelle Kolitcheff (1970)]

Зафиксировано два употребления *en même temps* как показателя одновременности двух ситуаций:

(169) Катерина Ивановна начинала хлопать в такт своими сухими ладонями, когда заставляла Полечку петь, а Леню и Колю плясать; *причем* даже и сама пускалась подпевать. [Ф. М. Достоевский. Преступление и наказание (1866)]
Catherine Ivanovna battait la mesure de ses mains sèches quand elle forçait Polia à chanter et Lyda et Kolia à danser; *en même temps* elle tentait de chanter elle aussi. [Trad. par Élisabeth Guertik (1947)]

Таким образом, семантические классы коннекторов, служащих для перевода *причем*, совпадают в основном с классами, которые мы выделили для *притом* и *при этом*.

Статистика для направления перевода французский – русский приведена в Таблице 17, список стимулов перевода *причем* – в Таблице 18.

Таблица 17. Значения параметров лингвоспецифичности *причем* в направлении французский – русский.

Коннектор	*Всего аннотаций*	*Нулевые СП*	*Нулевые СП в %*	*Дивергентные СП*	*Дивергентные СП в %*	*Всего СП*	*Рейтинг СП*
причем	33	12	36,36	3	9,09	5	0.51

Таблица 18. Стимулы перевода *причем*.

PP в оригинале	*PP в переводе*	*Всего аннотаций*	*% в группе*
et	причем	13	39,39
zero	причем	12	36,36
mais	причем	4	12,12
x_part_prés	причем	3	9,09
encore + Inversion	причем	1	3,03

Интересно, что, хотя доля нулевых СП остается высокой у *причем* и для этого направления, она ниже, чем у *при этом* и *притом*: 36,36% против 45% у *при этом* и 53,85% у *и притом*).

(170) Mais je peux être tout l'un ou tout l'autre avec excès. [Jean Cocteau. Difficulté d'être (1947)]
Но могу быть и таким, и таким, *причем* даже чрезмерно. [Пер. Л. Цывьян (2000)]

(171) Cet épisode est donc le récit par l'auteur lui-même, mais l'auteur informé par un récit intermédiaire qu'il ne fait que reprendre à son compte – le récit donc à la fois direct et indirect d'une vision onirique qui se déroule dans l'esprit d'un personnage, vision elle aussi à la fois directe et indirecte, puisque inspirée. [Gérard Genette. Figures (1966–1972)]
Таким образом, это рассказ самого автора, но лишь излагающего сообщенный ему посредующий рассказ, – то есть это одновременно прямой и непрямой рассказ о сновидении одного из действующих лиц, *причем* сновидение это также одновременно прямое и непрямое, ибо оно внушено свыше. [Пер. С. Зенкин (1998)]

На первое место, правда, с небольшим отрывом, выходит сочинительный союз *et*. Он был третьей по частотности МП для *причем* в направлении русский – французский.

(172) Il recevait ses clients debout, ou allongé sur le canapé. *Et* quand il recevait debout, c'était toujours dans l'embrasure de la porte-fenêtre de la rotonde, <...>. [Patrick Modiano. Quartier perdu (1985)]
Он принимал своих клиентов стоя или лежа на диване. *Причем* если он стоял, то всегда в одном и том же месте-в проеме стеклянной двери ротонды <...>. [Пер. Ю. Яхнина (1989)]

(173) Pourtant, l'Astrée est aussi héritière, *et* d'un héritage plus imposant encore. [Gérard Genette. Figures (1966–1972)]
Однако *и* сама «Астрея» является наследницей, *причем* наследия еще более внушительного. [Пер. С. Зенкин (1998)]

Обращает на себя внимание и появление причастия настоящего времени в качестве СП *причем*. Оно не зафиксировано в качестве СП у *при этом*, что может снова объясняться теми синтаксическими конструкциями, в которых преимущественно употребляется *причем*.

(174) Le développement se subdivise en n parties, n'*étant* généralement, pour des raisons que nous retrouverons plus loin, égal à trois. [Gérard Genette. Figures (1966–1972)]

> Развитие делится на n частей, *причем* n, как правило, равняется трем — по причинам, которые откроются нам ниже. [Пер. С. Зенкин (1998)]

В то же время количество СП у *причем* в направлении французский – русский – самое низкое из трех показателей парадигмы *при:* рейтинг СП у *при этом* – 1.27, т.е. в зоне выше среднего по НБД, у *и притом* – 0.94 (в зоне средних значений), у *причем* – 0.51 (в зоне низких значений).

9. Заключительные замечания

Проведенный анализ – семантический, синтаксический и сопоставительный – позволяет подтвердить гипотезу о том, что все коннекторы с формантом *при* выражают отношение сопутствования. В системе логико-семантических отношений оно находится группе отношений, основанных на логической операции конъюнкции ($p \wedge q$), вместе с соединительными (см., например, Breindl, Volodina, Waßner 2014 : 251, 253). Однако, в отличие от соединительных отношений, характеризующихся коммуникативной и синтаксической равноправностью соединяемых фрагментов текста, отношение сопутствования основано на их коммуникативной иерархии, часто сопровождающейся иерархией синтаксической: q представлено как сопровождающее p, являющееся с этой точки зрения центральным.

Мы видели также, что отношение сопутствования – одно из наиболее абстрактных, информативно бедных отношений, что обусловливает высокую степень контекстуальной зависимости той или иной интерпретации содержащих их высказываний, которая может быть сопоставительной, причинной, условной или прстивительно-уступительной. Последняя особенно часто отмечается исследователями, что неудивительно. Kortmann (1997: 17) показывает на материале почти пятидесяти европейских языков, что на основе одновременности (или сопутствования) ситуаций часто наблюдается семантическое развитие к отношению уступительности.

В русском языке отношение сопутствования имеет четыре показателя, каждый из которых, несмотря на общность семантики, имеет свои особенности функционирования. *При этом* является прежде всего показателем пропозиционального сопутствования; *причем* и *притом* специализируются на сопутствовании иллокутивном и имеют много общего в своем функционировании. Однако *притом* выражает, в первую очередь, аргументативное иллокутивное сопутствование, что сближает его с *при этом*: благодаря присутствию в их составе указательных местоимений, коммуникативная иерархия между двумя фрагментами текста, которые они связывают, менее сильная, чем в случае *причем*, а синтаксическая иерархия отсутствует, что является необходимым условием для возникновения аргументативной функции. Наконец, *при том что* выражает отношение сопутствования как на пропозициональном уровне, так и – причем гораздо чаще – на уровне высказывания, вводя сопутствующее обстоятельство, которое может повлиять на реализацию *p* или на его интерпретацию. Как и *при этом*, который становится практически универсальным показателем отношения сопутствования, *при том что* завоевывает позиции в современном русском языке.

С сопоставительной точки зрения, показатели группы *при*, не имея точных системных эквивалентов-коннекторов во французском языке, проявляют высокую степень лингвоспецифичности. Это проявляется, прежде всего, в том, что для трех пранализированных показателей – *при этом, притом* и *причем* – нулевые переводные эквиваленты являются наиболее частотной моделью или стимулом перевода. Показатели пропозиционального сопутствования, каковыми могут быть *при этом* и, в меньшей степени, *причем*, характеризуются также значительной долей дивергентных моделей перевода. Наконец, рейтинг моделей перевода находится у них в средней и верхней (в первую очередь, для *при этом*) зоне значений данного параметра лингвоспецифичности.

Литература

Апресян В.Ю. (1999) Уступительность в языке и слова со значением уступки // Вопросы языкознания. № 5. 1999. С. 23–44.

Апресян В.Ю. (2006) Уступительность в языке // Ю.Д. Апресян (ред.) Языковая картина мира и системная лексикография. Москва, Языки славянских культур. С. 615–712.

Архипов А.В. (2009) Типология комитативных конструкций. Москва, Знак.

БАС – Словарь современного русского литературного языка: в 17 тт. / Под ред. В.И. Чернышева (1948–1965). Москва – Ленинград, Издательство АН СССР.

Белошапкова В.А., Соскова Н.С. (1984) Заметка о высказываниях со сложной ремой // С.Г. Ильенко (отв. ред.) Сложное предложение в системе других синтаксических категорий: Межвузовский сборник научных трудов. Ленинград, ЛГПИ. С. 72–76.

Бурцева В.В. (2005) Словарь наречий и служебных слов русского языка. Москва, Русский язык – Медиа.

ван Дейк Т.А. (1978) Вопросы прагматики текста // Новое в зарубежной лингвистике. Вып. VIII. Лингвистика текста. Москва, Прогресс. С. 259–336.

Ваулина Т.Л. (2011) Присоединительные конструкции в языке современной газеты: структурные, семантические и функциональные особенности. Дисс. канд. филол. наук. Магнитогорск, Магнитогорский государственный университет.

Виноградов А.А. (1984) Структура и функции присоединительных конструкций в современном русском литературном языке. Дисс. канд. филол. наук. Ужгород, Ужгородский государственный университет.

Виноградов В.В. (1941) Стиль Пушкина. Москва, Гослитиздат.

Галкина-Федорук К.М., Горшкова Е.В., Шанский Н.М. (2009) Современный русский язык. Синтаксис. Москва, Либроком.

Гвоздев А.Н. (1955) Очерки по стилистике русского языка. Москва, Государственное учебно-педагогическое издательство Министерства просвещения РСФСР.

Гвоздев А.Н. (2009) Современный русский литературный язык. Часть 2. Синтаксис. Москва, Либроком.

Грот Я. (1873) Спорные вопросы русскаго правописания от Петра Великаго донынѣ. Санктпетербургъ, Типография императорской Академіи наукъ.

Диброва Е.И. ред. (2011) Современный русский язык. Теория. Анализ языковый единиц. Часть II. Морфология. Синтаксис. Москва, Академия.

Ефремова Т.Ф. (2004) Толковый словарь служебных частей речи русского языка. Москва, Астрель-Аст.

Зализняк А.А. (2015) Лингвоспецифичные единицы русского языка в свете контрастивного корпусного анализа // Компьютерная лингвистика и интеллектуальные технологии: По материалам ежегодной Международной конференкции «Диалог 2015». Москва, РГГУ. Вып. 14 (21). С. 683–695.

Зализняк А. А. (2017) О месте категории «присоединение» в описании коннекторов русского языка // Съпоставително езикознание. 2017. №4. С. 21–34.

Зализняк Анна А., Шмелев А.Д. (2000) Введение в русскую аспектологию. Москва, Языки русской культуры.

Зацман И.М., Инькова О.Ю., Кружков М.Г., Попкова Н.А. (2016) Представление кроссязыковых знаний о коннекторах в надкорпусных базах данных // Информатика и ее применения. Вып. 10. № 1. 2016. С. 106–118.

Инькова О.Ю. (2013) Об одном типе сложноподчиненных предложений в русском, французском и итальянском языках // O. Inkova (ed.) Du mot au texte. Etudes slavo-romanes. Berne, Peter Lang. С. 169–202.

Инькова О.Ю. (2015) *При том что*: от морфологии и синтаксиса к семантике // Типология морфосинтаксических параметров. Материалы международной конференции «Типология морфосинтаксических параметров 2015». Вып. 2. Москва, МПГУ. С. 124–149.

Инькова О.Ю. (2018a) Коннекторы русского языка с формантом *при*: корпусное исследование // Russian Linguistics 42 (2), 2018: doi.org/10.1007/s11185-018-9195-7.

Инькова О.Ю. (2018б) Лингвоспецифичность коннекторов: методы и параметры описания // О.Ю. Инькова (ред.) Семантика коннекторов: контрастивное исследование. Москва, ТОРУС ПРЕСС. С. 5–23.

Инькова О., Манзотти Э. (2018) О семантике спецификации (на материале русского и итальянского языков) // Вопросы языкознания, № 4. 2018. С. 82–113.

Кибрик А.А., Подлесская В.И. (2009) Рассказы о сновидениях. Корпусное исследование устного русского дискурса. Москва, Языки славянских культур.

Киселева Н.П. (1971) Средства выражения присоединения между компонентами, связанными подчинительными отношениями в современном русском языке. Автореферат дисс. канд. филол. наук. Москва, МГПИ им. В.И. Ленина.

Киселева Н.П. (1980) Присоединительные конструкции с союзами *причем* и *притом* // Синтаксические связи в русском языке: межвузовский тематический сборник. Владивосток, Дальневосточный государственный университет. С. 58–73.

Крючков С.Е. (1950) О присоединительных связях в современном русском языке // В.В. Виноградов (ред.) Вопросы синтаксиса современного русского языка. Москва, Учпедгиз. С. 397–411.

Кузнецова О.Я. (1966) Союз *причем* и его функция в простом и сложном предложениях // Ученые записки Курского и Белгородского педагогических институтов, Т. 25. Краткие очерки по русскому языку. Вып. 2. 1966. С. 63–69.

Кузнецова О.Я. (1968а) Сложное предложение с союзом «причем». Автореферат дисс. канд. филол. наук. Ростов-на-Дону, Ростовский государственный университет.

Кузнецова О.Я. (1968б) О некоторых взаимоотношениях между простыми предложениями в составе сложного с союзом *причем* // Ученые записки Курского педагогического института, Т. 44. Научно-практические очерки по русскому языку. Вып. 2. 1968. С. 29–44.

Кузнецова О.Я. (1968в) Смысловые взаимоотношения между главным и придаточным предложениями, связанными союзом *причем* // Ученые записки Курского педагогического института, Т. 44. Научно-практические очерки по русскому языку. Вып. 2. 1968. С. 19–28.

Ляпон М.В. (1986) Смысловая структура сложного предложения и текст. К типологии внутритекстовых отношений. Москва, Наука.

МАС – Словарь русского языка: в 4-х тт. / Гл. ред. А. П. Евгеньева, Москва, Русский язык, 1981.

Морковкин В.В. ред. (1997) Словарь структурных слов русского языка. Москва, Лазурь.

Ожегов С.И. (1990) Словарь русского языка. Москва, Русский язык.

Пешковский А.М. (1914[1]/ 2001) Русский синтаксис в научном освещении. Москва, УРСС.

Рогожникова Р.П. (2003) Толковый словарь сочетаний, эквивалентных слову. Москва, Астрель-Аст.

РГ-80 – Русская грамматика / Гл. ред. Н.Ю. Шведова, Москва, Наука, 1980.

Санников В.З. (1989) Русские сочинительные конструкции: Семантика. Прагматика. Синтаксис. Москва, Наука.

Скобликова Е.С. (2006) Современный русский язык. Синтаксис сложного предложения. Учебное пособие. Москва, Флинта – Наука.

Смирнова М.Д. (2003) Фукнции вопросительных слов в возражении // Киселева К.Л., Пайар Д. (ред.) Дискурсивные слова русского языка. Москва, Азбуковник. С. 194–206.

Формановская Н.И. (2007) Стилистика сложного предложения. Москва, КомКнига.

Чжон Х. Х. (2003) Присоединительные скрепы в современном русском языке: синтаксис и семантика. Дисс. канд. филол. наук. Москва, МГУ имени М.В. Ломоносова.

Щерба Л.В. (1957) О частях речи в русском языке // Л.В. Щерба. Избранные работы по русскому языку. Москва, Учпедгиз. С. 63–84.

Янко Т.Е. (2001) Коммуникативные стратегии русской речи. Москва, Языки славянской культуры.

Bartsch R. (1976) The grammar of adverbials. A study in the semantics and syntax of adverbial constructions. Amsterdam, North-Holland.

Breindl E., Volodina A., Waßner U.H. (2014) Handbuch der deutschen Konnektoren 2. Berlin, De Gruyter.

Kobozeva I. (2000) The problem of identification and syntactic representation of Russian complex sentences with illocutionary-independent subordinate clauses // Linguistische Arbeitsberichte Bd. 75. G. Zybatow, U. Junghanns, G. Mehlhorn, L. Szucsich (Hg.), 3. Europäische Konferenz „Formale Beschreibung slavischer Sprachen, Leipzig 1999". Pp. 67–79.

Kortmann B. (1991) Free adjuncts and absolutes in English. Problems of control and interpretation. London – New York, Routledge.

Kortmann B. (1997) Adverbial Subordination. A Typology and History of Adverbial Subordinators Based on European Languages. Berlin – New York, Mouton de Gruyter.

Mann W.C., Thompson S.A. (1986) Rhetorical Structure Theory: description and construction of text structures. Information Sciences Institute, Nijmegen, The Netherlands, ISI/RS-86-174. Pp. 1–15.

Mann W.C., Thompson S.A. (1988) Rhetorical structure theory: Towards a functional theory of text organization // Text & Talk. Issue 8. No 3. Pp. 243–281.

Mann W.C., Matthiessen Ch.M., Thompson S.A. (1992) Rhetorical Structure Theory and Text Analysis // W.C. Mann, S.A. Thompson (eds) Discourse Description: Diverse linguistic analyses of a fund-raising text. Amsterdam, John Benjamins. Pp. 39–78.

Prasad R., Dinesh N., Lee A., Miltsakaki E., Robaldo L., Joshi A., Webber B. (2008) The Penn Discourse TreeBank 2.0. // Proceedings of the 6th International Conference on Language Resources and Evaluation (LREC 2008), Marrakech, Morocco. June, 2008. Pp. 2961–2968; http://www.lrec-conf.org/proceedings/lrec2008/, дата обращения 28.07.2016.

Prasad R., Bunt H. (2015) Semantic relations in discourse: the current state of ISO 24617-8 // H. Bunt (ed.) Proceedings of the 11th Joint ACL-ISO Workshop on Interoperable Semantic Annotation,

London, April 14, 2015, Tilburg, Tilburg University. Pp. 80–92. [http://www.aclweb.org/anthology/W15-02], (дата обращения 21.01.2017).

Prasad R., Bunt H. (2016) ISO DR-Core: Core Concepts for the Annotation of Discourse Relations // H. Bunt (ed.) Proceedings of 12th Joint ACL-ISO Workshop on Interoperable semantic annotation, 28 May 2016, Slovenia, Portorož. Pp. 45–54. [http://www.lrec-conf.org/proceedings/lrec2016/workshops/LREC2016Workshop-ISA12proceedings.pdf] (дата обращения 16.12.2016).

Seiler H. (1974) The Principle of Concomitance: Instrumental, Comitative, and Collective // Foundations of Language. Issue 12. No 2. 1974. Pp. 215–247.

Weiss D. (1991) Russisch *pričem* – eine Konnexion der dritten Art? // K. Hartenstein, H. Jachnow (Hrsg.) XVI. Konstanzer Slavistischen Arbeitstreffens, Bochum/Löllinghausen 19.-21.9.1990. München, Verlag Otto Sagner. Pp. 301–325.

Ольга Инькова, Александр Гурьев

Глава 3. Отношение переформулирования и его основные показатели

1. Вводные замечания[1]

Отношение, о котором пойдет речь в этой главе, рассматривается в русской грамматике в рамках т.н. пояснительных отношений. Они охватывают круг довольно разнородных явлений, для которых трудно найти общий семантический механизм. Тем более, что сам термин «пояснение» характеризует скорее функцию того или иного фрагмента в тексте, чем его семантику. РГ-80 (II, § 2084), например, различает три вида пояснения, которое, заметим, рассматривается как вид синтаксической связи в простом предложении: собственно пояснение, включение и уточнение[2]. Однако если при собственно пояснении «два разных обозначения отнесены к одному и тому же предмету» (РГ-80 II, § 2084), то в основе двух других типов пояснения лежат иные семантические отношения.

---

1 В основе разделов 1-3 и параграфа 4.1 раздела 4 лежит статья авторов «К вопросу о категории пояснения в русской грамматике» // Русский язык в научном освещении. 2018. № 1. С. 46–73, а также работа (Гурьев 2018).

2 В разделах, посвященных сложносочиненным предложениям, пояснению, точнее «предложениям с пояснительным значением» посвящен небольшой раздел § 3148, занимающий полстолбца. К сочинительным союзам, выражающим пояснительные отношения, относятся *то есть* и *а именно*. Отмечается, что эти союзы «с одной стороны, указывают на тождество, равнозначность соотнесенных ситуаций, а с другой – распределяют информацию на основную (предшествующая часть) и добавочную (последующая часть)». Заметим, что практически такая же формулировка характеризует «факультативно-комментирующие предложения» (§ 3151). «Сообщаемое во второй части подается в виде примечания к сказанному, служит уточняющим пояс-

Они основаны на соотнесении элемента и множества: это экстенсиональная спецификация для включения и интенсиональная – для уточнения (подробнее об отношении спецификации см. Инькова, Манзотти 2018).

Действительно, легко заметить, что показатели пояснения, относимые к той или иной его разновидности, не могут быть взаимозаменяемы, хотя синтаксическая конструкция не меняется.

(1) У меня в доме живет и теща, *то есть* мать моей жены, и дети [Н. В. Гоголь. Нос (1836)];[3]
(2) У меня в доме живет и теща, **а именно* мать моей жены, и дети;
(3) У меня в доме живет и теща, **особенно* / **в том числе* мать моей жены, и дети.

В (1) мы имеем дело с семантической структурой X *то есть* Y, представляющей собой особый тип ряда, состоящего из двух элементов X и Y, имеющих тождественную денотативную область. Именно об этом тождестве и сигнализирует *то есть*. В отличие от *то есть*, *а именно*, хотя и сохраняет денотативную область X, но предполагает движение от общего (X) к частному (Y): при употреблении *а именно* Y должно быть спецификацией X, увеличивающей его интенсионал, но сохраняющей экстенсионал (ср. *Он мне подарил книгу, а именно роман о средневековых рыцарях*), что делает его неприемлемым в (2). *Особенно*, также предполагающее переход от общего к частному, точнее от множества X к одному из его элементов Y, сужает экстенсионал X и представляет Y как наиболее представительный элемент множества X (ср. *Он любит русскую кухню, особенно пироги с капустой*). Это несовместимо с тождеством денотативных областей X и Y, которое предполагается употреблением *то есть*. Кроме того, употребление таких показателей, как *в том числе, особенно, включая* и др., не всегда связано с поясняющей функцией фрагмента текста, который они вводят.

нением или поправкой предшествующей части». См. рассуждения об этом в разделе 2.1. первой главы монографии.

3 Примеры, при отсутствии особого указания, заимствованы из Национального корпуса русского языка (НКРЯ, www.ruscorpora.ru).

Однако и отношение собственно пояснения («пояснения-тождества» в терминах Петруниной 2008: 55), так, как его определяет РГ-80, не является семантически однородным. В качестве особого типа в его рамках выделяется отношение общего и частного, «когда общее, названное обобщающим словом, раскрывается путем перечня его конкретных видов» (РГ-80: II, § 2086):

(4) Гости говорили о многих приятных вещах, *как-то*: о природе, о собаках, о пшенице, о чепчиках, о жеребцах [Гоголь, пример РГ-80: II, § 2086].

Легко, однако, заметить, что и здесь замена *как-то* на *то есть* существенно меняет смысл высказывания.

(5) Гости говорили о многих приятных вещах, *то есть*: о природе, о собаках, о пшенице, о чепчиках, о жеребцах.

При употреблении *как-то* вводимый им перечень не обязательно должен быть понят как исчерпывающий, тогда как *то есть* приравнивает денотативные области именной группы «многие приятные вещи» и вводимого им перечня.

Особого внимания заслуживают семантические структуры с катафорическими элементами *так* (6), *таков*, *следующий* или с нулевой катафорой (7), в которых члены ряда разделены двоеточием:

(6) Делается это *так*: выдерните кольцо, отпустите рычаг, мысленно отсчитайте две секунды и затем бросайте ее в цель [Ю. Хацкевич. Как выжить в «стреляющем» городе (2004) // «Солдат удачи», 2004.03.10];

(7) На заседании присутствовали: В.Ф. Джунковский, Н.И. Гучков, А.Д. Самарин, попечитель округа А.М. Жданов и др. [неизвестный. Вести (1911.01.03) // «Утро России», 1911].

Вопрос о том, являются ли такие структуры пояснительными, пока не нашел ответа (см., в частности, Белошапкова 1989, Кирпичникова 1956, 1970, Пряткина 1979 и др.). С нашей точки зрения, функция второго элемента ряда, следующего за двоеточием, – задать денотативную область катафорических выражений, идентифицировав их референт, а не переформулировать или пояснить уже сказанное. Именно поэтому второй элемент ряда является здесь обязательным и с грамматической точки зрения. Показателен в этом отношении тот факт, что Национальный корпус русского языка (НКРЯ) не фиксирует ни одного примера, где за катафорическим *так* следует *то есть*. Катафорические структуры должны быть, следовательно, исключены из сферы пояснительных отношений: в их основе лежит отношение идентификации.

Напротив, когда референт местоимения *так* уже идентифицирован, т.е. когда мы имеем дело с анафорическим употреблением местоимения, *то есть* становится приемлемым.

(8) Это будет тебе дорога **в Маниловку;** а Заманиловки никакой нет. Она зовется ***так,*** *то есть* ее прозвание *Маниловка*, а Заманиловки тут вовсе нет [Н. В. Гоголь. Мертвые души (1842)].

В (8) название деревни Маниловка, к которому отсылает *так*, уже введено в текст. Функция фрагмента текста *то есть* Y заключается лишь в том, чтобы напомнить слушающему название деревни. Ср. в этом отношении также (9), где при помощи *то есть* Y говорящий снимает неоднозначность в выборе антецедента для местоимения «они» («знания» или «нестандартные ученики»?) и (10), где местоименная группа «все это» анафорически отсылает к предыдущему контексту, а *то есть* Y напоминает читателю этот контекст, резюмируя его, что отнюдь не бесполезно, поскольку он занимает около четырех страниц текста.

(9) Если учитель нестандартен и долгими трудами и размышлениями создал под себя соответствующую ему индивидуальную технику, то где ему найти таких же **нестандартных учеников** для передачи накопленных знаний? **Они**, *то есть* нестандартные ученики, на дороге не валяются [Дмитрий Медведев. Мастера. Ученики и стили (2003) // «Боевое искусство планеты», 2003.10.18];

(10) Несмотря на **все это**, *то есть* что Захар любил выпить, посплетничать, брал у Обломова пятаки и гривны, ломал и бил разные вещи и

ленился, все-таки выходило, что он был глубоко преданный своему барину слуга [И. А. Гончаров. Обломов (1859)].

Учитывая тот факт, что пояснение характеризует не логико-семантическое отношение между фрагментами текста, а функцию высказывания, а также тот факт, что структуры, относимые русской грамматикой к классу пояснительных, разнородны по своей семантике, нам представляется оправданным отказаться от этикетки «пояснение», выделив в отдельный класс семантические структуры, которые описывают один предмет или одну ситуацию с сохранением тождества денотативных областей соединяемых элементов. Отношение, связывающие такие фрагменты текста, мы предлагаем называть *переформулированием*. Что касается отношений, основанных на переходе от множества к одному из его элементов («включение») и от общего к частному («уточнение»), которые русская грамматическая традиция также рассматривает в рамках пояснения, то они могут быть отнесены к группе мереологических отношений как разновидности (экстенсиональная и интенсиональная) отношения спецификации[4].

Однако и само отношение переформулирования, основанное на сохранении денотативного тождества, имеет, в свою очередь, семантические разновидности: *то есть* и считающиеся его синонимами выражения *другими словами, иначе говоря* и др. не всегда взаимозаменяемы. Ср., например, в этом отношении (11) и его трансформацию (12) с *иначе говоря* и особенно (13) и (14):

(11) И лишь когда трижды зазвонят в церкви, *то есть* в воскресенье, мясо разрешается есть [А. П. Ладинский. Анна Ярославна – королева Франции (1960)];

(12) ??И лишь когда трижды зазвонят в церкви, *иначе говоря* в воскресенье, мясо разрешается есть;

(13) – Да! *То есть* нет! *То есть* да! [Ю. О. Домбровский. Обезьяна приходит за своим черепом, часть 3 (1943–1958)];

(14) Да! **Другими словами* нет! **Другими словами* да!

4 Подробнее о группе мереологических отношений см. Инькова (2019), Inkova (2017).

В следующих разделах мы опишем семантику отношения переформулирования и его основных показателей в русском языке. Мы начнем с анализа функционирования одного из показателей отношения переформулирования – *то есть*, что позволит нам определить само отношение переформулирования, его виды, а также его отличие от смежных отношений (разделы 2–3). Затем мы сравним функциональные свойства *то есть* и других показателей переформулирования (раздел 4). Завершит наш анализ сопоставительное описание показателей переформулирования в русском и французском языках (разделы 5–6).

2. Семантика *то есть*: прототипические употребления

Словари (например, БАС, МАС) выделяют у *то есть* два основных значения.

1) *То есть* «пояснительное»: *то есть* Y «поясняет предшествующее высказывание, предшествующий член предложения» (БАС, *s.v.*), как, например, в (15) или (16).

(15) Если вы разумеете под сим, что будто бы я хотела оставить вас с носом, *то есть* дать вам формальный отказ, то меня удивляет, что вы сами об этом говорите, тогда как я, сколько вам известно, была совершенно противного мнения <…> [Н. В. Гоголь. Нос (1836)]

(16) Фрак у Ивана Яковлевича (Иван Яковлевич никогда не ходил в сюртуке) был пегий; *то есть* он был черный, но весь в коричнево-желтых и серых яблоках <…> [Н. В. Гоголь. Нос (1836)]

Синонимами *то есть* в этом значении БАС (*s.v.*) считает *а именно* и *это значит*, а также *или, иными словами* (ср. также Прияткина 2007).

Сюда же можно отнести *то есть* в реплике диалога, при помощи которого собеседник просит объяснения сказанного:

(17) Вам надлежит немедленно ехать. – *То есть?* – То и есть [из телесериала «Оперативный псевдоним»; пример из Петрунина 2008: 63].

Хотя *то есть* не является здесь коннектором, поскольку не вводит поясняющий фрагмент текста Y, но оно сохраняет свою семантику.

2) *То есть* «поправки» или «оговорки» (БАС, *s.v.*), как в (18); его синонимами считаются *говоря точнее, более правильно*.

(18) Апатия, грусть, уныние. Но недурно мне. Впереди смерть, *то есть* жизнь, как же не радоваться? [Л. Н. Толстой. Дневники; пример из Петрунина 2008: 61].

Заметим, что в значении 1) *то есть* является в значительной степени избыточным, особенно в аппозитивных синтаксических структурах, предполагающих тождество денотативных областей. Поэтому его можно опустить, не изменив существенным образом ни степень приемлемости высказывания, ни его смысл. Ср. (19) и (20):

(19) Семиотика, *то есть* наука о знаках, – наука достаточно общая, приложима к разным проблемам <…> [Вяч. Вс. Иванов. Задачи и перспективы наук о человеке (2007)];

(20) Семиотика, наука о знаках, – наука достаточно общая, приложима к разным проблемам <…>.

В значении 2), напротив, именно *то есть* обеспечивает приемлемость высказывания, поскольку синтаксическая и лексическая информация противоречат друг другу. Ср. ставшую неприемлемой модификацию (21) примера (18) выше:

(21) *Впереди смерть, жизнь, как же не радоваться!

К этим двум значениям «Словарь служебных слов русского языка» (Прияткина и др. 2001) добавляет еще одно, точнее «речевую функцию»: *то есть* «интерпретирующее», когда *то есть* Y дает «трактовку» X, его «оценку» или представляет «особое мнение» относительно X (Прияткина и др. 2001: 133).

При описании семантического механизма *то есть* в следующих разделах мы останемся сначала в рамках дихотомии его значений, предложенной БАС, предложив затем семантическую константу, общую для всех употреблений *то есть*. Мы покажем также, что употребления *то есть* не ограничиваются перечисленными значениями.

2.1. «То есть» пояснительное

Абсолютное большинство употреблений *то есть* приходится на *то есть* «пояснительное»: из 613 аннотаций, сформированных в НБД для *то есть* в функции коннектора, на это употребление приходится 97,2%. В рамках этого значения на основе смыслового соотношения фрагментов текста, соединяемых *то есть*, представляется возможным выделить следующие основные употребления *то есть* «пояснительного» в русском языке[5]:

– ***то есть* определяющее:** *то есть* вводит фрагмент текста Y, который содержит определение (часто в строгом научном смысле слова) X, как в (19) выше, или его приблизительную перифразу, которую говорящий считает более понятной для слушающего (22)-(23):

(22) Ту науку, в которой стал работать Зельдович, он назвал «Релятивистская астрофизика», *то есть* физика космических явлений, для понимания которых необходима теория относительности [Геннадий Горелик. Андрей Сахаров. Наука и свобода (2004)]

(23) Им же основана и ятрохимия, *то есть* химия применительно к медицине [А. К. Сухотин. Парадоксы науки (1978)];

– ***то есть* 'обратного' определения,** симметричное предыдущему, совершенно нормальное в своей научной версии (24), и имеющее скорее резюмирующую или интерпретирующую функцию при приблизительной перифразе (25):

(24) Дефицит железа, *то есть* анемия, приводит к снижению выработки гемоглобина [https://wek.ru/nazvany-7-glavnyx-medicinskix-prichin-xronicheskoj-ustalosti; дата обращения: 29.05.2017]

---

5 В своем анализе мы опираемся на классификацию Э. Манзотти (Manzotti 1999), предложенную для *cioè*, итальянского эквивалента *то есть*, имеющего с ним, кроме того, схожую внутреннюю форму: анафорическое местоимение *ciò* и глагол *essere* 'быть' в 3 л. ед. ч. настоящего времени индикатива *è*.

(25) И здесь не пресловутая теургия нужна, не «преображение бытия», а простая память о простой жизни, обывательский подход, философия маленького человека, *то есть* демократия [http://lib.ru/CULTURE/PARAMONOW_B/paramonov.txt_with-big-pictures.html; дата обращения: 30.05.2017]

– ***то есть* дополняющее,** которое вводит описание или предикацию Y, отличающуюся по интенсионалу от описания или предикации X, но совпадающие с ней в данном контексте по экстенсионалу; ср. (11) выше и (26):

(26) Не дальше, как сегодня, *то есть* в субботу, опять со статьей произошло что-то [Г. О. Клепацкий. Новая статья графа Л. Н. Толстого (1907)]

– ***то есть* интерпретирующее,** которое эксплицирует смысл, который говорящий хочет придать X; так, в (27) *то есть* Y поясняет, как именно должно быть понято слово «сознательно»:

(27) Он вникал в глубину этого сравнения и разбирал, что такое другие и что он сам, в какой степени возможна и справедлива эта параллель и как тяжела обида, нанесенная ему Захаром; наконец, сознательно ли оскорбил его Захар, *то есть* убежден ли он был, что Илья Ильич все равно, что «другой», или так это сорвалось у него с языка, без участия головы [И. А. Гончаров. Обломов (1859)]

Под эту рубрику, как мы увидим в разделе 3, попадает и отождествление противоположностей; ср. (13) и (18) выше.

– ***то есть* следствия,** которое может, по-видимому, считаться подвидом предыдущего, поскольку *то есть* интерпретирует смысл X через его последствия; ср. (28)-(29):

(28) И здесь соблюдалась полная демократия, *то есть* картину отбирал по своему вкусу очередной дежурный [Юрий Сенкевич. Путешествие длиною в жизнь (1999)]

(29) Выяснилось, что от клаустрофобии страдает до десяти процентов всего населения, *то есть* клаустрофобия – это самый распространенный вид фобий [http://psihomed.com/klaustrofobiya; дата обращения: 30.05.2017].

К перечисленным типам можно добавить, при наличии соответствующих дискурсивных показателей, смешанные типы. Они возникают в результате взаимодействия семантики *то есть* и свойств контекста с такими семантическими отношениями, которые сами по себе находятся, как правило, вне обычной зоны действия *то есть*. Сюда можно отнести:

– ***то есть* специфицирующее:**

(30) Дети ее пристроились, *то есть* Ванюша кончил курс науки и поступил на службу; Машенька вышла замуж за смотрителя какого-то казенного дома, а Андрюшу выпросили на воспитание Штольц и жена и считают его членом своего семейства [И. А. Гончаров. Обломов (1859)]

(31) От волнения зашлось сердце, я понимала, что Москва, *то есть* московская тюрьма, ничего хорошего мне не сулит [Анна Ларина (Бухарина). Незабываемое (1986–1990)]

В (30) фрагмент текста X содержит высказывание общего характера, касающееся всех детей, а фрагмент текста Y (все, что следует за *то есть*) специфицирует это общее положение через конкретные случаи, касающиеся трех детей. Такая семантическая структура характерна для исчерпывающей экстенсиональной спецификации (Инькова, Манзотти 2018). В (31) фрагмент текста Y, вводимый *то есть*, уточняет X; *то есть* возможно заменить на *а именно*, поскольку оба показателя содержат в своей семантике компонент «увеличение интенсионала X», характерный для интенсиональной спецификации. Однако *то есть* возможно в таких контекстах лишь там, где говорящий хочет объяснить X через Y, тогда как переход от общего к частному при спецификации может служить самым различным целям. Ср. в этой связи (32), очень похожее на (31), где компоненты X и Y также находятся в отношении меронимии, но в котором *то есть* неприемлемо с тем же значением:

(32) Почему в Корее, *а именно* в магазинах одежды корейских брендов, нельзя мерить вещи перед покупкой? [https://thequestion.ru/questions/118783/pochemu-v-koree-a-imenno-v-magazinakh-odezhdy-koreiskikh-brendov-nelzya-merit-veshi-pered-pokupkoi; дата обращения 30.05.2017]

– ***то есть* выбора,** которое, благодаря присутствию *между прочим* или *в том числе*, объясняет X путем выбора в Y одного или нескольких элементов, принадлежащих множеству, заданному в X:

(33) А естествознание было моментом боевым, и программа Ренессанса должна была строиться, как писал Гаргантюа своему сыну, на «восстановлении всех наук», *то есть в том числе и* наук о природе [А. К. Дживелегов. Франсуа Рабле (1935)]

(34) Отрицание его первостепенной важности было бы равносильно отречению от христианства, *то есть, между прочим, и* от веры русского народа <…> [google книги; дата обращения 30.05.2017]

В (33) в Y *в том числе* вводит элемент $x_к$ (*науки о природе*), принадлежащий множеству $\{x_i\}$ (все науки), заданному в X, в котором говорится о естествознании. В (34) выбор переносится на уровень высказывания: Y вводит некоторое положение вещей $p_к$, принадлежащее на этот раз имплицитному множеству положений вещей $\{p_i\}$, которые можно добавить по поводу сказанного в X, в данном случае тот факт, что христианство является верой и русского народа тоже[6]. Заметим, что присутствие показателей выбора *в том числе* и *между прочим* необходимо для данной интерпретации высказывания, а в (33) и его приемлемости. При их отсутствии *то есть* выполняло бы здесь свою обычную поясняющую функцию, приравнивая денотативные области X и Y.

– ***то есть* экземплифицирующее,** т.е. объясняющее *per exempla*.

(35) Об этом умалчивают умышленно, – говорил Лев Николаевич, рассказывая жизнь и идеи Гаррисона, – как умалчивают в том случае, когда гость делает за столом какое-либо неприличие, *то есть,*

---

6 Подробнее об этих двух видах выбора см. (Инькова, Манзотти 2018).

> *например,* икает или что-нибудь в этом роде [В. М. Грибовский. У графа Л. Н. Толстого (1886)]

В (35) общее понятие «какое-либо неприличие» объясняется затем в Y через примеры его проявления («икать или что-нибудь в этом роде»). Как и в двух рассмотренных выше случаях (*то есть* выбора и *то есть* специфицирующего), Y сужает денотативную область X, а потому *то есть* экземплифицирующее встречается довольно редко: в НКРЯ на 72293 вхождения *то есть* зафиксировано всего 20 сочетаний *то есть например*.

Легко заметить, что выделенные разновидности пояснительного значения *то есть* достаточно разнородны, в частности потому, что смешиваются чисто семантические (ср. *то есть* специфицирующее) и функциональные (ср. *то есть* интерпретирующее) критерии. Но они служат нам не столько для того, чтобы создать классификацию употреблений *то есть*, сколько для того, чтобы показать, что основой семантики *то есть* является поясняющий компонент. Показательно в этом отношении *то есть* определяющее, имеющее явно дидактическую функцию, направленную на то, чтобы сделать ясным для неспециалистов смысл специального термина. Настолько же очевидна поясняющая функция *то есть* в других перечисленных употреблениях. Все они направлены на то, чтобы обеспечить наиболее полное понимание коммуникативно важной составляющей X: при помощи *то есть* Y говорящий либо повторяет ее, либо эксплицирует, уточняет, экземплифицирует и т.д. ее различными способами. Единственное употребление, которое, на первый взгляд, идет вразрез со сказанным, – это *то есть* ‘обратного’ определения, при котором переформулирование идет, наоборот, от более понятного к менее понятному. Получается, что *то есть* в этом случае сохраняет свое базовое отождествляющее значение, но теряет пояснительную составляющую. Однако с помощью *то есть* ‘обратного’ определения говорящий может преследовать две разные коммуникативные цели в зависимости от того, на какую публику ориентировано его сообщение. В первом случае говорящий обращается к слушающему-неспециалисту с целью проинформировать его о наличии специального термина Y для обозначения X. Тогда как во втором случае, напротив, сообщение ориентируется на специалистов: говорящий показывает, что он осведомлен о том, что в данной профессиональной сфере существует более специализированный термин Y, используемый для обозначения X. Таким образом, при обоих сценариях *то есть* сохраняет свою поясняющую функцию, но в виде некоторого отступления от основной темы. Заметим, что такое употребление нехарактерно для *то есть*, но типично для *или*.

Правомерно, таким образом, утверждать, что *то есть* является показателем тождества (эта семантика заложена и в его внутренней структуре, благодаря анафорическому местоимению *то* и глаголу *быть*) с пояснительной функцией – поясняющего отождествления. Оно является одним из видов пояснения как коммуникативного задания, которое может осуществляться не только при помощи установления тождества денотативных областей поясняемого и поясняющего, но также благодаря причинным отношениям, отношениям генерализации или, наоборот, спецификации и др.

Еще одной важной характеристикой *то есть* как показателя поясняющего отождествления является его метаязыковой характер. Поясняющее отождествление можно считать одним из способов метаязыкового контроля процесса общения, приспособлением формы представления информации к предполагаемым потребностям слушающего. Оно устанавливается, следовательно, не на пропозициональном, а на метаязыковом уровне. Важно при этом подчеркнуть, что отношение тождества между X и Y, если можно так сказать, «навязано» *то есть*, поскольку, как мы видели, в некоторых случаях само по себе смысловое соотношение связываемых им компонентов не позволяет его установить.

2.2. Поясняющее отождествление и перифрастическое переформулирование

Можно предположить, что при ослаблении поясняющей составляющей *то есть* будет употребляться с чисто перифрастической функцией, приближаясь к показателям чистого переформулирования *иными / другими словами, иначе говоря* и др., которые могут легко заменить *то есть* в таких контекстах. Так, в (36) известность значения слова *близорукость* сводит практически на нет поясняющий эффект фрагмента текста, вводимого *то есть*:

(36) Чаще всего это близорукость, *то есть* невозможность увидеть предметы четко на большом расстоянии [http://www.vizus1.info/news/lazernaya-korrekciya-zreniya-v-stile-wavelight%C2%AE.html; дата обращения 02.06.2017]

(37) Чаще всего это близорукость, *иначе говоря / другими словами* невозможность увидеть предметы четко на большом расстоянии.

Однако на основе сказанного выше представляется возможным предположить, что *то есть* всегда сохраняет свою поясняющую составляющую и этим отличается от показателей чистого переформулирования. Об этом свидетельствует, в частности, и возможность *то есть* комбинироваться с ними, не создавая тавтологии:

(38) Интересно и отсутствие предлога «в»: не философия в России второй половины XX века, а философия России, *то есть, иначе говоря*, российская философия [Философия России второй половины XX века // «Знание – сила», 2009]

(39) Автор заметки совершенно прав, назвавши Андрея Михайловича человеком «святой наивности», *то есть иными словами* дураком… [К. М. Станюкович. Жрецы (1897)].

В данных примерах каждый из показателей вносит свой семантический вклад в определение отношений между X и Y: *то есть* представляет X как объяснение Y, а *иначе говоря* и *другими словами* характеризуют это объяснение как перифрастическое. Перифрастическое переформулирование и объясняющее отождествление можно, следовательно, рассматривать как находящиеся в отношении «функция – способ ее реализации»: первое является одним из способов реализации второго. Не случайно *то есть* занимает в этих сочетаниях начальную позицию.

По этой же причине не все контексты, в которых возможно *то есть*, доступны для показателей переформулирования. Показательным в этом отношении является *то есть* дополняющее; ср. (26) выше и его неприемлемые трансформации в (40) :

(40) Не дальше, как сегодня, **иными словами* / **иначе говоря* в субботу.

Неприемлемость вариантов с *иными словами* и *иначе говоря* позволяет думать, что при переформулировании должен сохраняться не только экстенсионал X, но и его интенсионал. Именно поэтому те контексты, где интенсионалы X и Y не совпадают (*то есть* интерпретирующее, следствия и в еще меньшей степени *то есть* специфицирующее, выбора и экземплифицирующее) (см. также сопоставительный анализ в разделе 5), недоступны для показателей перифрастического переформулирования. Ср. (41) и (42) , где миопия определена через ее следствие – ношение очков – и где *иными словами* или *иначе говоря* менее удачны:

(41) Если у Вас близорукость (*то есть* Вы носите очки для дали) <...> [google книги; дата обращения 02.06.2017]

(42) Если у Вас близорукость (??*иными словами / иначе говоря* Вы носите очки для дали) <...>.

Еще одной семантической особенностью перифрастического переформулирования является чувствительность его показателей к степени детальности перифразы. При переформулировании переход от формулировки X к формулировке Y предполагает, что последняя является более аналитической, более доступной для слушающего. Отсюда естественное для показателей перифрастического переформулирования употребление в структурах типа (43) :

(43) В мире появилась проблема, которая начинает волновать многих специалистов в области диетологии, красоты и здоровья. Эта проблема – анорексия, *иными словами*, **расстройство пищевого поведения**, которое приводит к истощению организма, нарушению работы внутренних органов и психики [http://www.medcent.ru/health/anoreksiya-kak-izmenitsya.html; дата обращения: 04.06.2017].

Менее естественным будет употребление показателей переформулирования при обратном соотношении: аналитическом X и синтетическом Y, в которых может употребляться *то есть* 'обратного' определения с резюмирующей функцией.

Наконец, показатели переформулирования предпочтительны в симметричных синтаксических структурах, чего, как мы видели, не требует *то есть*; ср. (44) , где X – имя существительное, а Y имеет форму временного придаточного:

(44) Миопия больше известна в массах как близорукость, *то есть* когда человек хорошо видит то, что у него находится вблизи [http://лечениегепатита.рф/blizorukost-3-0-chto-jeto-znachit/; дата обращения 02.06.2017]

(45) Миопия больше известна в массах как близорукость,[??]*иначе говоря* когда человек хорошо видит то, что у него находится вблизи.

Можно, таким образом, сделать вывод о том, что перифрастическое переформулирование накладывает более строгие ограничения на соотношение семантики связываемых им компонентов: переформулирующее Y всегда должно сохранять интенсионал переформулируемого X. Кроме того, функция пояснения не вписана в значение ее показателей, в отличие от *то есть*, у которого пояснительная функция лексикализована, что расширяет число семантико-синтаксических конфигураций, в которых *то есть* может устанавливать отношение тождества.

3. Семантика *то есть*: другие употребления

3.1. «То есть» коррекции

По количеству употреблений в НБД *то есть* коррекции – второе значение, которое указывают для него словари, – насчитывает всего 5,55%.

Как было показано в (Инькова-Манзотти 2001: 376–413) коррекция может быть полной и частичной. При полной коррекции говорящий, прежде чем заместить некоторое выражение или положение вещей X, которое он оценивает как неадекватное, отрицает его in toto, обращаясь с самим собой или с собеседником без особых церемоний.

(46) – Я уже старая и тупая.
– *Неправда.* Ты еще молодая и мудрая [Маша Трауб. Плохая мать (2010)]

При частичной коррекции говорящий принимает (или делает вид, что принимает) хотя бы частично X, прежде чем заменить его на Y, отчасти другое и отчасти более адекватное. Частичная коррекция подразделяется, в свою очередь, на скалярную и интерпретирующую. Скалярная коррекция (ее показатели: *лучше /вернее сказать, или скорее*) представляет X как содержащее значительную долю правды или значительную степень дескриптивного соответствия.

(47) И тогда я понял – *или, скорее,* вспомнил, – что это не Софи. [Виктор Пелевин. Бэтман Аполло (2013)]

При интерпретирующей коррекции (ее сигналом является, как можно догадаться, *то есть*) говорящий сообщает: да, было сказано X, будь то оговорка или более или менее приблизительная формулировка, но этим X он хотел сказать Y. При этом *то есть* в корректирующем употреблении может сочетаться с другими показателями коррекции или замещения по дескриптивному соответствию: *не ... а* в (48), *не то что ... а* (49) и *не то чтобы ... а* (50):

(48) Недоверчив, скептик, циник... надувать любит, *то есть* ***не*** надувать, ***а*** дурачить... [Ф.М. Достоевский. Преступление и наказание (1866)]

(49) Она говорит, что лучше будет, *то есть* ***не то что*** лучше, ***а*** для чего-то непременно будто бы надо, чтоб и Родя тоже нарочно пришел сегодня в восемь часов и чтоб они непременно встретились… [Ф. М. Достоевский. Преступление и наказание (1866)]

(50) Необходимо добавить, что на поэта иностранец с первых же слов произвел отвратительное впечатление, а Берлиозу скорее понравился, *то есть* ***не то чтобы*** понравился, ***а***… как бы выразиться… заинтересовал, что ли [М. А. Булгаков. Мастер и Маргарита, часть 1 (1929–1940)].

Прежде всего, подчеркнем, что провести четкую границу между *то есть* пояснения и *то есть* коррекции не всегда возможно. Такова ситуация в (51), где авторская вставка, с одной стороны, объясняет, как надо на самом деле интерпретировать слова Ивана Яковлевича, а с другой, более точно описывает его желание:

(51) Сегодня я, Прасковья Осиповна, не буду пить кофию, – сказал Иван Яковлевич, – а вместо того хочется мне съесть горячего хлебца с луком. (*То есть* Иван Яковлевич хотел бы и того и другого, но знал, что было совершенно невозможно требовать двух вещей разом, ибо Прасковья Осиповна очень не любила таких прихотей.) [Н. В. Гоголь. Нос (1836)].

Есть, конечно, случаи, когда *то есть* явно корректирующее, по крайней мере на первый взгляд, не поясняющее. Так происходит, например, каждый раз, когда X и Y являются несовместимыми понятиями или ситуациями; ср. (13) и (18) выше. Но даже в таких контекстах, которые благоприятствуют корректирующей интерпретации, *то есть* не сигнализирует о полном замещении, осуществляемом *нет*. Если употребить *нет* вместо *то есть*, то это изменит коммуникативную стратегию говорящего, как в (52), а иногда и степень приемлемости высказывания; ср. в этом отношении (53) и его модификацию с отрицанием (54).

(52) Она где-то… здесь… Направо… *Нет*, налево… *То есть* направо! Только осторожнее!.. [Т.Г. Габбе. Город мастеров, или Сказка о двух горбунах (1943)]

(53) Кроме того, говорят, невеста была собой даже не хороша, *то есть* говорят, даже дурна… и такая хворая, и… и странная… а впрочем, кажется, с некоторыми достоинствами [Ф. М. Достоевский. Преступление и наказание (1866)]

(54) Кроме того, говорят, невеста была собой даже не хороша,$^{??}$*нет*, говорят, даже дурна… и такая хворая, и…

То есть является показателем, близким по семантике к *я хочу сказать*, который в таких случаях может быть добавлен к *то есть* коррекции (55) или заменить его (что невозможно, например, при *то есть* дополняющем), чтобы подчеркнуть интерпретирующий характер коррекции.

(55) Кто был Сонькин отец – неизвестно. *То есть я хочу сказать*, мне это неизвестно [Вера Белоусова. Второй выстрел (2000)].

И наоборот, в тех случаях, когда коррекция не может быть понята как интерпретирующая то, что было сказано (в крайнем случае, как оговорка), употребление *то есть* – менее приемлемо, по меньшей мере для собеседника, чувствительного к логике общения. Ср. (56) и (57), в котором *то есть* трудно понять как оговорку:

(56) Завтра суббота / завтра я отдыхаю… Все… <…> *Ой / что я говорю*. Суббота! Ведь в субботу… в субботу у меня меня… ведь по субботам меня дома не бывает [Аркадий Райкин и др. Люди и манекены, к/ф (1974)]

(57) Завтра суббота / завтра я отдыхаю… Все… <…> *Ой* /$^{??}$*то есть* суббота! Ведь в субботу… в субботу у меня меня… ведь по субботам меня дома не бывает.

Безусловно, часто речь идет не об абсолютной неприемлемости, а скорее о нарушении нормы коммуникативного приличия: говорящий в праве ошибаться и исправлять себя, но не представлять ad libitum свои ошибки как «я хотел сказать». Коррекция при помощи *то есть* предполагает, следовательно, известную семантическую близость между X и Y, близость, которая делает ошибку или оговорку правдоподобными. Чем больше дистанция между X и Y, тем менее естественной становится интерпретирующая коррекция. Ср. (58), где по мере нарастания дистанции между возможными национальностями Хосе Дуарте растет и коммуникативный дискомфорт говорящего:

(58) «Он самый талантливый француз за всю историю французского футбола. *То есть* бельгиец, конечно, не француз. *То есть* он вообще-то бразилец… Совсем вы меня запутали!» (Франческо Коко о Хосе Дуарте) [https://vk.com/note2170072_7247994; дата обращения 04.06.2017].

В конечном счете, можно, по-видимому, считать *то есть* интерпретирующей коррекции одной из разновидностей *то есть* интерпретирующего (см. раздел 2.1, а также примеры (13), (18), (27) выше), помещенного в особый контекст, в котором X и Y противопоставлены друг другу в большей или меньшей степени. *То есть* осуществляет в таком контексте особый вид коррекции: частичную интерпретирующую коррекцию, которая очень удобна говорящему, поскольку, в отличие от полной коррекции, не эксплицирует признание ошибки, а представляет ситуацию так, что, произнося X, говорящий «просто» хотел сказать Y.

Этим объясняется и возможность сочетания *то есть* с показателями другого вида частичной коррекции – скалярной:

(59) Нельсон усиленно выдвигал в этот момент в качестве «законного» владельца Мальты (*то есть, точнее,* в качестве английской марионетки) неаполитанского короля Фердинанда, не имевшего и тени каких-либо прав на остров, так как с 1530 г. и вплоть до завоевания Бонапартом в 1798 году Мальтой владел орден иоаннитов («мальтийские рыцари») [Е. В. Тарле. Адмирал Ушаков на Средиземном море (1798–1800) (1948)].

Интерпретирующая функция *то есть* здесь четко видна благодаря кавычкам, в которые заключено поясняемое выражение (*«законный» владелец Мальты*), а следующий за *то есть* показатель частичной скалярной коррекции *точнее* квалифицирует интерпретацию Y как описание, более соответствующее действительности.

3.2. «То есть» хезитации

К корректирующему употреблению *то есть* примыкает *то есть* хезитации.

(60) Очень, очень, очень желает с тобой познакомиться! – Да с какой же стати очень-то? – *То есть* не то чтобы... видишь, в последнее время, вот как ты заболел, мне часто и много приходилось об тебе поминать... Ну, он слушал... и как узнал, что ты по юридическому и кончить курса не можешь, по обстоятельствам, то сказал: «Как жаль!» Я и заключил... *то есть* все это вместе, не одно ведь это; вчера Заметов... [Ф. М. Достоевский. Преступление и наказание (1866)].

Такое употребление характерно, прежде всего, для устной спонтанной речи и вызвано колебаниями со стороны говорящего, чьи когнитивные усилия направлены одновременно на реализацию своего высказывания посредством выбора различных языковых средств и на планирование своей дискурсивной программы (контроль за порядком изложения мыслей, выбор той или иной аргументативной стратегии, отслеживание положительной или отрицательной реакции со стороны слушающего и пр.). В отличие от *то есть* коррекции, при помощи которого говорящий объясняет, как надо интерпретировать сказанное, *то есть* хезитации является сигналом того, что говорящий ищет языковые средства, чтобы направить в нужное ему русло собственную речевую программу. Фрагменты X и Y, связываемые *то есть* хезитации, вряд ли можно квалифицировать как два описания одного и того же положения вещей; ср. в этом отношении особенно второе *то есть* в (60). На этом основании нельзя, на наш взгляд, рассматривать *то есть* хезитации как разновидность *то есть* коррекции, но скорее как дискурсивный метаязыковой сигнал, позволяющий говорящему под видом переформулирования обеспечить связность речи.

Наряду с *то есть*, говорящий может прибегать к различным метаязыковым средствам, которые свидетельствуют о его колебаниях в попытках изложить свои мысли. Отсюда и незаконченность фрагментов текста X и Y, повторы, в частности, повторные употребления *то есть*, наиболее характерные для устной речи:

(61) [№ 8, жен, 61] Я бы хотела сказать. Нам нужно что-то такое придумать / что точно мой голос пойдет / 100 процентов туда / за кого я. [№ 6, муж, 29] Он пойдет. [№ 8, жен, 61] *То есть* / это какой-нибудь / я не знаю / *то есть* / не вот эти все. Может электронное

что-нибудь. Может / еще что. *То есть* / нельзя бы вот… [Беседа с социологом на общественно-политические темы (Самара) // Фонд «Общественное мнение», 2003]

(62) [Ира, жен] Я еще возьму вышивку. Хочешь/ сама порисуй/ я повышиваю/ мне просто нужно в подарок. Вот. Будем смотреть какой-нидь фильм/ потом я к те там присоединюсь/ ну *то есть* как бы/ ну знаешь/ не просто смотреть/ чтоб было интересно/ чем заняться. А а вот/ ну *то есть* такой вариант можно придумать [Планирование встречи // Из коллекции НКРЯ, 2015].

Таким образом, *то есть* хезитации указывает на невозможность осуществления говорящим своей речевой программы с первой попытки: он вынужден вернуться по тем или иным причинам к предыдущему ее этапу. В то же время, если *то есть* хезитации сигнализирует о временной приостановке высказывания говорящим на структурном, или синтагматическом, уровне, оно тем не менее способствует продвижению речевой программы говорящего на коммуникативном уровне, указывая слушающему на то, что им ведутся поиски более «удачной» формулировки для сказанного.

3.3. Особое употребление «то есть»

В литературе принято считать, что отношение, выражаемое *то есть*, а также его эквивалентами в других языках, устанавливается на метаязыковом уровне, т.е. касается двух описаний одного и того же объекта или ситуации. Однако в нашем корпусе примеров встретились такие употребления, где *то есть* Y касается не столько смыслового содержания X, а точнее, выбора адекватной формы для его представления, сколько тех или иных параметров речевого акта, совершаемого при помощи X: его коммуникативной цели (63), оценки истинности заключенного в нем утверждения (64) и др.

(63) Вы ведь в юристы готовитесь, Родион Романович? – Да, готовился… – Ну, так вот вам, так сказать, и примерчик на будущее, – *то есть* ***не подумайте, чтоб я вас учить осмелился***: эвона ведь вы какие статьи о преступлениях печатаете! Нет-с, а так, в виде

факта, примерчик осмелюсь представить <...> [Ф. М. Достоевский. Преступление и наказание (1866)]

(64) Там у нас Катерина Ивановна с ума сошла, – отрезал он вдруг Соне, бросив Раскольникова. Соня вскрикнула. – *То есть* ***оно, по крайней мере, так кажется***. Впрочем... Мы там не знаем, что и делать, вот что-с! [Ф. М. Достоевский. Преступление и наказание (1866)]

В (63) с помощью *то есть* Свидригайлов поясняет свое коммуникативное намерение, которое может быть неправильно понято слушающим: он не собирается своими примерами «учить» Раскольникова, как тот мог бы подумать. В (64) говорящий смягчает категоричность своего утверждения, его неоспоримость: сказанное в X лишь *кажется* говорящему истинным. Можно, следовательно, предположить, что *то есть* поясняет, интерпретирует здесь коммуникативное намерение, связанное с речевым актом X, а значит, устанавливает отношение не на метаязыковом, а на коммуникативном уровне – уровне высказывания. И здесь, как представляется, фрагменты текста, связанные *то есть*, нельзя квалифицировать как два описания одного и того же положения вещей, условие необходимое для метаязыкового переформулирования.

В НБД случаи употребления *то есть* на коммуникативном уровне достаточно редки, но тем не менее на их долю приходится 2% (12 аннотаций из 632, сформированных для всех употреблений *то есть*).

4. Поясняющее и перифрастическое переформулирование: дополнительные аргументы в пользу их разграничения

В этом разделе на примере 600 случаев употребления *то есть*, *иначе говоря* и *иными словами*, мы опишем основные морфосинтаксические структуры и семантические конфигурации, в которых могут употребляться эти показатели переформулирования. Мы начнем с анализа 300 случаев употребления *то есть*, аннотированных в НБД (раздел 4.1), затем проанализируем по 100 случаев употребления *то есть*, *иначе говоря* и *иными словами* в основном подкорпусе Национального корпуса русского языка (НКРЯ) и сопоставим полученные данные с результатами первого анализа (раздел 4.2). Использование НКРЯ как дополнительного источника эмпирического материала связано с тем, что в НБД пока нет представительного массива аннотаций для *иначе говоря* и *иными словами*.

4.1. Функциональные особенности употребления «то есть» (по данным НБД)

В этом разделе мы представим результаты анализа 300 случаев употребления *то есть*, аннотированных в НБД. В частности, мы рассмотрим (а) основные морфосинтаксические структуры, в которых может употребляться *то есть* (раздел 4.1.1), (б) синтаксические конфигурации с *то есть* в зависимости от «масштаба» переформулирования, которое может быть микро- или макросинтаксическим (раздел 4.1.2) и (в) смысловое соотношения соединяемых *то есть* фрагментов текста X и Y (раздел 4.1.3).

4.1.1. Основные морфосинтаксические структуры употребления «то есть»

Связанные *то есть* элементы X и Y могут образовывать морфосинтаксические структуры разной степени сложности. Можно различать как минимум четыре морфосинтаксические конфигурации, в которых связанные *то есть* элементы представляют собой (а) синтаксические группы или их части, (б) предикативные структуры, (в) асимметричные структуры или (г) незаконченные фрагменты текста.

А. X И Y – СИНТАКСИЧЕСКИЕ ГРУППЫ ИЛИ ИХ ЧАСТИ

В данной конфигурации, на долю которой приходится более трети всех аннотаций (35,7%, или 107 из 300 случаев), фрагменты X и

Y представляют собой зависимые синтаксические группы или их части. Выполняя в предложении одинаковую синтаксическую функцию, оба компонента зависят формально от глагола или других грамматических структур более высокого ранга. Так, наряду с другими зависимыми синтаксическими группами они могут являться частью предложения или финитной клаузы, в вершине которой находится глагол (Тестелец 2001: 256). В (65), например, компоненты X и Y являются частью предложной группы «с некоторой точки зрения»; в (66) – частью предикативной группы, в вершине которой находится нулевая форма глагола-связки быть в настоящем времени:

(65) В сущности, только «Братья Карамазовы» имеют вполне полифоническое окончание, но именно поэтому с [обычной]$_X$, *то есть* [монологической]$_Y$, точки зрения роман остался незаконченным [М. М. Бахтин. Проблемы поэтики Достоевского (1963)]

(66) – Значит, она не на замке, а [на запоре]$_X$, [на крючке]$_Y$ *то есть*! [Ф. М. Достоевский. Преступление и наказание (1866)].

Подчеркнем, что в употреблениях типа (66) фрагменты текста X и Y не являются сами по себе предикативными, а зависят от нулевой формы глагола быть. В противном случае, как на это указывает Я. Г. Тестелец, пришлось бы «допустить в русском языке существование финитных клауз, не возглавляемых глаголом» (Там же: 281).

В таком типе морфосинтаксической структуры наиболее распространенными, по данным нашего корпуса, являются случаи, когда *то есть* связывает X и Y, являющиеся именными группами (67), в том числе с местоименной вершиной (68). На их долю приходится почти половина всех случаев: 53 из 107 аннотаций.

(67) Они знали, что в восьмидесяти верстах от них была [«губерния»]$_X$, *то есть* [губернский город]$_Y$ [И. А. Гончаров. Обломов (1859)]

(68) Ну, а [мы]$_X$ вчера еще жару поддали, [ты]$_Y$ *то есть*, этими рассказами-то... о маляре-то [Ф. М. Достоевский. Преступление и наказание (1866)].

За ними следуют конфигурации с предложными группами в разных синтаксических функциях – см. (66) выше и (69):

(69) Вам следует подать объявление в полицию, – с самым деловым видом отвечал Порфирий, – о том-с, что, известившись [о таком-то происшествии]$_X$, *то есть* [об этом убийстве]$_Y$, вы просите, в свою очередь, уведомить следователя <…> [Ф. М. Достоевский. Преступление и наказание (1866)].

На долю конфигураций с предложными группами приходится 29%, или 31 из 107 случаев.

Следующими по частотности являются конфигурации, состоящие из инфинитивных оборотов и конструкций:

(70) Если вы разумеете под сим, что будто бы я хотела [оставить вас с носом]$_X$, *то есть* [дать вам формальный отказ]$_Y$, то меня удивляет, что вы сами об этом говорите, тогда как я, сколько вам известно, была совершенно противного мнения <…> [Н. В. Гоголь. Нос (1836)]

(71) Иван Ильич понял, что супружеская жизнь, представляя некоторые удобства в жизни, в сущности есть очень сложное и тяжелое дело, по отношению которого, для того чтобы [исполнять свой долг]$_X$, *то есть* [вести приличную, одобряемую обществом жизнь]$_Y$, нужно выработать определенное отношение, как и к службе [Л. Н. Толстой. Смерть Ивана Ильича (1886)]

(72) Вот поэтому я прошу вас [заняться этим делом]$_X$, *то есть* [принять все меры к охране Иуды из Кириафа]$_Y$ [М. А. Булгаков. Мастер и Маргарита, часть 2 (1929–1940)].

На долю конфигураций с инфинитивами приходится 11,2 %, или 12 из 107 случаев.

То есть может связывать и прилагательные (реже причастия) в составе именных групп (73) или именного сказуемого. На их долю приходится 8,4 %, или 9 из 107 случаев.

(73) Я приискал уже [настоящую]$_X$, *то есть* [будущую]$_Y$ нашу квартиру, – оборотился он к Раскольникову <…> [Ф. М. Достоевский. Преступление и наказание (1866)].

На последнем месте располагаются конфигурации с наречиями, которые насчитывают в нашем корпусе лишь два случая; ср. (74):

(74) <...> и [тогда]$_{X}$, *то есть* [теперь только]$_{Y}$, я испугался и почувствовал, что на меня падает обязанность остановиться и сказать, что это такое [И. А. Гончаров. Обломов (1859)].

Что касается позиции *то есть* в морфосинтаксических конфигурациях, осуществляющих переформулирование в пределах одной предикации, то она в абсолютном большинстве случаев начальная (75): 94,4%, 101 из 107 аннотаций. На конечную позицию (76) приходится 3,7 % (4 случая), и на неначальную, когда *то есть* разбивает элемент Y на две части (77), – 1,9% (2 случая).

(75) Но в самом-то деле [эти два несчастья]$_{X}$, *то есть* [зловещее письмо старосты и переезд на новую квартиру]$_{Y}$, переставали тревожить Обломова и поступали уже только в ряд беспокойных воспоминаний [И. А. Гончаров. Обломов (1859)]

(76) Больше я его на том не расспрашивал, – это Душкин-то говорит, – а вынес ему [билетик]$_{X}$ – [рубль]$_{Y}$ *то есть*, потому-де думал, что не мне, так другому заложит, все одно – пропьет, а пусть лучше у меня вещь лежит [Ф. М. Достоевский. Преступление и наказание (1866)]

(77) – Ну а коли я соврал, – воскликнул он вдруг невольно, – коли действительно не подлец [человек, весь вообще]$_{X}$, [весь род]$_{Y'}$, *то есть* [человеческий]$_{Y''}$, то значит, что остальное все – предрассудки, одни только страхи напущенные, и нет никаких преград, и так тому и следует быть!.. [Ф. М. Достоевский. Преступление и наказание (1866)]

Наконец, заметим также, что в данных морфосинтаксических конфигурациях фрагмент текста Y (реже X) может состоять из нескольких элементов (78)–(79) или иметь более развернутую форму, оставаясь непредикативной структурой (80):

(78) Если он хотел [жить по-своему]$_{X}$, *то есть* [лежать молча]$_{Y1}$, [дремать]$_{Y2}$ или [ходить по комнате]$_{Y3}$, Алексеева как будто не было тут [И. А. Гончаров. Обломов (1859)]

(79) Игнорируют или отрицают [принципиальную незавершенность]$_{X1}$ и [диалогическую открытость художественного мира Достоевско-

го]$_{X2}$, *то есть* [самую сущность его]$_{Y}$ [М. М. Бахтин. Проблемы поэтики Достоевского (1963)]

(80) <...> в пределах этих отношений Иван Ильич делает все, все решительно, что можно, и при этом соблюдает [подобие человеческих дружелюбных отношений]$_{X}$, *то есть* [учтивость]$_{Y}$ [Л. Н. Толстой. Смерть Ивана Ильича (1886)].

В подобных конфигурациях мы имеем дело либо с «аналитическим» переформулированием, когда *то есть* Y развивает предыдущее высказывание в более развернутой форме (78), либо, напротив, с «синтетическим», когда *то есть* Y подводит итог, резюмируя текстовый фрагмент X (79)–(80) (Groupe de Fribourg 2012: 308–309); см. ниже раздел 4.1.3.

Б. X и Y – ПРЕДИКАТИВНЫЕ СТРУКТУРЫ

В данной конфигурации, которая является в нашем корпусе наиболее распространенной (46,7%, или 140 из 300 аннотаций), фрагменты текста X и Y, связанные *то есть*, представляют собой предикативные структуры разной сложности. Так, X и Y могут быть самостоятельными клаузами в рамках сложного предложения, как в (16) выше, или быть оформлены как самостоятельные высказывания (81); они могут быть сказуемыми, относящимися к одному подлежащему (82), или зависимыми финитными клаузами (83):

(81) [Доктора не могли определить.]$_{X}$ *То есть* [определяли, но различно]$_{Y}$ [Л. Н. Толстой. Смерть Ивана Ильича (1886)]

(82) Когда Обломов обедал дома, хозяйка [помогала]$_{X}$ Анисье, *то есть* [указывала, словом или пальцем, пора ли или рано вынимать жаркое, надо ли к соусу прибавить немного красного вина или сметаны, или что рыбу надо варить не так, а вот как]$_{Y}$ <…> [И. А. Гончаров. Обломов (1859)]

(83) [Только лишь поставят на ноги молодца]$_{X}$, *то есть* [когда нянька станет ему не нужна]$_{Y}$, как в сердце матери закрадывается <…> желание приискать ему подругу – тоже поздоровее, порумянее [И. А. Гончаров. Обломов (1859)].

Сюда же можно отнести случаи, когда *то есть* связывает частицы-коммуникативы *да* и *нет*, как в (13) выше или в (84):

(84) [Да... да...]$_X$ *то есть* тьфу, [нет]$_Y$! [Ф. М. Достоевский. Преступление и наказание (1866)]

Возможны также случаи, когда X и Y являются репликами диалога, принадлежащими разным говорящим. В таком случае Y либо корректирует предшествующую реплику X (85), либо при помощи Y говорящий, напротив, просит уточнить X (86):

(85) – Вы ей о бугорках говорили?
– *То есть* не совсем о бугорках. Притом она ничего бы и не поняла [Ф. М. Достоевский. Преступление и наказание (1866)]

(86) – Я Никанор, конечно, Никанор! Но какой же я к шуту председатель!
– *То есть* как? – спросили у Никанора Ивановича, прищуриваясь [М. А. Булгаков. Мастер и Маргарита, часть 1 (1929–1940)].

Здесь так же, как в случае простых морфосинтаксических конфигураций, переформулирование может быть аналитическим (87) или синтетическим (88):

(87) [Барон вел процесс]$_X$, *то есть* [заставлял какого-то чиновника писать бумаги]$_{Y1}$, [читал их сквозь лорнетку]$_{Y2}$, [подписывал]$_{Y3}$ и [посылал того же чиновника с ними в присутственные места, а сам связями своими в свете давал этому процессу удовлетворительный ход]$_{Y4}$ [И. А. Гончаров. Обломов (1859)]

(88) [Он худощав]$_{X1}$; [щек у него почти вовсе нет]$_{X2}$, *то есть* [есть кость да мускул]$_Y$ [И. А. Гончаров. Обломов (1859)].

Что касается позиции *то есть* в конфигурациях с X и Y, имеющими предикативную форму, то она, как правило, начальная (89): 95,7 % (134 из 140 аннотаций).

(89) [У Амалии Ивановны он считался, впрочем, в числе довольно почетных жильцов]$_X$, *то есть* [не пьянствовал]$_{Y1}$ и [за квартиру платил исправно]$_{Y2}$ [Ф. М. Достоевский. Преступление и наказание (1866)].

Но возможны и неначальная позиция *то есть*, как в (90) (3,6 %, или 5 случаев), и конечная позиция, как в (91) (один случай):

(90) […угодно ли вам знать, что это за сюжет]$_{X}$, [в том виде, как]$_{Y'}$ *то есть* [я его понимаю?]$_{Y''}$ [Ф. М. Достоевский. Преступление и наказание (1866)]

(91) – <…> Сбежал от меня... нос...
– Гм! какая странная фамилия! [И на большую сумму этот господин Носов обокрал вас?]$_{X}$
– [Нос]$_{Y}$ *то есть...* вы не то думаете! Нос, мой собственный нос пропал неизвестно куда [Н. В. Гоголь. Нос (1836)].

B. X и Y – асимметричные структуры

Структуры, оформляемые *то есть*, могут быть не только симметричными, т. е. такими, где фрагменты текста X и Y имеют однотипную синтаксическую структуру, но и асимметричными. Такие конфигурации не являются распространенными, насчитывая, по нашим данным, 10,7 % от всех употреблений *то есть* (32 из 300 аннотаций). Они неоднородны по своему составу, и их можно разделить, в свою очередь, на три подвида.

Первый подвид насчитывает 19 единиц и включает конфигурации, в которых элементы X и Y различны по своей морфосинтаксической структуре (различная частеречная принадлежность; синтаксическая группа vs. предикация), но выполняют в высказывании одинаковую синтаксическую функцию; ср. (92), где X является коррелятивной местоименной структурой, а Y – предложной группой с именным комплементом, оба с функцией обстоятельства места, или (93), где X – местоименный комплемент предложной группы *несмотря на*, а Y – придаточное предложение с той же синтаксической функцией:

(92) Сегодня же, через час после гетмана, бежал [туда же, куда и гетман]$_{X}$, *то есть* [в германский поезд]$_{Y}$, командующий нашей армией генерал от кавалерии Белоруков [М. А. Булгаков. Белая гвардия (1923–1924)]

(93) Несмотря на [все это]$_{X}$, *то есть* [что Захар любил выпить, посплетничать, брал у Обломова пятаки и гривны, ломал и бил разные вещи и ленился]$_{Y}$, все-таки выходило, что он был глубоко преданный своему барину слуга [И. А. Гончаров. Обломов (1859)].

Второй подвид насчитывает 11 единиц и включает в себя случаи, когда фрагмент текста X является предикацией, а элемент Y выполняет по отношению к ней функцию актанта (94) или сирконстанта, как бы дополняя или поясняя положение вещей, описанное в X:

(94) Ну посидите, [ну я не буду болтать вздору]$_X$, [о себе]$_Y$ *то есть* [Ф. М. Достоевский. Преступление и наказание (1866)].

Реже встречаются конфигурации, в которых X является синтаксической группой, а Y – ее частью:

(95) <…> вот-с, изволите видеть: господин сочинитель, то бишь [студент]$_X$, [бывший]$_Y$ *то есть*, денег не платит, векселей надавал, квартиру не очищает <…> [Ф. М. Достоевский. Преступление и наказание (1866)].

В третьем подвиде, насчитывающем всего 2 аннотации, фрагмент текста Y представляет собой синтаксическую структуру вставочного характера, оформляемую на письме либо тире, либо скобками:

(96) [А сегодня поутру, в восемь часов]$_X$, – *то есть* [это на третий-то день, понимаешь?]$_Y$ – вижу, входит ко мне Миколай, не тверезый, да и не то чтоб очень пьяный, а понимать разговор может [Ф. М. Достоевский. Преступление и наказание (1866)]

(97) […ну-с, а на другой же день, после всех сих мечтаний]$_X$ (*то есть* [это будет ровно пять суток назад тому]$_Y$), к вечеру, я хитрым обманом, как тать в нощи, похитил у Катерины Ивановны от сундука ее ключ, вынул что осталось из принесенного жалованья, сколько всего уж не помню, и вот-с, глядите на меня, все! [Ф. М. Достоевский. Преступление и наказание (1866)].

Что касается позиции *то есть* в асимметричных конфигурациях, то она, как и в предыдущих конфигурациях, в большинстве случаев начальная: 65,6%, 21 из 32 аннотаций. На конечную позицию приходится 18,8% (6 аннотаций) (98), на неначальную – 15,6% (5 аннотаций) (99):

(98) Ну, его с надлежащими онерами и представили [в такую-то часть]$_X$, [сюда]$_Y$ *то есть* [Ф. М. Достоевский. Преступление и наказание (1866)]

(99) [Ну-с, так я вам теперь, родимый мой, всю подробную правду скажу]$_{X}$ [насчет того]$_{Y'}$ *то есть* [частного случая-то]$_{Y''}$: действительность и натура, сударь вы мой, есть важная вещь, и ух как иногда самый прозорливейший расчет подсекают! [Ф. М. Достоевский. Преступление и наказание (1866)].

Г. X И Y – НЕЗАКОНЧЕННЫЕ ФРАГМЕНТЫ ТЕКСТА

В данном типе конфигурации X и Y также представляют собой текстовые фрагменты разной синтаксической природы. Но они, или как минимум X, отличаются своей смысловой или синтаксической незаконченностью, что обозначается на письме многоточием:

(100) А па-а-азвольте спросить, [это вы насчет чего-с,]$_{X}$ – начал провиантский, – *то есть* [на чей... благородный счет... вы изволили сейчас...]$_{Y}$ А впрочем, не надо! [Ф. М. Достоевский. Преступление и наказание (1866)].

Кроме того, подобные конфигурации часто содержат в X обрывочные фрагменты, а в Y – повторяющиеся фрагменты (например, в (102) *на всякий случай*, *если бы на случай*, *на всякий случай*) и различные метадискурсивные конструкции (*как бы это сказать*, *лучше сказать*, *поймите меня*, *видишь* и т. д.), сигнализирующие, что говорящий находится в поиске наиболее адекватной словесной формы для своего сообщения, чтобы быть лучше понятым:

(101) – Не будете больше этим заниматься? От радости все помутилось в голове у Варенухи, лицо его засияло, и он, не помня, что говорит, забормотал: – [Истинным...]$_{X}$ *То есть* [**я хочу сказать**, ваше ве... Сейчас же после обеда...]$_{Y}$ – Варенуха прижимал руки к груди, с мольбой глядел на Азазелло. [М. А. Булгаков. Мастер и Маргарита, ч. 2 (1929–1940)];

(102) – На всякий случай есть у меня и еще к вам просьбица, – прибавил он, понизив голос, – щекотливенькая она, а важная: [если,]$_{X}$ *то есть* [**на всякий случай** (чему я, впрочем, не верую и считаю вас вполне неспособным), если бы **на случай**, – ну так, **на всякий случай**,]$_{Y}$ – пришла бы вам охота в эти сорок-пятьдесят часов как-нибудь дело покончить иначе, фантастическим каким обра-

зом – ручки этак на себя поднять (предположение нелепое, ну да уж вы мне его простите), то оставьте краткую, но обстоятельную записочку [Ф. М. Достоевский. Преступление и наказание (1866)]

(103) Так вот, Дмитрий Прокофьич, [я бы очень, очень хотела узнать... как вообще... он глядит теперь на предметы,]$_X$ *то есть*, [**поймите меня**, **как бы это вам сказать**,]$_{Y'}$ *то есть* [**лучше сказать**: что он любит и что не любит?]$_{Y''}$ [Ф. М. Достоевский. Преступление и наказание (1866)].

Подобные употребления *то есть* свидетельствуют о сложностях, возникающих перед говорящим в ходе планирования речи или при реализации своей речевой программы (эмоциональное состояние, трудности в выборе словесной формы и др.). Так, в (60) выше говорящий пытается выстроить свою аргументацию, в (104) говорящий (Разумихин) сначала опровергает, что он пьян, а затем соглашается с этим, но вводит новую поправку при помощи *но*, в (105) говорящий, с целью избежать недоразумения, прерывает преждевременно свое высказывание X и поправляет его с помощью высказывания Y:

(104) Впрочем, он ее беспокоил: «хоть и расторопный, и добрый, да в состоянии ли исполнить, что обещает? В таком ведь он виде!..» – А, понимаю, вы думаете, что я в таком виде! – перебил ее мысли Разумихин, угадав их и шагая своими огромнейшими шажищами по тротуару, так что обе дамы едва могли за ним следовать, чего, впрочем, он не замечал. [Вздор!]$_X$ *то есть*... [я пьян, как олух, но не в том дело;]$_Y$ я пьян не от вина [Ф. М. Достоевский. Преступление и наказание (1866)]

(105) Я просто-запросто намекнул, что [«необыкновенный» человек имеет право...]$_X$ *То есть* [не официальное право, а сам имеет право разрешить своей совести перешагнуть... через иные препятствия]$_Y$ [Ф. М. Достоевский. Преступление и наказание (1866)].

Отметим, что конфигурация с X и Y, представляющими собой незаконченные фрагменты текста, составляет в НБД всего 7% от всех случаев употребления *то есть* (21 из 300 аннотаций). Но наш корпус содержит в основном литературные тексты, и мы не исключаем, что в устной форме коммуникации, более спонтанной, говорящий чаще сталкивается с проблемами планирования собственной речи и этот тип конфигурации будет более частотен.

Что касается позиции *то есть*, то по нашим данным она в этом типе конфигурации исключительно начальная, что само по себе предсказуемо: в этих употреблениях *то есть* можно отнести к метадискурсивным средствам, сигнализирующим в начале речи о поисках говорящим более подходящей формы высказывания. Причем в рамках реализации одной и той же речевой программы говорящим может быть сделано несколько попыток сформулировать более удачным образом свое высказывание, о чем, в частности, свидетельствуют повторные употребления с *то есть* в (60) и (103) (см. также раздел 3.2 выше и разделы 4.2.2 и 5 ниже).

4.1.2. Микросинтаксическое и макросинтаксическое переформулирование

В предыдущем разделе мы показали, что *то есть* употребляется в самых разных синтаксических конфигурациях, которые, тем не менее, могут быть разбиты на две группы. Те конфигурации, где переформулирование имеет локальный характер, затрагивая синтагмы или их части, могут быть охарактеризованы как «микросинтаксические». Напротив, конфигурации, в которых переформулирование имеет более масштабный характер, затрагивая более сложные текстовые конфигурации, являются «макросинтаксическими». Таким образом мы можем различать два вида переформулирования: микросинтаксическое (локальное) и макросинтаксическое (масштабное); ср. такие понятия, как «микрокоррекции» и «макрокоррекции» в работе (Подлесская, Кибрик 2007); подробнее о концептах *микро*-и *макросинтаксис* см. исследования Фрибурской группы (Groupe de Fribourg 2012: 154).

На долю микросинтаксического переформулирования, при котором фрагменты текста X и Y представляют собой зависимые члены предложения или их части, в нашем корпусе приходится 44,3% или 133 случая употребления *то есть*[7]:

7 При этом было зафиксировано 18 случаев (6%), которые могут трактоваться двояко: либо как микросинтаксические, либо как макросинтаксические конфигурации.

(106) вот-с, изволите видеть: <…> [студент]$_X$, [бывший]$_Y$ *то есть*, денег не платит, векселей надавал. [Ф. М. Достоевский. Преступление и наказание (1866)]

По мнению К. Бланш-Бенвенист (Blanche-Benveniste 2003), локальное переформулирование свидетельствует о том, что построение клаузы происходит сначала на парадигматическом уровне, где осуществляется актуализация некой абстрактной синтаксической группы, и только затем на синтагматическом уровне, где происходит выбор того или иного лексического средства, ее заполняющего. В процессе речи говорящий может, следовательно, всегда вернуться к исходной синтаксической группе для оптимизации ее лексического состава; ср. дискурсивную схему для (106):

вот-с, изволите видеть	………..*студент*	
	бывший [*студент*]	денег не платит, векселей надавал

Таким образом, учитывая, что при построении высказывания усилия говорящего одновременно направлены и на микросинтаксис, и на планирование речевой программы (выстраивание макроструктур с учетом процессов инференции и установления кореферентности между излагаемыми фактами), переформулирование может существенно облегчить коммуникативную задачу говорящего, предоставляя ему возможность доработать «неудавшийся» фрагмент, предложив более удачный вариант. Неслучайно производимые при переформулировании семантические и синтаксические операции рассматриваются как «отпечатки» когнитивных усилий говорящего (Jeanneret 1992: 72).

На долю макросинтаксического переформулирования, при котором фрагменты текста X и Y представляют собой клаузы, в нашем корпусе приходится 49,7%, или 149 случаев употребления *то есть*. В макросинтаксические конфигурации попадают уже рассмотренные нами случаи, когда X и Y могут быть репликами диалога, принадлежащими разным собеседникам (85)-(86), отдельными предложениями (81), самостоятельными предикативными структурами в составе сложного предложения (16), или последовательностями клауз разной степени сложности (107):

(107) [Во время происхождения тайны ты как бы отсутствуешь. <...> Что-то подобное… я так думаю… испытывает человек, который много дней провел в келье. Мир для него обнаружился в бесконечных деталях. Очертаниях.]$_X$ *То есть* [тайна, она может быть доступна, как предметная вещь, как ваза, например, но чтобы что-то понять, должно быть больно. А как понять, если не болит?]$_Y$ [Светлана Алексиевич. Время second-hand // Дружба народов. 2013]

Наконец, к макросинтаксическому переформулированию относятся также конфигурации, в которых фрагмент X является зависимым синтаксическим элементом в составе первой клаузы, а фрагмент Y оформлен в виде вставочной клаузы (96)-(97).

Таким образом, употребление *то есть* в макро- и микросинтаксических структурах распределяется практически поровну.

4.1.3. Смысловое соотношение элементов X и Y при употреблении «то есть»

Дополнительный семантический анализ позволил выявить, что употребление *то есть* чувствительно к такому фактору, как смысловое соотношение элементов X и Y. В частности, можно выделить три возможные конфигурации:

– X < Y, т.е. когда второй элемент оказывается более информативным с точки зрения своего содержания (**аналитическое переформулирование**, *то есть* определяющее):

(108) Несмотря на [все это]$_X$, *то есть* [что Захар любил выпить, посплетничать, брал у Обломова пятаки и гривны, ломал и бил разные вещи и ленился,]$_Y$ все-таки выходило, что он был глубоко преданный своему барину слуга. [И. А. Гончаров. Обломов (1859)]

– X > Y, когда наоборот первый элемент является более информативным (**синтетическое переформулирование**, *то есть* ‘обратного’ определения):

(109) И заметили ль вы, Родион Романович, раз навсегда, что [все эти петербургские иностранцы,]$_X$ *то есть*, главное, [немцы,]$_Y$ которые к нам откудова-то приезжают, все глупее нас! [Ф. М. Достоевский. Преступление и наказание (1866)]

– X ≈ Y, когда оба элемента более-менее равновесны по своему содержанию (данный тип переформулирования назовем **эквивалентным**):

(110) [Только лишь поставят на ноги молодца,]$_X$ *то есть* [когда нянька станет ему не нужна,]$_Y$ как в сердце матери закрадывается уже тайное желание приискать ему подругу – тоже поздоровее, порумянее. [И. А. Гончаров. Обломов (1859)]

В Таблице 1 приведена частотность употребления трех конфигураций с *то есть* по данным НБД:

Таблица 1. Дистрибуция *то есть* в зависимости от информативности элементов X и Y.

Конфигурация	**X < Y**	**X > Y**	**X ≈ Y**	**Всего**
Дистрибуция *то есть*	45,7% (137)	22,3% (67)	32% (96)	100% (300)

Как видно из Таблицы 1, *то есть* чаще употребляется в конфигурациях с аналитическим переформулированием (45,7%). Мы думаем, что эта тенденция не случайна и отображает особенности семантики *то есть*: в отличие от показателей перифрастического переформулирования *иначе говоря* и *иными словами*, употребление *то есть*, как было показано в разделе 2.1, накладывает минимальные ограничения на правый контекст, что позволяет использовать этот показатель с самыми различными коммуникативными заданиями, относительно свободно развивая правый контекст (отсюда и возможность конфигурации X < Y, где второй фрагмент более информативен по своему содержанию; см. также разделы 4.2.3 и 5 ниже). Сопоставительный анализ 300 случаев употребления показателей переформулирования (*то есть*, *иначе говоря*, *иными словами*) покажет, насколько верны эти предположения.

4.2. Сопоставительный анализ «то есть», «иначе говоря», «иными словами» (по данным НКРЯ)

В этом разделе мы проанализируем по 100 случаев употребления *то есть*, *иначе говоря* и *иными словами*[8], заимствованные из НКРЯ (в произвольном порядке). Мы сравним эти три показателя переформулирования по трем параметрам: (а) их позиция во вводимом ими фрагменте текста (раздел 4.2.1), (б) синтаксические конфигурации, в которых они могут употребляться (раздел 4.2.2) и (в) смысловое соотношение соединяемых ими фрагментов X и Y (раздел 4.2.3). В заключение мы рассмотрим корреляции, которые возможно установить между двумя факторами, а именно видом синтаксической конфигурации и видом смыслового соотношения фрагментов X и Y, при выборе показателей переформулирования (раздел 4.2.4).

4.2.1. Позиция показателя во вводимом им фрагменте текста

Все три показателя переформулирования не знают ограничения по этому параметру: их позиция может быть начальной (111), неначальной (112) и конечной (113) (первый из приведенных в примерах вариантов является подлинным):

(111) В этом смысле между теориями одного вида происходит перманентная борьба, в которой ставкой является число людей, состав-

8 Так как употребление *иными словами* подвержено определенной вариации, то мы также включили в анализ и случаи употребления его варианта – *другими словами*.

ляющих «отряд» сторонников, приверженцев и адептов каждой теории, *иначе говоря / иными словами / то есть* «охват». [Александр Ослон. Мир теорий в эпоху «охвата» // «Отечественные записки», 2003]

(112) Почему так трудно предсказывать, как поведет себя тот или иной микроб, если проделать над ним небольшую манипуляцию? Почему, *другими словами / иначе говоря / то есть*, те же микробы устроены гораздо сложнее, чем транзисторы или тиристоры? [Александр Волков. Синтетическая мания биологии // «Знание – сила», 2011]

(113) Только что подписанное постановление правительства № 98 определяет, какую информацию все министерства и ведомства обязаны публиковать посредством «информационных систем общего пользования». На сайтах, *иными словами / иначе говоря / то есть*. Перечень обязательных сведений невелик – 53 пункта. [Леонид Семеняка. Как слеза. Российское правительство хочет быть прозрачным (2003) // «Известия», 2003.02.17]

Однако только *то есть* может занимать позицию внутри элементарной синтагмы.

(114) Что касается деда, то он присоединился к партии, где состоял его отец, мой *то есть* дед, и стал явным противником коммунистического режима. [google книги; дата обращения 31.12.2018]

Эта позиция недоступна для показателей перифрастического переформулирования, что может свидетельствовать о меньшей степени их интеграции в микроструктуру клаузы, что, в свою очередь, является результатом их менее продвинутой стадии грамматикализации (см. раздел 5); ср. (115), модификацию (114), ставшую неприемлемой:

(115) Что касается деда, то он присоединился к партии, где состоял его отец, *мой *иначе говоря* дед / *мой *иными словами* дед, и стал явным противником коммунистического режима.

В Таблице 2 мы приводим статистику по позиции, в которой употребляются три показателя переформулирования в корпусе примеров из НКРЯ:

Таблица 2. Частотность употребления коннекторов в трех позициях.

	То есть	*Иначе говоря*	*Иными словами /Другими словами*	
Начальная позиция	34,1 % (100)	33,8 % (99)	32,1 % (94)	97,7 % (293)
Неначальная позиция	-	-	100 % (4)	1,3 % (4)
Конечная позиция	-	33,3 % (1)	66,7 % (2)	1 % (3)
				100 % (300)

В подавляющем большинстве позиция коннекторов начальная (97,7 %). При этом в корпусе примеров из НКРЯ *то есть* употребляется исключительно в этой позиции, несмотря на то что, по данным НБД, может свободно употребляться и в других позициях. На втором месте, но с большим отставанием (всего 1,3%) следует неначальная позиция, но в ней зафиксирован только коннектор *иными / другими словами*:

(116) Судя по возражениям моих московских собеседников, по-прежнему не отдают они себе отчета, что коренится она в губительном дуализме политической культуры, искалечившем историю страны и лежащем, как мы видели, в основе ее вековой трагедии. По-прежнему не готова, *другими словами*, нынешняя культурная элита России освободиться, в отличие от немецкой, от этого векового дуализма. И выглядит все это странно. [Александр Янов. Россия против России // «Знание - сила», 2005]

Конечная позиция является также маргинальной (1%). Она зафиксирована для *иначе говоря* (1 случай) и *иными словами* (2 случая):

(117) Я о том, как надо себя вести. Если будешь хватать что попало без спроса и разрешения, ребята решат, что руки у тебя поганые. Не потому, что они в самом деле поганые, а так, на всякий случай. Другими словами, – терпеливо, но уже со скукой закончил парень, – законы там тюремные. Камерные, *иначе говоря*. [Виктор Пронин. Банда 8 (2005)]

(118) На репетиции я специально зарядил десять долларов – и показал Молчанову. Он, казалось бы, опытный человек – и то, когда вытащил купюру, смотрю, отошел к окну, начал ее разглядывать на свет. И был потрясен: «Ну что, действительно как настоящая». Купился, *иными словами*. [И. Э. Кио. Иллюзии без иллюзий (1995–1999)]

Таким образом, *иными / другими словами* – единственный коннектор перифрастического переформулирования в нашем корпусе НКРЯ, который употребляется в трех разных позициях. Можно предположить, что с завершением процесса грамматикализации статус коннекторов переформулирования по своим функциональным признакам приблизится максимально к сочинительным союзам. Не случайно РГ-80 (§ 3148) уже сейчас относит *то есть* к сочинительным союзам. Отсюда и предпочтительное употребление этих коннекторов в канонической позиции, т.е. начальной. Однако, в отличие от «логических» союзов (как например *и* или *или*), коннекторы переформулирования как правило сохраняют свою подвижность, будучи более субъективными по своей природе[9]: переформулирование всегда опирается на процессы инференции, поскольку говорящий равняется на коммуникативные потребности слушающего, а сама операция установления тождества между X и Y нередко является его «интерпретацией» X. В условиях устной спонтанной речи позиционная гибкость коннекторов может существенно облегчить говорящему коммуникативную задачу переформулирования.

---

9 Ср. следующий пример, где тождество между «Польшей» и «нигде» субъективно и возможно только при наличии определенного культурно-исторического контекста:

«Они так и остались в той Югославии, которую они критиковали под видом «Дании – тюрьмы», «революции, которая пожирает своих собственных детей», и «[Польши,]$_x$ *иначе говоря* – [нигде]$_Y$» (этими словами, как известно, обозначается место действия «Короля Убю» Альфреда Жарри – пьесы, написанной в то время, когда Польши на карте мира не существовало; как же подходят они сейчас для экс-Югославии!)». [http://www.ng.ru/ng_exlibris/2012-10-25/7_bitef.html?id_user=Y; дата обращения: 30.05.2017].

4.2.2. Основные морфосинтаксические структуры употребления коннекторов переформулирования

Иначе говоря и *иными словами*, как и *то есть*, употребляются как в макро-, так и в микросинтаксических структурах. Ср. употребление трех показателей в корпусе НКРЯ в микросинтаксических структурах (119)-(121); в макросинтаксических структурах – (122)-(124):

(119) Тут проблема экономической целесообразности (главный критерий – сможет ли будущий городской округ обойтись без финансовой поддержки сверху) нередко сталкивается с амбициями местного начальства, которое в принципе предпочло бы не делиться полномочиями с муниципальными властями [«верхнего уровня»,]$_X$ *то есть* [муниципального района.]$_Y$ [Анастасия Корня. Реформа местного самоуправления ложится на карту (2003) // «Время МН», 2003.08.01]

(120) Для речевых звуков (я имею в виду не тональные языки) главными образующими и константами являются, как известно, [специфические тембры,]$_X$ *иначе говоря*, [характеристики их спектра.]$_Y$ [А. Н. Леонтьев. Биологическое и социальное в психике человека (1981)]

(121) Эта цель достигается [путем разработки модели поведения человека, работающего с информацией данного конкретного типа]$_X$ (*иными словами*, [путем создания информационной модели]$_Y$). [В. Барахнин. Будущее компьютерных технологий закладывается сегодня (2001) // «Наука в Сибири» (Новосибирск), 2001.03.07]

(122) [Ничего не поделаешь.]$_X$ *То есть*, [конечно, можно чего-то поправить. Но ведь я же не буду этого делать, я же себя знаю, свой характер.]$_Y$ [Евгений Гришковец. ОдноврЕмЕнно (2004)]

(123) [Смешное обладает одним, может быть, скромным, но бесспорным достоинством: оно всегда правдиво. Более того, смешное потому и смешно, что оно правдиво.]$_X$ *Иначе говоря*, [не все правдивое смешно, но все смешное правдиво.]$_Y$ [Фазиль Искандер. Начало (1969)]

(124) [Проживите по этим правилам, и тогда у вас всегда будет нос в табаке.]$_X$ *Другими словами*, [наступит полная носария.]$_Y$ [Носария // «Трамвай», 1990]

В Таблице 3 мы приводим полученную для корпуса примеров НКРЯ статистику, отображающую частотность употребления трех показателей в зависимости от вида синтаксической конфигурации[10].

Таблица 3. Частотность микро- и макросинтаксических конфигураций с тремя показателями переформулирования.

	Микросинтаксические конфигурации	**Макросинтаксические конфигурации**	**Всего**
То есть	56,25% (45)	43,75% (35)	100% (80)
Иначе говоря	39,3% (35)	60,7% (54)	100% (89)
Иными словами	13,8% (12)	86,2% (75)	100% (87)

При микросинтаксическом переформулировании (т.е. когда компоненты X и Y представляют собой синтагмы, зависимые от других членов предложения) говорящий намного чаще задействует поясняющее *то есть*, чем показатели перифрастического переформулирования. И, наоборот, доля употребления перифрастических показателей *иначе говоря* и *иными словами* значимо возрастает при макросинтаксическом переформулировании, т. е. когда элементы представляют собой автономные предикативные структуры в составе предложения или оформлены как отдельные предложения.

Но самое любопытное, что показатели поясняющего (*то есть*) и перифрастического переформулирования (*иначе говоря, иными словами*) представляют собой своего рода континуум с *то есть* на одном его полюсе, а *иными словами* – на противоположном, как показывает график 1.

10 Конфигурации, где переформулирование затрагивает глагольные финитные конструкции не были учтены, так как могут трактоваться двояко: либо как зависимый член предложения, либо как новая, то есть автономная, предикативная структура: пр. *Он* ***записал нужный ему адрес****, то есть* ***запомнил его наизусть***.

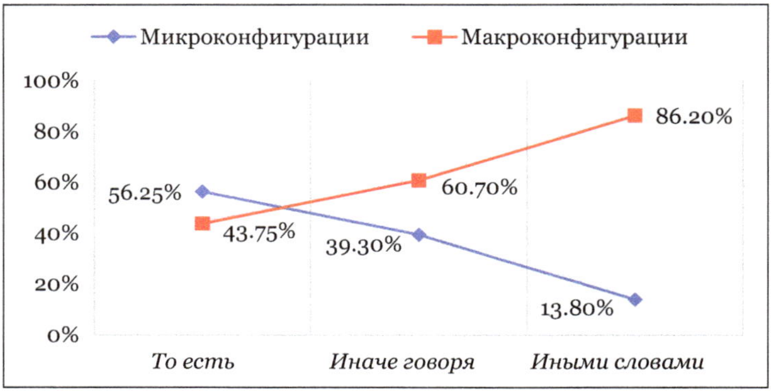

График 1. Тенденции в дистрибуции трех показателей переформулирования в зависимости от вида конфигураций.

Тогда как *то есть* употребляется чаще всего с микроконфигурациями (56,25%), *иными словами* употребляется преимущественно с макроконфигурациями (86,2%). Что касается *иначе говоря*, то он занимает промежуточное место, употребляясь чаще всего с макроконфигурациями (60,7%), но при этом имея также достаточное количество реализаций и с микроконфигурациями (39,3%). *Иными словами* употребляется с микроконфигурациями лишь в 13,8% случаев. Математический тест критерия хи-квадрат позволил выявить, что выявленное распределение коннекторов в зависимости от типа конфигураций не случайно: x^2=33,312, df=2, p < 0,00001 (Preacher 2001).

Наконец, заметим также, что в отличие от показателей перифрастического переформулирования, спектр употреблений *то есть* более широкий. Во-первых, в отличие от *иначе говоря* и *иными словами* он может употребляться в контекстах с хезитацией (125) или изолированно в вопросительных предложениях (126):

(125) Но ведь я же не буду этого делать, я же себя знаю, свой характер. Вот еще характер мой… *То есть* мои руки, ноги, мозг…, еще характер… Я ведь к чему это все говорю… Точнее, я к чему под-

вожу… Я недавно понял… [Евгений Гришковец. ОднозрЕмЕнно (2004)]

(126) – Понятно, когда уезжают диссиденты, евреи или, например, уголовники… – У меня было плохое настроение. – *То есть?* / **Иными словами?* / **Иначе говоря?* [Сергей Довлатов. Иностранка (1985)]

Во-вторых, *то есть* употребляется чаще, чем другие показатели, в асимметричных конфигурациях. Подобные грамматические контексты не всегда доступны для показателей перифрастического переформулирования:

(127) Победители во всех трех номинациях (*то есть* игровое, неигровое кино и анимация), а также особо премированный режиссер фильма «За хлебом», если не получат прямую финансовую поддержку для своих следующих проектов, то, как показывает история «Святой Анны», обратят на себя внимание продюсеров и многих других киносмотров. [Престиж золотой середины (2002) // «Культура», 2002.04.08]

(128) Победители во всех трех номинациях (??*иначе говоря* /??*иными словами* игровое, неигровое кино и анимация) […]

Проведенный анализ подтверждает выявленные нами в предыдущем разделе 4.1.2 тенденции употребления *то есть*: *то есть* употребляется в равной степени как в микро-, так и в макро синтаксических конфигурациях. Наряду с этим при микросинтаксическом переформулировании употребление поясняющего *то есть* гораздо предпочтительнее употреблению перифрастических *иначе говоря* и *иными словами*. Что касается синтаксической позиции трех показателей переформулирования, то она может варьироваться для всех трех, но в абсолютном большинстве случаев она является начальной.

4.2.3. Смысловое соотношение элементов X и Y

Распределение трех показателей переформулирования по трем семантическим конфигурациям (аналитическое, синтетическое и эквивалентное переформулирование) представлено в Таблице 4.

Таблица 4. Частотность комбинаций в зависимости от информативности X и Y с тремя показателями переформулирования.

	То есть	*Иначе говоря*	*Иными словами*
Аналитическое переформулирование (X < Y)	40%	23%	10%
Синтетическое переформулирование (X > Y)	24%	56%	68%
Эквивалентное переформулирвоание (X ≈ Y)	36%	21%	22%
Всего	100%	100%	100%

И по этому параметру три показателя проявляют различия. *То есть* чаще употребляется при аналитическом (129) и эквивалентном (130) переформулировании, чем *иначе говоря* или *иными словами*:

(129) Так, например, сегодня все большую популярность в почтовом бизнесе завоевывает концепция [One-Stop-Shoping,]$_X$ *то есть* [полный сервисный пакет, когда почта берет на себя не только организационно-транспортное обеспечение перемещения тех или иных отправлений, но и, по желанию клиентов, сама заботится о финансировании дополнительных услуг.]$_Y$ [Денежные переводы мигрантов – фактор инновационного развития мировой финансовой инфраструктуры // «Вопросы статистики», 2004]

(130) [kmert, nick] Итого: [9–10 часов]$_X$. *То есть* [8 часов + ~ 30%]$_Y$. Вроде, похоже получилось. [коллективный. Форум: 12 часов в день? Не могу согласиться с М. Прохоровым (2010–2011)]

Но важно то, что мы снова видим ту же картину в дистрибуции показателей переформулирования, о которой уже шла речь в разделе 4.2.2: *то есть* и показатели перифрастического переформулирования (*иначе говоря* и *иными словами*) следуют противоположным тенденциям, и можно по-видимому считать, что они находятся в функциональной оппозиции (см. график 2 ниже). И в этом случае математический тест критерия хи-квадрат подтверждает, что эта тенденция не случайна: x^2=44,917, df=4, p < 0,00001 (Preacher 2001).

По этому параметру снова на противоположных полюсах находятся *то есть* и *иными словами*. Тогда как первый показатель достигает своего максимума при аналитическом переформулировании (40%), как в (131)-(132), и своего минимума при синтетическом (24%), второй показатель, напротив, достигает своего максимума при синтетическом переформулировании (68%), как в (133)-(134) и своего минимума при аналитическом (10%).

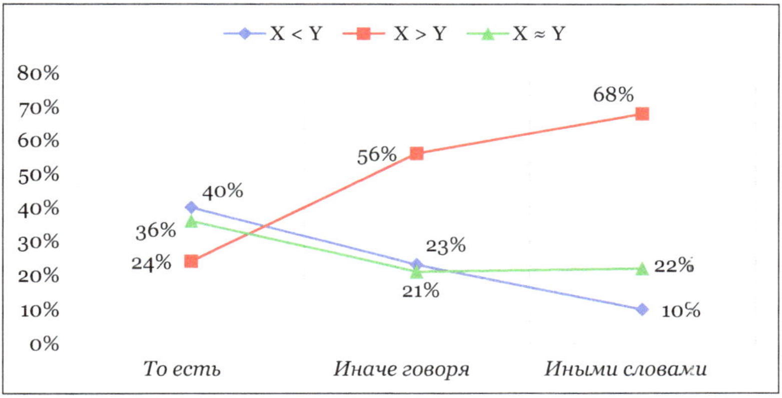

График 2. Тенденции в распределении трех показателей переформулирования в зависимости от смыслового соотношения элементов X и Y.

(131) Второй ряд своими зубчиками закрывает [плоскую соломку]$_X$, *то есть* [место, где детальки приклеивались к основе]$_Y$. [Соломенные картины // «Народное творчество», 2004]

(132) В середине XI в. в церкви разгорелся спор [об евхаристии,]$_X$ *иными словами*, [о том, какой хлеб следует употреблять: квасной (кислый), как в Византии и на Руси, или пресный (опресноки), согласно практике католической церкви.]$_Y$ [Александра Дараган. Хлеб насущный // «Зеркало мира», 2012]

(133) Только что подписанное постановление правительства № 98 определяет, какую информацию все министерства и ведомства обязаны публиковать [посредством «информационных систем общего пользования»]$_X$. [На сайтах]$_Y$, *иными словами*. Перечень обязатель-

ных сведений невелик – 53 пункта. [Леонид Семеняка. Как слеза. Российское правительство хочет быть прозрачным (2003) // «Известия», 2003.02.17]

(134) <...> численность [населения, занятого производством сельскохозяйственной продукции для собственного потребления]$_X$ (*то есть* [определенно самозанятых]$_Y$), составила в мае и августе 2001 г. 36–37 млн. человек. [Личные подсобные хозяйства населения: состояние и перспективы // «Вопросы статистики», 2004]

Что касается *иначе говоря*, то этот показатель снова занимает промежуточную позицию, употребляясь чаще, чем *иными словами* с аналитическим переформулированием (23%) (135) и чаще, чем *то есть*, с синтетическим переформулированием (56%) (136):

(135) Она возникает из-за так называемого огромного [«денежного навеса»]$_X$, *иначе говоря* – [расхождения между наличной денежной массой и недостаточным количеством товаров]$_Y$. [И. Осадчая. Инфляция: суть, причины, формы проявления // «Наука и жизнь», 2008]

(136) В этом смысле между теориями одного вида происходит перманентная борьба, в которой ставкой является число людей, составляющих [«отряд» сторонников, приверженцев и адептов каждой теории]$_X$, *иначе говоря* [«охват»]$_Y$. [Александр Ослон. Мир теорий в эпоху «охвата» // «Отечественные записки», 2003]

4.2.4. Дальнейший анализ с учетом двух факторов

Поскольку, как мы видели, параметр «Позиция» не является дискриминирующим при выявлении различий в функционировании показателей поясняющего (*то есть*) и перифрастического переформулирования (*иначе говоря, иными словами*), то при дальнейшем анализе мы ограничимся оставшимися двумя факторами, а именно взаимосвязью между (а) макроконфигурациями (включающими в себя ассертивные предложения и автономные предикативные структуры) и (б) смысловым соотношением элементов X и Y, участвующих в отношении переформулирования. Статистические данные представлены в Таблице 5.

Таблица 5. Частотность трех показателей переформулирования с макроконфигурациями в зависимости от смыслового соотношения элементов.

	То есть	*Иначе говоря*	*Иными словами*	*Всего*
Синтетическое переформулирование (X > Y)	8,3% (8)	36,5% (35)	55,2% (53)	100% (96)
Аналитическое переформулирование (X < Y)	31,6% (6)	36,8% (7)	31,6% (6)	100% (19)
Эквивалентное переформулирование (X ≈ Y)	45,5% (20)	25% (11)	29,5% (13)	100% (44)

Данные в Таблице 5 позволяют сделать следующие выводы.

То есть и показатели перифрастического переформулирования (*иначе говоря* и *иными словами*) находятся в явной оппозиции: если доля употреблений *то есть* значимо уменьшается в макроконфигурациях с синтетическим видом переформулирования (всего 8,3%), доля *иначе говоря* и *иными словами*, напротив, увеличивается в таких структурах (соответственно до 36,8% и 55%). Напомним, что оба фактора («макроконфигурации» и «синтетическое переформулирование») являются определяющими при выборе показателей переформулирования; см. разделы 4.2.2 и 4.2.3. Результаты анализа, приведенные в Таблице 5, подтверждают это: при сочетании этих двух факторов доля употребления *то есть* уменьшается существенным образом; и наоборот, доля употребления *иначе говоря* и *иными словами* становится более ощутимой; ср. (137)-(138), иллюстрирующие данное употребление этих двух показателей:

(137) [Однако надо понимать, что такое снижение цен ударит прежде всего даже не по России, а по Африке, а также, например, по Саудовской Аравии, для которой падение цен ниже 80 долларов за баррель будет представлять серьезную проблему (не говоря уже о компаниях, ведущих добычу сланцевых нефти и газа). При этом финансовые проблемы могут заставить арабские нефтяные монархии начать выводить деньги из западных активов, в первую очередь из Европы.]$_X$ *Иначе говоря*, [значительное и продолжительное падение цен на нефть — это сценарий глобальной экономической

дестабилизацию]$_Y$. [Павел Быков. Откуда придет гроза // «Эксперт», 2014]

(138) [Я пребываю отлученным от прочих учеников]$_X$, *иными словами*, [я выделен]$_Y$. [Даниил Гранин. Зубр (1987)]

При этом фактор «макроконфигурации» оказывается нейтрализованным при аналитическом и эквивалентном видах переформулирования: процент употребления *то есть* в этих контекстах становится более весомым или даже превосходит процент употребления других показателей (в случае эквивалентного переформулирования он составляет 45,5%):

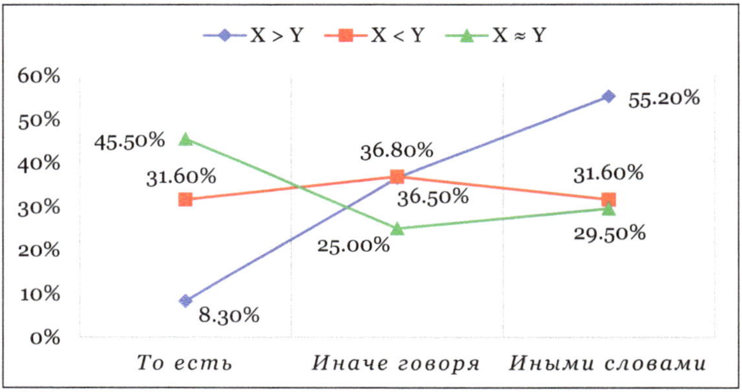

График 3. Тенденции в распределении трех показателей переформулирования с макроконфигурациями в зависимости от информативности компонентов.

Отсюда напрашивается вывод: *то есть* всегда предпочтительнее, чем *иначе говоря* и *иными словами*, в конфигурациях с эквивалентным переформулированием (139), а также с аналитическим переформулированием, когда мы имеем дело с микроконфигурациями (140) (см. ниже график 4):

(139) Рекламодателя интересует [аудитория в возрасте от 25 до 50 лет]$_X$, *т.е.* [дееспособная, которая платит деньги]$_Y$. [Дмитрий Волков, Владимир Сунгоркин. Кухня управляемой демократии // «Отечественные записки», 2003]

(140) [Медицинские проблемы]$_X$, *то есть* [заболевания, связанные с болевыми ощущениями, такие как артрит, радикулит, мышечные боли, растяжения связок и т.д.]$_Y$. [Вера Елгаева. Бессонница (2003) // «100% здоровья», 2003.03.01]

Действительно, выявленные нами тенденции подтверждаются и при другом анализе, который в этот раз берет в расчет (а) микроконфигурации и (б) смысловое соотношение элементов (Таблица 6 и график 4):

Таблица 6. Частотность трех показателей переформулирования с микроконфигурациями в зависимости от вида информативности компонентов.

	То есть	*Иначе говоря*	*Иными словами*	*Всего*
Синтетическое П (X > Y)	22.6% (7)	54.8% (17)	22.6% (7)	100% (31)
Аналитическое П (X < Y)	65.2% (30)	28.3% (13)	6.5% (3)	100% (46)
Эквивалентное П (X ≈ Y)	50% (14)	32.1% (9)	17.9% (5)	100% (28)

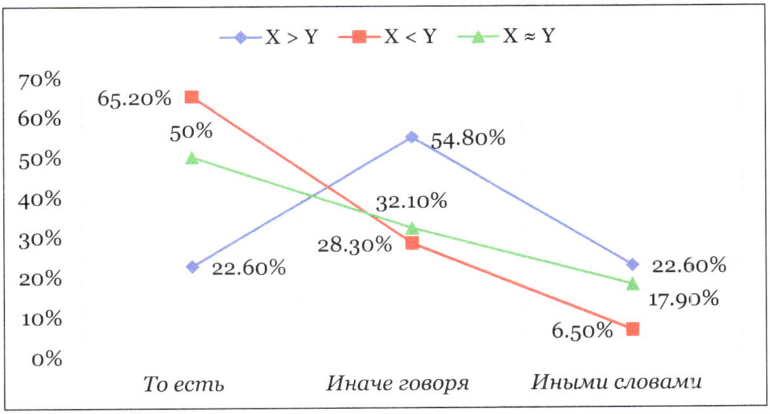

График 4. Тенденции в распределении трех показателей переформулирования с микроконфигурациями в зависимости от информативности компонентов.

То есть снова находятся в оппозиции к *иначе говоря* и *иными словами*, употребляясь с большей вероятностью в разных с ними контекстах. Сочетание таких факторов как «микроконфигурации» и «аналитическое» или «эквивалентное» переформулирование увеличивают процент употребления *то есть*: соответственно 65,2% для микроконфигураций с аналитическим переформулированием (140) и 50% для микроконфигураций с эквивалентным переформулированием (139).

Напротив, подобные конфигурации значительно уменьшают шансы появления для показателей перифрастического переформулирования: для *иначе говоря* 28,3% с аналитическим (141) и 32,1% с эквивалентным переформулированием (142); для *иными словами* всего 6,5% для аналитического (143) и 17,9% для эквивалентного (144):

(141) Третья элита – [олигархи,]$_X$ *иначе говоря*, [бизнес федерального уровня]$_Y$. [Борис Березовский. Новый передел // «Коммерсантъ-Daily», 2003]

(142) Для речевых звуков (я имею в виду не тональные языки) главными образующими и константами являются, как известно, [специфические тембры]$_X$, *иначе говоря*, [характеристики их спектра]$_Y$. [А. Н. Леонтьев. Биологическое и социальное в психике человека (1981)]

(143) На экране мы будем демонстрировать Вам фигуру, которая получилась в результате [некоторого изменения]$_X$ *или, другими словами*, [некоторого преобразования одной, хорошо знакомой Вам простой геометрической фигуры]$_Y$. [М. С. Шехтер, А. Я. Потапова. Новые экспериментальные данные о функциях «мягких» эталонов в опознавательном процессе (2004) // «Вопросы психологии», 2004.10.12]

(144) Какая-то газетенка далеко не первого пошиба отвела [две полосы]$_X$, *другими словами*, [полный разворот]$_Y$, интервью под названием «А король-то голый!» [Виктор Пронин. Банда 8 (2005)]

С другой стороны, как мы видели, эти показатели имеют бóльшую вероятность появиться в макроконфигурациях с синтетическим переформулированием. Но, в отличие от *иными словами*, фактор «микроконфигурации» для *иначе говоря* кажется нейтрализованным при синтетическом виде переформулирования (145):

(145) В цивилизации же, как структуре надбиологической, последняя дополнена еще и [внегенетической памятью]$_X$, *иначе говоря* – [культурой]$_Y$. [коллективный. Перед главным вызовом цивилизации. Взгляд из России (2005)]

Иначе говоря употребляется с данным видом переформулирования в микроконфигурациях даже чаще, чем *то есть* (54,8% против 22,6%). По-видимому, употребление *иначе говоря* более чувствительно к фактору «синтетическое переформулирование», чем к фактору «микроконфигурации», и в этом его главное отличие от близкого ему по функционированию *иными словами*, который в подавляющем большинстве употребляется при макропереформулировании (см. Таблица 3, график 1).

Наконец, подчеркнем, что *то есть* является более частотным по своему употреблению независимо от контекста. Об этом, в частности, свидетельствует доля его употребления в разных формах и регистрах речи (см. Таблицу 7 в конце раздела 5).

5. К вопросу о степени универсальности отношения переформулирования: сопоставительный анализ русских и французских показателей

В этом разделе мы покажем, что выявленные нами два вида переформулирования в русском языке применимы также и к французскому языку. Во французском языке тоже можно различать показатели перифрастического переформулирования (*autrement dit*, *en d'autres termes*) и показатели поясняющего отождествления (*c'est-à-dire*). При этом, несмотря на значительную разницу между двумя лингвистическими системами, функционирование французских и русских коннекторы схоже по ряду признаков.

Прежде всего, оба вида показателей имеют схожую внутреннюю форму. Коннекторы поясняющего переформулирования *c'est-*

à-dire / *то есть* этимологически представляют собой финитную клаузу: демонстративы (русск. *то* / франц. *ce*) + глагол русск. *быть* / франц. *être* в настоящем времени 3 л. ед. числа. Коннекторы перифрастического переформулирования *autrement dit* / *иначе говоря*, *en d'autres termes* / *en d'autres mots* / *иными словами* являются сочетаниями языковой единицы с семантикой 'другой, иной' (наречия русск. *иначе* / франц. *autrement*, прилагательные русск. *иной* / франц. *autre*) и языковой единицы с семантикой 'речения' (деепричастие *говоря*, причастие *dit*, существительные *слова* и *mots, termes*).

Кроме того, они имеют схожие функциональные свойства. Как и в русском языке, позиция французских коннекторов в большинстве случаев начальная (146)-(148), но может быть также и конечной (149)-(150) или, в редких случаях неначальной (151)-(152):

(146) Des pétroliers traversent la baie, avec dans leur sillage une mer irisée (*c'est-à-dire* polluée). [Frédéric Beigbeder. 99 francs (1997–2000)]
Танкеры по-прежнему бороздят бухту, оставляя за кормой радужные (*то есть* нефтяные!) хвосты. [Пер. И. Волевич (2002)]

(147) Ce frottement du langage littéraire et du langage critique a pour effet non pas de dégager le «sens» d'une œuvre, mais de «reconstituer les règles et contraintes d'élaboration de ce sens», *autrement dit*, sa technique de signification. [Gérard Genette. Figures (1966–1972)]
Такая притирка языка литературы и языка критики имеет результатом не выявление «смысла» произведения, а «воссоздание правил и условий выработки этого смысла», *иными словами* свойственной ему техники означивания. [Пер. С. Зенкин (1998)]

(148) Si Philippe est venu lui en toucher deux mots auparavant, c'est qu'il doit y avoir une pression maximale venue de chez Madone; ça sent la partie de chaises musicales, cette histoire. *En d'autres termes*: ce soir, il y a du licenciement dans l'air sénégalais, et malheureusement, Octave a l'intuition qu'il ne s'agit même pas du sien. [Frédéric Beigbeder. 99 francs (1997–2000)]
Если уж сам Филипп решил поговорить с ним тогда, в первый день, значит, на него здорово надавили в «Манон», и он решил отыграться на них с Чарли. *Иными словами*, сегодня вечером в сенегальском воздухе запахло увольнением, и, к несчастью, Октав подозревает, что речь идет даже не о нем. [Пер. И. Волевич (2002)]

(149) C'est Alex qui parle, lui se tait la plupart du temps, mais elle l'a trouvé captivant. Intéressant, *c'est-à-dire*. [Frantext: Anne-Marie Garat, Pense à demain (2010)]
'Говорит Алекс, он в основном молчит, но она нашла его завораживающим. Интересным, *то есть*.'[11]

(150) <...> et où, au lieu de crier « mais il va casser la télé! », elle l'a pris dans ses bras – lui permettant enfin d'oublier ce défi, de se calmer, de s'endormir. C'est un film inclassable, *autrement dit*. [Frantext: Éliane Viennot, État des lieux (2012)]
'<...> и где, вместо того, чтобы крикнуть «да он сломает телевизор!»', она его обнимает – позволяя ему наконец забыть прошлое, успокоиться, заснуть. Фильм вне всяких категорий, *иначе говоря*.'

(151) C'est dire que nous étions loin encore de ceux qui, parce qu'il n'y a rien à manger (rien, *c'est-à-dire*, qui porte un nom précis, rien qui soit dûment répertorié dans les livres de cuisine), sortent œufs, thon, yaourts, mayonnaise, chips, fromages <...> [Frantext: Jean-Luc Benoziglio, Tableaux d'une ex (1989)]
'То есть мы были еще далеки о тех, кто, когда у вас нет ничего съедобного (ничего, *то есть*, что может иметь конкретное имя, ничего, что может быть должным образом занесено в кулинарные книги), достают яйца, тунец, йогурты, майонез, чипсы, сыр <...>'

(152) Perdre la boussole, c'est perdre la tête, s'affoler. C'est la tête, *en d'autres termes*, qui indique le nord. [Frantext: Nancy Huston, Nord perdu (1999)]
'Сбиться с пути/курса значит потерять голову. Именно голова, *иными словами*, задает правильное направление'.

Еще одно общее свойство русских и французских показателей: если при перифрастическом переформулировании, когда X и Y совпадают по своему интенсионалу, показатели поясняющего переформулирования (*c'est-à-dire* / *то есть*) можно заменить на показатели переформулирования перифрастического (*autrement dit* / *иначе говоря*, *en d'autres termes* / *иными словами*), то при поясняющем тождестве, где тождество интенсионала X и Y «навязыва-

---

11 Здесь и далее при отсутствии имени переводчика перевод наш – *А.Г., О.И.*

ется» показателем переформулирования, допустим только первый вид показателей; ср. для русского языка (11)-(12) выше, для французского (153) и вряд ли приемлемое (154):

(153) Elle aime les Mexicains, *c'est-à-dire* la sœur de Clara et ses fils quand ils viennent lui dire bonjour et manger avec elle. [google книги; дата обращения 25.04.2017]
‘Ей нравятся мексиканцы, *то есть* сестра Клары и ее сыновья, когда они приходят с ней поболтать и поужинать’

(154) ??Elle aime les Mexicains, *autrement dit / en d'autres termes* la sœur de Clara et ses fils quand ils viennent lui dire bonjour et manger avec elle.
‘??Ей нравятся мексиканцы, *иначе говоря / другими словами* сестра Клары и ее сыновья, когда они приходят с ней поболтать и поужинать’

Заметим также, что, как и в русском языке, французские показатели перифрастического переформулирования имеют тенденцию употребляться в макроконфигурациях (то есть, когда фрагменты X и Y представляют собой независимые предикативные структуры или самостоятельные предложения) и с синтетическим видом переформулирования (Vassiliadou 2008).

В обоих языках коннекторы поясняющего тождества *c'est-à-dire / то есть* обладают признаками более высокой степени грамматикализации, чем коннекторы перифрастического переформулирования. Об этом свидетельствуют, в частности, следующие их особенности:

– глагол *быть / être*, входящий в их состав, не может менять свою форму: **c'était-à-dire* / **ce sera-à-dire*, **то было* / **то будет*;
– устная форма коннектора подвергается фонетической редукции: *c'est-à-dire* > [stadi:ʀ] вместо [sɛtadi:ʀ] (TLFi); в работе (Перкова 2011) отмечается, что *то есть* составляет фонетическое единство;
– на письме коннекторы могут быть обозначены специальными формами: *т.е.*, *càd*, тогда как правописание в неформальном электронном дискурсе подвержено вариации: *cad*, *c a dire*; *то-есть*, *тоесть*, *тоесь*;
– подобно другим союзам не могут сочетаться с союзом: с русск. *или* и фр. *ou* (Cuenca 2003: 1075), которые могут употребляться

при переформулировании; ср. неприемлемость *Лингвистика* ****или, то есть*** *наука, изучающая законы языка* / *La linguistique* ****ou, c'est-à-dire*** *la science qui étudie les lois de langue*

В свою очередь на меньшую степень грамматикализации коннекторов перифрастического переформулирования указывают следующие признаки:

– допускают формальное варьирование; ср. *dit autrement* и *autrement dit* в (155), *иначе говоря* в (141) и *говоря иначе* в (156), *по-другому говоря* в (157):

(155) Il s'agit donc d'un combat à long terme pour le renforcement de ces acteurs, *autrement dit*, pour la redistribution des actifs ou *dit autrement*, des «capacités» [Centre d'études et de documentation sur l'Afrique et l'Outre-mer (France), google книги; дата обращения 25.04.2017]

(156) «Умный» бронежилет, разработанный Empa, содержит встроенную систему охлаждения, основанную на технологии Cool pad. *Говоря иначе*, в бронежилет встроена система трубок, которые заполнены водой. [В. Субботин. Выставки. Техника безопасности // Юный техник, 2013]

(157) Он более свободен, *или, по-другому говоря*, разнуздан. [Сергей Баймухаметов. Кто погубил прежнюю Россию? Нация самоубийц? (2003) // «Вестник США», 2003.11.12]

– сочетаются с союзами русск. *или* / франц. *ou*:

(158) L'amour maternel est le plus éminent des sentiments égoïstes, *ou, autrement dit*, le plus énergique des sentiments altruistes [Frantext: Alain (Émile-Auguste Chartier), Propos (1936)]

(159) Допрыгалась. Напророчила *или, иначе говоря*, накаркала. [Екатерина Завершнева. Высотка (2012)]

– их можно заменить на альтернативные метаязыковые конструкции; ср. (160), трансформацию (158), и (161), трансформацию (159), которые не теряют своей приемлемости:

(160) L'amour maternel est le plus éminent des sentiments égoïstes, *ou, pour (le) dire autrement*, le plus énergique des sentiments altruistes

(161) Допрыгалась. Напророчила *или, говоря другими словами*, накаркала.

Будучи на более высокой ступени процесса грамматикализации, коннекторы поясняющего переформулирования (*то есть / c'est-à-dire*) являются более «прагматикализированными» (Dostie 2004), чем коннекторы перифрастического переформулирования (*иначе говоря / autrement dit*, *иными словами / en d'autres termes*). При прагматикализации лексическое значение языковой единицы, изначально «прозрачное», идиоматизируется, а ее форма теряет возможность варьироваться, а иногда даже подвергается фонетической редукции. Языковая единица расширяет свои дискурсивные функции, становясь полифункциональной. Помимо своей основной функции, «прагматикализованная» языковая единица часто употребляется в функции дискурсивного интерактивного маркера с различными функциями; ср., например, для *вообще*, показателя генерализации, форму *Ваще!*, которая служит для выражения уже не генерализации, а эмоций говорящего; употребление *как бы* в функции слова-паразита; для *то есть* возможность повторных употреблений при хезитации, как в (60) и в (103) выше. Функция и значение «прагматикализованных» языковые единиц становится зависимыми от контекстуальных или дискурсивных параметров[12].

Как мы видели, употребление перифрастических показателей переформулирования не приемлемо в тех контекстах, где Y не совпадает по интенсионалу с X, а представляет его семантическое содержание со значительной долей дисторсии:

– контексты с отношением коррекции (13), (52)-(53),

– контексты с отношением спецификации; ср. (35) для *то есть* и (162) для *c'est-à-dire*, которое может чередоваться в данном кон-

12 Ср.: "<...> forms and constructions that at first express primarily concrete, lexical, and objective meanings come through repeated use in local syntactic contexts to serve increasingly abstract, pragmatic, interpersonal, and speaker-based functions" (Traugott 1995: 32).

тексте с показателем интенсиональной спецификации *à savoir* ‘а именно’:

(162) Je suis né en Alsace, *c'est-à-dire* / *à savoir* à Schiltigheim pour être plus précis [пример Vassialiadou 2008: 43]
??Je suis né en Alsace,??*en d'autres termes* /??*autrement dit* à Schiltigheim pour être plus précis
‘Я родился в Эльзасе, *то есть* / *а именно*/??*иными словами* /??иначе *говоря* в Шильтигайме, если быть точнее’

– контексты, в которых *то есть* употребляется на уровне высказывания; ср. (63)-(64) и перевод (63), в котором *то есть* передан франц. *c'est-à-dire* (163); о возможности такого употребления *c'est-à-dire* см. также (Vassiliadou 2017):

(163) Vous faites bien votre droit, Rodion Romanovitch? – Oui, je le faisais… – Eh bien, voici pour ainsi dire un petit exemple que je vous donne pour l'avenir, *c'est-à-dire* ne croyez pas que j'aie l'audace de vous faire la leçon [Trad. par E. Guertik (1947)]

– контексты с хезитацией, где *то есть* и *c'est-à-dire* по своей функции приближаются к дискурсивным маркерам, обеспечивающим эффективность коммуникации; ср. (61)-(62) для *то есть* и (164) для *c'est-à-dire*:

(164) à peu près bien j'étais de nouveau à peu près bien | _ | et donc je *c'est-à-dire* j'étais vraiment cassé *c'est-à-dire que* jusque-là je vivais dans la nervosité | [OFROM, Avanzi et al. 2012–2017]
‘мне стало несколько лучше и…*то есть* я был просто сломлен *то есть* до этого я был весь на нервах’

Обладая более высокой степенью «прагматикализации», показатели поясняющего переформулирования требуют менее строго тождества между смысловым содержанием фрагментов X и Y, чем показатели перифрастического переформулирования. Их употребление удобно в спонтанной устной речи как раз тем, что оно сопровождается минимальным ограничением на правый контекст; ср. возможные продолжения высказывания при помощи *то есть*:

Тебе надо направо а. *то есть* налево
б. *то есть* вон туда
в. *то есть* ... я не совсем уверен...
г. *то есть* ... сначала пройти 50 метров вперед
д. *то есть* ... *то есть*... [Спасибо, я уже и так понял]

Наконец, если сравнить частотность употреблений показателей поясняющего и перифрастического переформулирования, то выяснится, что в обоих языках, но особенно во французском (см. почти 21% для *autrement dit*), показатели первого типа употребляются чаще своих конкурентов как в устной форме речи, так и в среднем письменном стиле (текстах газетных корпусов).

Таблица 7. Распределение коннекторов переформулирования в устном и письменном корпусах для русского языка; x2=1276,043, df=2, p < 0,00001 (Preacher 2001).

	Устный корпус НКРЯ	**Газетный корпус НКРЯ**
То есть	99,4 % (19 743)	92,7 % (57 192)
Иначе говоря	0,2 % (32)	1,2 % (726)
Иными словами	0,4 % (80)	6,1 % (3 772)
	Всего 100 % (19 855)	Всего 100 % (61 690)

Таблица 8. Распределение коннекторов переформулирования в устном и письменном корпусах для французского языка; x2=971,88, df=2, p < 0,00001 (Preacher 2001).

	Устный корпус ESLO	**Газетный корпус Le Monde**
C'est-à-dire	97,7 % (3 263)	73,6 % (33 900)
Autrement dit	2,2 % (73)	20,7 % (9 530)
En d'autres termes	0,1 % (3)	5,7 % (2 610)
	Всего 100 % (3 339)	Всего 100 % (46 040)

Таким образом сопоставительный анализ позволил выявить ряд схожих семантических и функциональных признаков у показателей переформулирования во французском и в русском языках. В обоих языках можно выделить как минимум два семантических класса коннекторов:

- коннекторы перифрастического переформулирования, менее грамматикализованные и менее «прагматикализованные», употребляющиеся в основном в письменной речи в контекстах, в которых соединяемые ими фрагменты текста должны иметь общий интенсионал; они также чаще употребляются при макропереформулировании и синтетическом переформулировании, накладывая, в силу своей семантики, больше ограничений на правый контекст.
- коннекторы поясняющего переформулирования, более грамматикализованные и «прагматикализованные»; они свободно употребляются в разных регистрах и формах речи; контексты их употребления охватывают, помимо собственно переформулирования, также контексты, в которых между смысловым содержанием фрагментов текста нет строгого тождества; в устной спонтанной речи они берут на себя роль дискурсивных маркеров, обеспечивающих эффективность коммуникативного взаимодействия говорящего и слушающего; они одинаково хорошо употребляются при микро- и макропереформулировании, но вместе с тем более предпочтительны при аналитическом переформулировании, позволяя более «свободную» интерпретацию X, чем показатели перифрастического переформулирования.

Эти наблюдения подтверждаются результатами исследований, посвященных показателям отношения переформулирования в английском и французском языках (Hyland 2007, Gülich & Kotschi 1983) и позволяют говорить об отношения переформулирования как языковой универсалии.

6. Насколько лингвоспецифичны показатели переформулирования?

Функциональные свойства показателей переформулирования в русском и французском языках можно подвергнуть еще одному виду сопоставительного анализа, а именно анализу – при помощи НБД – их функциональной эквивалентности. Для анализа мы возьмем *то есть*, поскольку для других показателей в НБД нет достаточно представительной статистики.

В НБД на 05.01.2019 сформировано 632 аннотации с *то есть*. Значения параметров лингвоспецифичности (см. о них главу 1) даны в Таблице 9, функциональные эквиваленты *то есть* в направлении перевода русский – французский – в Таблице 10.

Таблица 9. Значения параметров лингвоспецифичности для *то есть* (направление русский – французский).

РР	**Всего аннотаций**	**Zero**	**Zero %**	**Dvrg**	**Dvrg %**	**Всего моделей перевода**	**Рейтинг моделей перевода**
то есть	632	162	25,63	72	11,39	52	0.79

Таблица 10. Функциональные эквиваленты *то есть* в направлении русский – французский.

PP в оригинале	*PP в переводе*	*Всего*	*%*
то есть	c'est-à-dire	277	43,76
то есть	zero	162	25,63
то есть	autrement dit	51	8,07
то есть	xv_fin_vouloir dire	28	4,43
то есть	c'est-à-dire que	21	3,32
то есть	xv_fin_entendre	11	1,74
то есть	à savoir	8	1,27
то есть	ou plutôt	6	0,95
то есть	donc	6	0,95
то есть	à vrai dire	4	0,63
то есть	enfin	4	0,63
то есть	x_sub_clause	4	0,63
то есть	en d'autres termes	3	0,47
то есть	ou	3	0,47
то есть	unknown	2	0,32
то есть	et	2	0,32
то есть	xv_fin_signifier	2	0,32
то есть	ce qui revient à	2	0,32
то есть	xv_fin_dire	2	0,32
то есть	:	2	0,32
то есть	x_pron_Pourquoi	2	0,32
то есть	--	1	0,16
то есть	ou|plutôt	1	0,16
то есть	d'où	1	0,16
то есть	et pour cela	1	0,16
то есть	pour ainsi dire	1	0,16
то есть	xv_mettons	1	0,16
то есть	vraiment	1	0,16
то есть	x_pron_Quel N?	1	0,16
то есть	c'est-à-dire | que	1	0,16
то есть	où	1	0,16
то есть	bien que	1	0,16
то есть	mais	1	0,16
то есть	à la vérité	1	0,16
то есть	xv_fin_appeler	1	0,16
то есть	plus exactement	1	0,16
то есть	comment ça	1	0,16
то есть	ainsi	1	0,16
то есть	parce que	1	0,16
то есть	et alors	1	0,16
то есть	en fait	1	0,16
то есть	xv_fin_s'expliquer	1	0,16
то есть	comme quoi	1	0,16
то есть	soit	1	0,16
то есть	xv_fin_vouloir demander	1	0,16
то есть	ou du moins	1	0,16
то есть	du moins	1	0,16
то есть	et en particulier	1	0,16
то есть	xv_fin_voir	1	0,16
то есть	bref	1	0,16
то есть	c'est que	1	0,16
то есть	car	1	0,16

Прежде всего, обращает на себя внимание тот факт, что *c'est-à-dire* выбирается переводчиками в качестве функционального эквивалента (ФЭФ) для *то есть* только в 43,76% случаев, к которым можно добавить 3,48%, приходящееся на *c'est-à-dire que* с контактным и дистантным расположением *que*, что дает в сумме 47,24%. Для сравнения можно сказать, что *ainsi que* является эквивалентом *а также* в 63% случаев, *en particulier* – эквивалент *в частности* в 71,5%, *bref* переводит *короче* в 90% случаев.

Хотя доля *c'est-à-dire* в качестве ФЭФ *то есть* не очень велика, важным представляется тот факт, что этот коннектор может переводить *то есть* во всех его употреблениях; ср. для *то есть* переформулирования (165); для *то есть* коррекции – (166); для *то есть* в контекстах с хезитацией – (60) и его перевод (167), в котором первое *то есть* переведено *c'est-à-dire*, а второе – при помощи метадискурсивного маркера *je veux dire*; для употребления *то есть* на уровне высказывания – (63) и его перевод (163).

(165) Правда, по замыслу Достоевского, Мышкин – уже носитель проникновенного слова, *то есть* такого слова, которое способно активно и уверенно вмешиваться во внутренний диалог другого человека, помогая ему узнавать свой собственный голос. [М. М. Бахтин. Проблемы поэтики Достоевского (1963)]
Il est vrai que dans le projet de Dostoïevski, Mychkine est le porteur du mot pénétrant, *c'est-à-dire* d'un mot capable de se mêler activement et avec fermeté au dialogue intérieur d'un autre homme, en l'aidant à reconnaître sa propre voix. [Trad. par I. Kolitcheff (1970)]

(166) – Я? я недавно, я вчера... нынче *то есть...* приехал, – отвечал Левин, не вдруг от волнения поняв ее вопрос. [Л.Н. Толстой. Анна Каренина (1873–1877)]
– Moi? Mais depuis peu... hier... *c'est-à-dire* aujourd'hui, répondit Levine, si ému qu'il n'avait pas tout d'abord compris la question. [Trad. par Henri Mongault (1952)]

(167) Il désire beaucoup, vraiment beaucoup faire ta connaissance. – Mais pourquoi le désire-t-il tant? – *C'est-à-dire* ce n'est pas... vois-tu, ces derniers temps, depuis que tu es tombé malade, j'ai été amené à parler souvent et beaucoup de toi... Et lui, il écoutait… quand il a su que tu faisais ton droit et ne pouvais terminer tes études par suite des

circonstances, il a dit: quel dommage! Aussi en ai-je conclu… *je veux dire* de tout cela ensemble, il n'y a pas seulement cela; hier Zametov… [Trad. par E. Guertik (1947)]

Заметим, однако, что *то есть* охотнее занимает конечную позицию, чем *c'est-à-dire*: в 21 аннотациях с конечной позицией *то есть* оно переводится *c'est-à-dire* 13 раз, причем только в одном случае переводчик выбирает для него конечную позицию (168). В остальных случаях *c'est-à-dire* перемещается в начальную позицию; ср. (166).

(168) Сбежал от меня... нос... – Гм! какая странная фамилия! И на большую сумму этот господин Носов обокрал вас? – Нос *то есть*... вы не то думаете! [Н.В. Гоголь. Нос (1832–1833)]
Ce qui s'est enfui... c'est... mon nez. – Hum! quel nom de famille étrange! Et ce monsieur «Monnez» vous a volé une forte somme? – Mon nez, *c'est-à-dire*... vous ne comprenez pas ce que je dis! [Trad. par A. Markowitz (2007)]

Вторым по частоте ФЭФ *то есть* является нулевой эквивалент, а это, как мы говорили в Главе 1, является одним из параметров для определения меры лингвоспецифичности коннектора. Переводчики выбирают нулевой эквивалент как в художественных (169), так и в научных (170) текстах:

(169) Если он хотел жить по-своему, *то есть* лежать молча, дремать или ходить по комнате, Алексеева как будто не было тут. [И.А. Гончаров. Обломов (1848–1859)]
Qu'il désirât vivre à sa guise, demeurer couché sans rien dire, sommeiller ou marcher de long en large à travers sa chambre, c'était absolument comme si Alexeïev n'avait pas été là [Trad. par A. Adamov (1959)]

(170) Это и ставит нас перед вопросом: как же объединяются миры героев с лежащими в их основе идеями в мир автора, *то есть* в мир романа? [М.М. Бахтин. Проблемы поэтики Достоевского (1963)]
Cela nous amène à nous demander comment les univers des personnages, avec les idées qui les sous-tendent, s'associent pour former le monde de l'auteur, le monde du roman. [Trad. par I. Kolitcheff (1970)]

Нулевой ФЭФ для *то есть* может быть обусловлен тем, что в русском тексте присутствуют несколько показателей переформулирования, и переводчик оставляет лишь один из них; ср. (171), где в переводе оставлен только эквивалент «я хочу сказать» («je veux dire»), по-видимому, чтобы избежать какофонии (c'est-à-**dire** je veux **dire**):

(171) Это была девушка... впрочем, она мне даже нравилась... хотя я и не был влюблен... одним словом, молодость, *то есть я хочу сказать, что* хозяйка мне делала тогда много кредиту. [Ф.М. Достоевский. Преступление и наказание (1866)]
C'était une jeune fille... du reste elle me plaisait même... bien que je n'en aie pas été amoureux... en un mot, la jeunesse, *je veux dire que* ma logeuse me faisait alors largement crédit. [Trad. par E. Guertik (1947)]

Следующим по частоте ФЭФ, правда, со значительным отставанием идет *autrement dit* (8%), причем не только в научных текстах (172), как это можно было бы предположить, учитывая сказанное выше, но и в художественных (173)-(174). Это говорит о меньших стилистических ограничениях, которые имеет *autrement dit* по сравнению со своим русским эквивалентом *иначе говоря* (см. также данные в Таблицах 7 и 8).

(172) Эта особенность находит свое внешнее выражение и в пристрастии Достоевского к массовым сценам, в его стремлении сосредоточить в одном месте и в одно время, часто вопреки прагматическому правдоподобию, как можно больше лиц и как можно больше тем, *то есть* сосредоточить в одном миге возможно большее качественное многообразие. [М.М. Бахтин. Проблемы поэтики Достоевского (1963)]
Cette particularité trouve aussi son expression formelle dans le goût de Dostoïevski pour les scènes d'ensemble, dans sa tendance à concentrer en un seul lieu et au même moment, parfois au mépris de la vraisemblance pragmatique, le maximum de personnages et de thèmes, *autrement dit* de grouper en un instant unique, une diversité qualitative maximale. [Trad. par I. Kolitcheff (1970)]

(173) Культура была для него источником заработка, а женщины – предметом вдохновения. *То есть* культурой он занимался из прагматических соображений, а женщинами – бескорыстно. [С.Д. Довлатов. Иностранка (1986)]
La culture était son moyen de vivre, les femmes sa source d'inspiration. *Autrement dit* il s'occupait de culture en vertu de considérations pragmatiques et de femmes par pur désintéressement. [Trad. par J. Michaut-Paternò (2001)]

(174) Он распускал зонтик, пока шел дождь, *то есть* страдал, пока длилась скорбь. [И.А. Гончаров. Обломов (1848–1859)]
Il ouvrait son parapluie le temps qu'il pleuvait, *autrement dit* il souffrait le temps que son chagrin durait [Trad. par L. Jurgenson (1988)]

В целом, можно, по-видимому, говорить о большей частотности *то есть* по сравнению с *c'est-à-dire*. Показателен в этом отношении следующий пример, где три *то есть* имеют разные ФЭФ: первое переведено через *autrement dit*, второй имеет нулевой эквивалент, и только третье переведено при помощи *c'est-à-dire*:

(175) Логические и предметно-смысловые отношения, чтобы стать диалектическими, как мы уже сказали, должны воплотиться, *то есть* должны войти в другую сферу бытия: стать словом, *то есть* высказыванием, и получить автора, *то есть* творца данного высказывания, чью позицию оно выражает. [М.М. Бахтин. Проблемы поэтики Достоевского (1963)]
Les rapports logiques et sémantiques, pour devenir dialogiques, doivent s'incarner, *autrement dit* entrer dans une autre sphère d'existence: se transformer en mot (en énoncé) et recevoir un auteur, *c'est-à-dire* qu'un sujet de l'énoncé y exprime sa position. [Trad. par I. Kolitcheff (1970)]

Обращает на себя внимание и значительная доля дивергентных ФЭФ *то есть*, когда переводчики выбирают языковую единицу, не принадлежащую к классу коннекторов, – 25,6%, что также является одним из параметров, позволяющих говорить о высокой степени лингвоспецифичности коннектора. Для сравнения: доля дивергентных ФЭФ у *если* – менее 4%, у *одним словом* – меньше 3%, у *не только||но и* – 1,65%.

Среди дивергентных ФЭФ выделяется группа глаголов, позволяющих пояснить сказанное, истолковать его, назвать его по-другому или спросить у собеседника, как надо понимать сказанное им: *vouloir dire* (4,43%), *entendre* (1,74%), *signifier* (0,32%), *ce qui revient à* (0,32%), *dire* (0,32%), *appeler* (0,16%), *s'expliquer* (0,16%), *vouloir demander* (0,16%), *voir* (0,16%). Несколько примеров:

(176) Недоверчив, скептик, циник... надувать любит, *то есть* не надувать, а дурачить... [Ф.М. Достоевский. Преступление и наказание (1866)]
Il est méfiant, sceptique, cynique... Il aime duper, *je veux dire* pas duper mais mystifier... [Trad. par E. Guertik (1947)]

(177) Я сам косил иногда с мужиками и завтра хочу целый день косить. Сергей Иванович поднял голову и с любопытством посмотрел на брата. – *То есть* как? Наравне с мужиками, целый день? – Да, это очень приятно, – сказал Левин. [Л.Н. Толстой. Анна Каренина (1873–1877)]
Il m'est arrivé de faucher avec les paysans et je compte m'y remettre demain toute la journée. Serge scruta son frère du regard. – Comment l'*entends-tu*? Travailler toute la journée comme un paysan? – Oui, c'est une occupation très agréable. [Trad. par H. Mongault (1952)]

(178) Завтра на ученом совете меня порешат. *То есть*, порешили меня уже в дирекции, в парткоме, а на ученом совете оформят – голос народа, требование общественности. [В.С. Гроссман. Жизнь и судьба (1960)]
Demain, on doit régler mon sort au Conseil scientifique. Cela *signifie* que tout est déjà décidé par la direction et le comité du parti. Le Conseil scientifique n'est là que pour la forme: c'est la voix du peuple, l'expression de l'opinion publique. [Trad. par A. Berelowitch (1980)]

Среди других ФЭФ можно выделить группу коннекторов, которые могут употребляться для переформулирования или коррекции: *ou, ou plutôt, ou du moins, soit, enfin, en d'autres termes, pour ainsi dire, bref.*

(179) Поверите ли, сударь, что собачонка не стоит восьми гривен, *то есть* я не дал бы за нее и восьми грошей. [Н.В. Гоголь. Нос (1832–1833)]
Le croiriez-vous, Monsieur! Le chien ne vaut pas plus de quatre-vingts kopeks, – *ou plutôt*, moi, je n'en donnerais pas huit. [Trad. par B. de Schloezer (1925)]

(180) Я о ней всегда в книгах пишу, *то есть* не собственно о ней, а вообще, словом, вы понимаете. [В.С. Гроссман. Жизнь и судьба (1960)]
Je parle toujours d'elle dans mes livres, *enfin*, pas d'elle en personne, mais en général, enfin, vous me comprenez. [Trad. par A. Berelowitch (1980)]

(181) – Я имею несчастие, – начал Алексей Александрович, – быть обманутым мужем и желаю законно разорвать сношения с женою, *то есть* развестись, но притом так, чтобы сын не оставался с матерью. [Л.Н. Толстой. Анна Каренина (1873–1877)]
– J'ai le malheur, dit-il, d'être un mari trompé. Je voudrais rompre légalement les liens qui m'unissent à ma femme, *en d'autres termes* divorcer, mais de manière que mon fils soit séparé de sa mère. [Trad. par H. Mongault (1952)]

Подчеркнем, что *то есть* коррекции чаще переводится иным ФЭФ, чем *c'est-à-dire*: из 34 аннотаций только в 14 переводчики выбирают этот ФЭФ для *то есть*.

В качестве ФЭФ для *то есть* используются также показатели отношение спецификации: интенсиональной (*à savoir, plus exactement*) и экстенсиональной (*mettons, et en particulier*):

(182) Этот разговор поддержался, так как говорилось намеками именно о том, чего нельзя было говорить в этой гостиной, *то есть* об отношениях Тушкевича к хозяйке. [Л.Н. Толстой. Анна Каренина (1873–1877)]
Cette fois la conversation se soutint: il était fort amusant de traiter par allusions un sujet interdit en ce lieu, *à savoir* la liaison de Touchkévitch avec la maîtresse de maison. [Trad. par H. Mongault (1952)]

(183) Как только рождался ребенок, первою заботою родителей было <...> справить над ним все требуемые приличием обряды, то есть задать после крестин пир [И.А. Гончаров. Обломов (1848–1859)]

Dès qu'un enfant venait au monde, le premier souci des parents était de célébrer <...> tous les rites prescrits par les convenances *et, en particulier*, de donner un festin aussitôt après le baptême. [Trad. par A. Adamov (1959)]

Во всех этих контекстах *то есть* либо связывает два фрагмента текста X и Y, первый из которых (X) является общим наименованием предмета, а второй, им вводимый, (Y) – уточняющим (182), либо X – наименование множества, а Y – элемент этого множества (183). *C'est-à-dire* плохо совместимо с такими контекстами. В тех случаях, когда *то есть* сочетается с показателем спецификации, переводчики переводят только показатель спецификации; ср.:

(184) <...> но всего этого хотелось бы им достигнуть как-нибудь подешевле, с разными хитростями, обойти тайком разбросанные по пути просвещения и честей камни и преграды, не трудясь перескакивать через них, *то есть, например*, учиться слегка, не до изнурения души и тела, не до утраты благословенной, в детстве приобретенной полноты, а так, чтоб только соблюсти предписанную форму и добыть как-нибудь аттестат, <...>. [И.А. Гончаров. Обломов (1848–1859)]
Mais ils voulaient obtenir tout cela de la façon la moins coûteuse. Ils voulaient contourner en cachette, à l'aide de diverses ruses, les pierres et les obstacles répandus sur la voie de l'instruction et des honneurs: *par exemple*, faire étudier peu, non jusqu'à l'épuisement de l'âme et du corps, jusqu'à la perte de cet embonpoint béni, acquis dès l'enfance, mais juste assez pour respecter la forme prescrite, afin de dénicher quelque attestation <...>. [Trad. par L. Jurgenson (1988)]

Впрочем, такую же ситуацию можно наблюдать и в направлении французский – русский: в переводе также сохраняется только показатель спецификации:

(185) C'est cette logique paradoxale de la fiction qui oblige à définir tout élément, toute unité du récit par son caractère fonctionnel, *c'est-à-dire entre autres* par sa corrélation avec une autre unité <...>. [Gérard Genette. Figures (196–1972)]

> Эта парадоксальная логика художественного творчества требует определять каждый элемент, каждую единицу повествования через ее функциональную значимость, *в частности* через ее соотношение с некоторой другой единицей <...>. [Пер. С. Зенкин (1998)]

Это лишний раз подчеркивает, что контексты, где в Y происходит сужение интенсионала X не типичны для переформулирования, даже поясняющего (см. раздел 2.1).

Еще одна тематическая группа ФЭФ *то есть* – показатели причинно-следственных отношений: *donc, parce que, d'où, et alors, c'est que, car*. Они переводят «*то есть* следствия» (см. раздел 2.1.), которое интерпретирует смысл X через его последствия, названные в Y:

(186) В самом деле, в начале отрывка Раскольников воссоздает слова Дуни с ее оценивающими и убеждающими интонациями и на ее интонации наслаивает свои — иронические, возмущенные, предостерегающие интонации, *то есть* в этих словах звучат одновременно два голоса – Раскольникова и Дуни. [М.М. Бахтин. Проблемы поэтики Достоевского (1963)]
Au début Raskolnikov recrée les paroles de Dounia, avec les intonations d'appréciation et de persuasion qu'elle leur confère, et à ces intonations il superpose les siennes, pleines d'ironie, d'indignation, de mise en garde; *donc* dans ces mots on entend simultanément deux voix: celle de Raskolnikov et celle de Dounia. [Trad. par I. Kolitcheff (1970)]

Все это приводит к тому, что у *то есть* имеется значительное количество моделей перевода (52), но их рейтинг остается в зоне средних показателей.

Несколько иную картину, но как раз подтверждающую сделанные нами наблюдения, можно наблюдать в направлении перевода французский – русский. Статистические данные приведены в Таблицах 11 (по параметрам лингвоспецифичности), 12 (по стимулам перевода *то есть*) и 13 (по ФЭФ *c'est-à-dire*).

Если в направлении перевода русский-французский *c'est-à-dire* является ФЭФ *то есть* меньше, чем в 50% случаев, то степень их эквивалентности значительно возрастает в направлении перевода французский – русский. *C'est-à-dire* является стимулом перевода (СП) для *то есть* в 73,24% случаев, а *то есть* является ФЭФ для *c'est-à-dire* почти в 77% случаев; ср. (146) выше.

С другой стороны, в направлении французский – русский ниже показатели по нулевым ФЭФ и СП. Хотя они остаются вторыми по частотности, но *c'est-à-dire* имеет нулевой ФЭФ всего в 14,71% случаев (187), тогда как для *то есть* в направлении русский – французский эта доля составляет почти 26%, а *то есть* имеет нулевой СП лишь в 8,92% (188).

(187) Je ne suis pas ce que vous croyez, *c'est-à-dire* un agent des membres du Reform-Club… [Jules Verne. Le tour du monde en quatre-vingt jours (1872)]
Я вовсе не тот, за кого вы меня принимаете. Я не агент членов Реформ-клуба. [Пер. Н. Габинский, Я. Лесюк (1939)]

(188) Ceux qui, partout ailleurs, sont statistiquement anormaux (les beaux et les musclés) représentent ici la norme; ils en deviennent presque ennuyeux (rappelons toutefois que je suis un militant de l'ennui). [Frédéric Beigbeder. 99 francs (1997–2000)]
Те, что в других местах считаются статистически ненормальными (*то есть* здоровыми и красивыми), здесь представляют собой банальную норму и от этого наводят смертельную скуку (хотя, напоминаю, я горячий приверженец скуки). [Пер. И. Волевич (2002)]

Таблица 11. Значения параметров лингвоспецифичности для *то есть* (направление французский –русский).

PP	**Всего аннотаций**	**Zero**	**Zero %**	**Dvrg**	**Dvrg %**	**Всего стимулов перевода**	**Рейтинг стимулов перевода**
то есть	213	19	9,39	13	6,10	13	0.4

Таблица 12. Стимулы перевода *то есть.*

PP в оригинале	***PP в переводе***	***Количество аннотаций***	***% в группе***
c'est-à-dire	то есть	156	73,24
zero	то есть	20	9,39
x_sub_clause	то есть	9	4,23
donc	то есть	8	3,76
c'est-à-dire que	то есть	5	2,35
:	то есть	3	1,41
et donc	то есть	2	0,94
soit	то есть	2	0,94
bref	то есть	2	0,94
et	то есть	2	0,94
autrement dit	то есть	2	0,94
ou	то есть	1	0,47
--	то есть	1	0,47

Таблица 13. ФЭФ *c'est-à-dire.*

РР в оригинале	***РР в переводе***	***Количество аннотаций***	***% в группе***
c'est-à-dire	то есть	156	76,85
c'est-à-dire	zero	30	14,78
c'est-à-dire	иными словами	8	3,94
c'est-à-dire	--	5	2,46
c'est-à-dire	иначе говоря	2	0,99
c'est-à-dire	итого	1	0,49
c'est-à-dire	а	1	0,49
c'est-à-dire que	то есть	5	50,00
c'est-à-dire que	иными словами	1	10,00
c'est-à-dire que	xv_fin_хотеть сказать	1	10,00
c'est-à-dire que	судя по всему	1	10,00
c'est-à-dire que	xv_fin_означать	1	10,00
c'est-à-dire que	таким образом	1	10,00

Несколько снижается по сравнению с дивергентными ФЭФ доля дивергентных СП *то есть* (9,39% против 11,4%). Особо следует отметить такой СП для *то есть* как относительное придаточное предложение. Эта синтаксическая конструкция зафиксирована в четырех аннотациях (из 632) в качестве ФЭФ *то есть* и в направлении русский – французский, но в направлении французский – русский может считаться регулярным стимулом перевода (9 аннотаций из 213).

(189) Не только люди и их поступки, но и идеи вырвались из своих замкнутых иерархических гнезд и стали сталкиваться в фамильярном контакте «абсолютного» (*то есть* ничем не ограниченного) диалога. [М.М. Бахтин. Проблемы поэтики Достоевского (1963)]
Non seulement les hommes et leurs actions, mais les idées étaient arrachés à leurs cases hiérarchiques fermées et établissaient un contact familier dans un dialogue «absolu» (*que* rien ne vient limiter). [Trad. par I. Kolitcheff (1970)]

(190) Il vaudrait mieux dire qu'il mène du sens idéologique, *qui est* une parole (abusive), au sens poétique, *qui est* une présence silencieuse. [Gérard Genette. Figures (1966–1972)]
Точнее было бы сказать, что оно ведет от идеологического смысла, *то есть* от ложных словес, к смыслу поэтическому, *то есть* к молчаливому присутствию вещей. [Пер. С. Зенкин (1998)]

В качестве дивергентных ФЭФ *c'est-à-dire* выступают языковые единицы с той же семантикой, что и дивергентные ФЭФ для *то есть* в направлении русский – французский: глаголы *означать, хотеть сказать*.

(191) Elle s'arrangea pour n'être plus intolérable sur une seule de ses positions, mais tolérable sur toutes. *C'est-à-dire que* l'intolérable étant distribué, il ne le devenait plus que par son exemple. [J. Cocteau. La difficulté d'être (1983)]
Она устроила все так, чтобы ни на одной позиции не быть нестерпимой. Она была терпима на всех позициях. *Я хочу сказать*, что, рассредоточившись, нестерпимое стало казаться терпимым из-за того, что оно само себя повторяло. [Пер. Л. Цивьян (2003)]

Остальные СП *то есть* являются коннекторами, способными выражать отношение переформулирования, которые выступали его ФЭФ в направлении русский – французский: *soit, bref, autrement dit, ou*, а также показатель отношения следствия *donc*, четвертый по частности СП *то есть*:

(192) La nourriture sert à manger; mais elle sert aussi à signifier (des conditions, des circonstances, des goûts); la nourriture est *donc* un système signifiant, et il faudra un jour la décrire comme telle. [Gérard Genette. Figures (1966–1972)]

Пища служит для еды – но она также служит и для значения (обозначая различные социальные положения, обстоятельства, вкусы); *то есть* пища образует знаковую систему, и в таком плане ее еще предстоит рассмотреть. [Пер. С. Зенкин (1998)]

(193) <...> disposant de quatre «textes» dont les valeurs relatives sont d'une parfaite clarté pour qui «sait vivre», *autrement dit* sait lire <...>. [Gérard Genette. Figures (1966–1972)]
<...> имея в своем распоряжении четыре «текста», иерархическая значимость которых совершенно ясна людям «благовоспитанным», то есть умеющим читать <...>. [Пер. С. Зенкин (1998)]

Все это говорит, на наш взгляд, о том, что хотя система французского языка и допускает употребление *c'est-à-dire* в тех же контекстах, что и *то есть*, но *то есть* более частотно и менее селективно к контекстам употребления, чем *c'est-à-dire*.

7. Заключительные замечания

Подведем итог сказанному.

- Термины «пояснение» и «пояснительные отношения», используемые в русской грамматике для анализа сочинительной связи в пределах простого предложения, являются либо синтаксическими (т.е. характеризуя тип синтаксической связи), либо коммуникативными (т.е. определяя коммуникативную функцию данной синтаксической структуры в организации сообщения).
- С семантической точки зрения, в рамках «пояснительных отношений» как синтаксической связи целесообразно выделить, с одной стороны, отношения экстенсиональной (*в том числе*) и интенсиональной (*а именно*) спецификации, опирающиеся на операцию соотнесения элемента и множества и являющиеся разновидностью мереологических отношений, а с другой стороны, отношения переформулирования, опирающиеся на операцию

сравнения и устанавливающие тождество денотативных областей связываемых этим отношением фрагментов текста X и Y.

– Отношения переформулирования подразделяются, в свою очередь, на два вида: отношение перифрастического переформулирования (*иными словами, иначе сказать* и др.), требующее сохранения интенсионала X и Y, и отношение поясняющего переформулирования (*то есть*), требующего лишь тождества экстенсионалов, причем это тождество воспринимается как таковое лишь в контексте данного высказывания и в некотором роде «навязывается» *то есть* (ср. *то есть* дополняющее или интерпретирующее). Иными словами, именно присутствие *то есть* дает сигнал слушающему установить семантическую эквивалентность X и Y. Это позволяет говорить о поясняющем переформулировании как об особом отношении, приравнивающем денотативные области связываемых им фрагментов текста с целью сделать сообщение более ясным.
– *То есть* имеет эту пояснительную функцию во всех своих употреблениях, она встроена в его лексическое значение, а то или иное из его употреблений зависит от соотношения смыслового содержания X и Y. Это касается, прежде всего, *то есть* коррекции, которое, как было показано, можно считать разновидностью *то есть* интерпретирующего, когда X и Y обозначают несовместимые понятия или ситуации, а также *то есть* хезитации.
– В отличие от показателей перифрастического переформулирования, всегда метаязыковых, *то есть* может устанавливать поясняющее тождество и на коммуникативном уровне. В этом случае оно интерпретирует иллокутивную силу речевого акта X, а значит также может считаться разновидностью *то есть* интерпретирующего.

Результаты сопоставительного анализа показателей двух видов переформулирования показывают, что их выбор в тех или иных контекстах подчиняется определенным закономерностям, которые действительны и для показателей переформулирования французского языка. В конечном счете, отвечая на вопрос Б. Фрейзера о возможности выявления сходства между теми или иными логико-семантическими отношениями и их показателями в разных языках[13], отношение переформулирования можно, по-видимому, отнести к языковым универсалиям.

Литература

БАС – Чернышев В. И. (ред.). Словарь современного русского литературного языка. В 17 т. Москва; Ленинград, Изд-во АН СССР, 1948–1965.

Белошапкова В. А. (1989) Синтаксис // Современный русский язык / В.А. Белошапкова, Е.А. Брызгунова, Е.А. Земская и др. / Под ред. В.А. Белошапковой. Москва, Высшая школа. С. 532–772.

Гурьев А.С. (2018) Прагматические и когнитивные аспекты переформулирования // Вестник Московского университета. Серия 9. Филология. 2018. № 1. С. 150–164.

Инькова-Манзотти О.Ю. (2001) Коннекторы противопоставления во французском и русском языках. Сопоставительное исследование. Москва, Информэлектро.

Инькова О. Ю. (2019) Логико-семантические отношения: проблемы классификации // О. Инькова, Э. Манзотти. Связность текста: мереологические логико-семантические отношения. Москва, Издательский дом ЯСК. С. 19–98.

13 “There are many questions that are left untouched in the existing research. For example, to what extent do all languages share a basic set of discourse markers with the same core pragmatic meaning? While it is unlikely that any language fails to have the pragmatic equivalent of English *and*, *so* or *now*, *what about notwithstanding*, *well*, and *anyway*?” (Fraser 1990: 395).

Инькова О., Манзотти Э. (2018) О семантике спецификации (на материале русского и итальянского языков) // Вопросы языкознания, № 4. 2018. С. 82–113.

Инькова О. Ю., Гурьев А. С. (2018) К вопросу о категории пояснения в русской грамматике // Русский язык в научном освещении. 2018. № 1. С. 46–73.

Кирпичникова Н. В. (1956) Бессоюзные сложные предложения, в которых 2-я часть поясняет одно из слов 1-ой части // Русский язык в школе. 1956. № 6. С. 30–35.

Кирпичникова Н. В. (1970) О синтаксическом термине *пояснение* // Исследования по современному русскому языку: Сб. ст. памяти Е.М. Галкиной-Федорук / Под ред. Т.П. Ломтева, А.А. Камыниной. Москва, Издательство МГУ им. М.В. Ломоносова. С. 96–117.

МАС – Евгеньева А. П. (ред.). Словарь русского языка. В 4 т. Москва, Русский язык, 1981.

НКРЯ – Национальный Корпус Русского Языка; www.ruscorpora.ru.

Перкова (2011) Дискурсивные маркеры пояснения в русском языке. Выпускная квалификационная работа магистра лингвистики. Санкт-Петербургский Государственный Университет.

Петрунина С.П. (2008) Грамматика говорящего и слушающего в сибирских говорах. Новокузнецк, РИО КузГПА.

Подлесская В. И., Кибрик А. А. (2007) Самоисправления говорящего и другие типы речевых сбоев как объект аннотирования в корпусах устной речи // НТИ, Серия 2. Вып. 2. С. 2–23.

Прияткина А.Ф. (1979) Синтаксическая связь и соотношение // Русский язык в школе. 1979. № 5. С. 102–105.

Прияткина А. Ф., Стародумова Е. А., Сергеева Г. Н., Зайцева Г. Д., Окатова Н. Т., Токарчук И. Н., Крылова Г. М., Жукова Т. А., Петроченко Т. В., Завьялов В. Н. (2001) Словарь служебных слов русского языка. Владивосток, ДВГУ.

Прияткина А.Ф. (2007) Конструкции с пояснительными союзами // А.Ф. Прияткина, Русский синтаксис в грамматическом аспекте (Синтаксические связи и конструкции). Избранные труды. Владивосток, ДВГУ. С. 180–188.

РГ-80 – Русская грамматика / Гл. ред. Н.Ю. Шведова (1980). Москва, Наука.

Тестелец Я. Г. (2001) Введение в общий синтаксис. Москва, РГГУ.

Avanzi M., Béguelin M.-J., Diémoz F. (2012–2017) Présentation du corpus OFROM – corpus oral de français de Suisse romande. Université de Neuchâtel, http://www.unine.ch/ofrom.

Blanche-Benveniste C. (2003) La naissance des syntagmes dans les hésitations et répétitions du parler // J.-L. Aroui (éd.) Le sens et la mesure. De la pragmatique à la métrique, Hommages à Benoît de Cornulier. Paris, Honoré Champion. Pp. 153–169.

Dostie G. (2004) Pragmaticalisation et marqueurs discursifs : Analyse sémantique et traitement lexicographique. Louvain-la-Neuve, De Boeck Supérieur.

ESLO – Enquêtes SocioLinguistiques à Orléans; http://eslo.huma-num.fr/index.php/pagecorpus/pageaccescorpus.

Frantext – Base de données textuelles développée à l'ATILF (Analyse et Traitement Informatique de la Langue Française). https://www.frantext.fr/.

Fraser B. (1990) An approach to discourse markers // Journal of Pragmatics. No 14. 1990. Pp. 383–395.

Groupe de Fribourg (2012) Grammaire de la période. Berne, Peter Lang.

Gülich E., Kotschi T. (1983) Les marqueurs de la reformulation paraphrastique // Cahiers de linguistique française. No 5. 1983. Pp. 305–351.

Jeanneret T. (1992) Pourquoi reformuler et comment le faire? // Tranel. No 18. 1992. Pp. 67–81.

Hyland K. (2007) Applying a Gloss: Exemplifying and Reformulating in Academic Discourse // Applied Linguistics. No 28/2. 2007. Pp. 266–285.

Inkova O. (2017) Le relazioni logico-semantiche tra gli enunciati: una proposta di classificazione // M. di Filippo, F. Esvan (a c. di) Studi di linguistica slava. Volume dedicato a Lucyna Gebert. Napoli, Il Torcoliere. Pp. 105–124.

Preacher K. J. (2001) Calculation for the chi-square test: An interactive calculation tool for chi-square tests of goodness of fit and independence [Computer software]. Ohio State University. http://quantpsy.org.

TLFi – Trésor de la Langue Française informatise. http://atilf.atilf.fr/.

Traugott E.C. (1995). Subjectification in grammaticalization // D. Stein and S. Wright (eds.). Subjectivity and subjectivisation: Linguistic perspectives, Cambridge, Cambridge University Press. Pp. 31–54.

Vassiliadou H. (2008) Quand les voies de la reformulation se croisent pour mieux se séparer: *à savoir*, *autrement dit*, *c'est-à-dire*, *en d'autres termes* // M.-C. Le Bot, M. Schuwer, E. Richard (éds). La reformulation: marqueurs linguistiques, stratégies énonciatives, Rennes, PU de Rennes. Pp. 35–50.

Vassiliadou H. (2017) *C'est-à-dire (que)*: des emplois propositionnels aux emplois discursifs: poursuite du débat sur les connecteurs et les marqueurs discursifs // G. Dostie, F. Lefeuvre (éds) À l'articulation du lexique, de la grammaire et du discours: marqueurs grammaticaux et marqueurs discursifs. Paris, Honoré Champion. Pp. 399–414.

Александр Гончаров, Надежда Бунтман, Виталий Нуриев

Глава 4. Ошибки в машинном переводе коннекторов: сравнительный анализ работы двух автоматических переводчиков

1. Вводные замечания

В этой главе описываются ошибки, возникающие при машинном переводе коннекторов. Для генерирования образцов перевода использовались два автоматических переводчика: статистический и переводчик, работающий по принципу нейронной сети. В первом разделе рассматривается история развития машинного перевода и объясняются принципы работы использованных для настоящего исследования автоматических переводчиков. Во втором разделе поднимается проблема оценки качества машинного перевода. Здесь представлены несколько подходов к классификации ошибок машинного перевода. В третьей части предлагается таксономия ошибок, разработанная применительно к переводу коннекторов (с русского языка на французский) и демонстрируются примеры этих ошибок. В данной таксономии выделяются две основные группы ошибок – грамматические / лексические ошибки во фрагменте текста с коннектором и ошибки непосредственно в переводе коннектора. Однако мы ограничимся только рассмотрением второй группы ошибок. Четвертая часть главы посвящена сравнительному анализу ошибок в переводах, сгенерированных разными машинными переводчиками, а также сопоставлению машинных и референтных – сделанных человеком – переводов; там же приводятся некоторые статистические выкладки. Корпус примеров машинного перевода включает 3000 параллельных контекстов, где на каждый из переводчиков приходится по 1500.

2. История развития машинного перевода

В истории машинного перевода можно выделить несколько основных этапов, которые детально описаны в специализированной литературе; см., например, (Du, Way 2017; Goutte et al. 2009; Hutchins 2000; Koehn 2010; Nirenburg et al. 2003; Trujillo 1999; Wilks 2009). Мы не ставим перед собой цель создать всеобъемлющую историю машинного перевода и описать эти этапы во всей полноте; также здесь не будут подробно затрагиваться вопросы, связанные с недавними значительными изменениями парадигмы в этой отрасли (возникновение нейронного перевода). Мы ограничимся кратким введением в историю вопроса, опишем основные виды систем машинного перевода и обозначим этапы, которые они прошли в своем развитии.

Первые заметные попытки создать машинный переводчик предпринимались уже в первой половине 1950 гг. Так возникает правиловый машинный перевод (Rule-Based Machine Translation), который останется доминирующей парадигмой на протяжении нескольких последующих десятилетий. Системы правилового машинного перевода делятся на три основных типа:

1) система прямого (direct) перевода;
2) интерлингва (interlingua);
3) трансферная (transfer) система.

В системах прямого перевода правила программирования специально разработаны, чтобы переводить с одного конкретного языка на другой (определенный) язык, при этом аналитические процедуры и синтаксическая реорганизация сведены к минимуму (Hutchins 2010). Иначе говоря, здесь предложение исходного языка (ИЯ) представляется как цепь слов, переводные эквиваленты которых извлекаются из доступных двуязычных словарей и затем оформляются в предложение на переводящем языке (ПЯ), максимально сохраняя исходный порядок слов. Релевантная лингвистическая информация об участвующих в переводе естественных языках, как правило, хранится в двуязычных словарях, она также может быть описана алгоритмически с последующим кодированием. Переводческий потенциал этого типа систем ограничен в силу проблем лексической неоднозначности (например, распознавание омонимов) и значительных синтаксических ограничений, отсюда предпочтительное использование для пар языков со сходными синтаксическими характеристиками (Shiwen, Bai 2015).

В системах типа «интерлингва» используется искусственный язык-посредник. Развитие этого типа систем машинного перевода связано с идеей, что различные естественные языки могут быть сведены к некоторому числу абстрактных, нейтральных в языковом отношении репрезентаций (кодов, независимых от особенностей ИЯ и ПЯ), и эти репрезентации могут служить семантико-синтаксическим посредником при переводе с одного языка на другой. Перевод осуществляется в два этапа: система конвертирует исходный текст в интерлингву, а потом синтезирует перевод на основе кодов, полученных с помощью языка-посредника. Коды должны отличаться четкостью и исчерпывающе отражать содержание исходного текста (ИТ) – его морфологическую, синтаксическую и семантическую информацию, поскольку такие правиловые системы непосредственно зависят от представления переводимых предложений средствами интерлингвы (Trujillo 1999). Один из самых серьезных недостатков систем типа «интерлингва» заключается в недостаточном внимании к лексическим и структурным особенностям языков, что обусловлено в том числе чрезвычайно упрощенными представлениями о естественном языке.

Третий – трансферный – тип правиловых систем машинного перевода конвертирует входящий текст в трансферную структуру, которая абстрагируется от некоторых грамматических особенностей ИТ и продуцирует его «очищенную», лишенную неоднозначности репрезентацию. Затем эта созданная средствами ИЯ репрезентация переносится в соответствующую структуру, оперирующую средствами ПЯ, из которой и генерируется перевод. Таким образом, здесь перевод проходит три этапа: анализ, трансфер и генерирование (синтез). Соответственно, автоматическому переводчику трансферного типа «необходимо иметь моноязычные модули, чтобы анализировать и генерировать предложения, и трансферные модули, чтобы устанавливать соответствия между этими предложениями и их эквивалентными репрезентациями на ПЯ» (Trujillo 1999). В отличие от прямого перевода трансферный подход является более гибким и сложным, и предложение как структура здесь не сводится к линейной последовательности слов. От интерлингвы трансферные системы отличаются тем, что в них репрезентации на ИЯ и ПЯ являются лингвоспецифичными, т.е. учитывающими особенности языков (а не нейтральными). Стоит отметить еще одну особенность этих систем – число трансферных модулей увеличивается пропорционально числу вовлеченных в процесс перевода языков: для n языков необходимо, по меньшей мере, $(n(n-1))/2$ трансферных модулей. «Это объясняется тем, что для каждого из n ИЯ, имеется $(n-1)$ возможных ПЯ <…>. Если эти модули реверсивны, то трансферных модулей необходимо в два раза меньше» (Trujillo 1999). Обычно именно это считается основным недостатком трансферных систем – с увеличением количества задействованных языков возрастает стоимость их разработки.

Оказалось, что два последних типа правиловых систем машинного перевода – интерлинва и трансферный – обладают существенным запасом качества: их интенсивная эксплуатация продолжалась на протяжении нескольких десятилетий. Только в 1981 г. Макото Нагао предлагает подход, призванный преодолеть недостатки правиловых систем машинного перевода при работе с языками, чей синтаксический строй коренным образом различается (см. подробнее об этом (Hutchins 2005; Nagao 1984)). Этот подход строится на принципе аналогии, то есть перевод представляет собой не что иное как поиск «аналогов» (сходных по содержанию и форме) для предложений и словосочетаний ИЯ в предложениях ПЯ, которые хранятся в некоторой базе данных. Эти базы данных создаются на основе параллельных корпусов, где тексты на ПЯ – образцы переводов, созданных профессиональными переводчиками. Такой способ перевода получил название «машинный перевод по образцам» (Example-Based Machine Translation). С одной стороны, поскольку системы машинного перевода по образцам использовали тексты, созданные человеком, им лучше удавалось решать такие проблемы, как, например, перевод идиоматических выражений. С другой стороны, одним из самых больших их недостатков стала проблема организации отобранных образцов (как правило, коротких цепочек слов или словосочетаний) в текст на ПЯ, который отвечал бы правилам грамматики и лексической сочетаемости (Hutchins 2010).

Другим корпусно-ориентированным подходом стал статистический машинный перевод (Statistical Machine Translation), получивший свое распространение в 1990-е гг. Изначально системы статистического машинного перевода предоставляли возможность только пословного перевода, однако со временем они научились работать со словосочетаниями и более крупными синтаксическими блоками. Статистический машинный перевод основывается на вероятностном принципе: задача системы – сгенерировать несколько гипотетических переводов для входящей цепочки слов и затем решить, какой из них обладает наибольшей вероятностью. Задействованы два процесса: тренировка и декодирование. Во время тренировки из параллельного корпуса извлекается статистическая модель перевода, а из моноязычного корпуса – статистическая языковая модель (для ПЯ). Модель перевода состоит из двуязычного словаря, где каждому возможному переводу отдельно взятого слова или словосочетания ИЯ присвоена вероятность. От обычного словаря эту модель отличает следующее: сюда могут включаться не только наиболее вероятные и очевидные переводы, но и те, которые маловероятны, однако при этом не являются невозможными, о чем свидетельствуют присвоенные им значения вероятности. Языковая модель включает в себя базу данных, куда загружаются последовательности слов на ПЯ, каждой из которых также присваивается вероятность. В процессе тренировки может извлекаться дополнительная информация: модели относительной протяженности предложения, реорганизации слов и т.д. Эти модели используются при декодировании, которое и направлено на формирование результирующего перевода. По своей сути декодирование – это поисковый процесс: декодер среди всех возможных вариантов перевода должен найти тот, что отличается набольшей вероятностью с учетом как модели перевода, так и языковой модели. Иначе говоря, статистический машинный переводчик должен сделать выбор и решить, какой из переводов подходит более всего. Вычисляется это с помощью следующих формул: 1) модель канала с помехами (noisy channel model) и 2) более гибкая и широко распространенная лог-линейная модель (log-linear model); полное описание этих формул см. в (Hearne, Way 2011).

(1) Модель канала с помехами: $Translation = argmax_T P(S \mid T) * P(T)$.

(2) Лог-линейная модель: $Translation = argmax_T \sum_{m=1}^{M} \lambda_m * h_m(T,S)$.

Левые части уравнений 1–2 ($Translation = argmax_T \ldots$) совпадают. Они могут интерпретироваться следующим образом: при условии, что у нас имеется *T* переводов-кандидатов, пусть результирующим вариантом перевода (*Translation*) будет *T* с максимальным (*argmax*) значением. Правые части уравнений различаются способом вычисления этого значения для каждого перевода-кандидата.

Модель 1 производит вычисление путем умножения двух компонентов – $P(S|T)$ и $P(T)$. $P(S|T)$ дает вероятность того, являются ли предложение *S* на ИЯ и перевод-кандидат *T* эквивалентными и в какой степени. Этот компонент называется моделью перевода. $P(T)$ дает вероятность того, насколько перевод-кандидат *T* представляет собой предложение, отвечающее требованиям естественности (для ПЯ), и называется языковой моделью.

Правая часть модели 2 показывает, что эта модель включает некоторый набор логарифмических показателей, которые подлежат суммированию. $\sum_{m=1}^{M}$ указывает, что имеется всего *M* показателей, которые необходимо вычислить, а затем полученные для каждого показателя значения сложить. «Эти индивидуальные значения вычисляются путем умножения двух характерных величин

λ_m и h_m (T,S), где λ_m – вес, указывающий на важность показателя по отношению ко всем остальным показателям, а h_m (T,S) – логарифмическая вероятность, приписанная паре источник-кандидат по этому показателю» (Hearne, Way 2011).

В настоящем исследовании для генерирования образцов машинного перевода применялись две разные системы. Одна из них (Яндекс.Переводчик) относится к статистическому типу[1]. Она работает с основными языками европейского ареала, причем все направления перевода реверсивные. Как и другие системы статистического машинного перевода, она состоит из трех основных компонентов: модель перевода, языковая модель и декодер. Модель перевода строит граф, включающий все возможные способы перевода исходного предложения, и оценивает вероятность каждого перевода-кандидата. Обучается модель перевода на двуязычных параллельных корпусах. Языковая модель, напротив, использует данные одноязычного корпуса, в ней записаны все возможные сочетания протяженностью в n-слов на ПЯ, а также информация о частотности их употребления. Число n может варьироваться от 1 до 7 (обычно 5). Третий компонент, декодер, непосредственным образом отвечает за результирующий перевод. Для каждого исходного предложения он отбирает все возможные переводные варианты, комбинируя словосочетания из модели перевода и сортируя их с учетом вероятности. Затем получившиеся варианты сочетаний декодер оценивает с помощью языковой модели, выбирая перевод-кандидат, который обладает наибольшей вероятностью (с точки зрения модели перевода) и частотой употребления (с точки зрения модели языка).

Вторая система машинного перевода, которая применялась нами в рамках данного исследования, – это система нейронного машинного перевода translate.google.com (Google’s Neural Machine Translation system – далее GNMT)[2]. Ее архитектура отличается от устройства автоматических переводчиков предыдущего поколения – статистических машинных переводчиков. Система состоит

1 Использовалась бесплатная Интернет-версия переводчика.

2 Использовалась Интернет-версия переводчика.

из глубокой рекуррентной нейросети (recurrent neural network – RNN) с долгой краткосрочной памятью (long short-term memory). В этой сети задействованы два восьмислойных сегмента – кодирующий (encoder) и декодирующий (decoder) в сочетании с механизмом внимания (attention mechanism). Кодирующий сегмент трансформирует исходное предложение в список векторов, причем на каждый символ приходится один вектор. Обрабатывая этот список векторов, декодирующий сегмент производит поочередно по одному символу до тех пор, пока не достигнет специального символа, ассоциированного с окончанием предложения (special end-of-sentence symbol). Кодирующий и декодирующий сегменты соединяет модуль внимания (attention module), ответственный за способность декодера фокусироваться на различных отрезках исходного предложения в процессе декодирования. Свойство рекуррентности позволяет вычислять значение слова или словосочетания с учетом предыдущих значений в последовательности, с которыми сеть уже имела дело. Единицей перевода в такой системе является не словосочетание, как в статистических машинных переводчиках, а предложение. Система GNMT умеет работать с фрагментами слов: слова в исходном тексте и переводе представляются в форме набора составных элементов (wordpieces), что направлено на улучшение точности при обработке редких слов. Также GNMT работает с буквами. С помощью математических формул перевод в данной системе может быть представлен следующим образом.

Пусть (X, Y) – это пара, состоящая из исходного и переводного предложения; $X = x_1, x_2, x_3, \ldots, x_M$ – последовательность из M символов в исходном предложении, а $Y = y_1, y_2, y_3, \ldots, y_N$ – последовательность из N символов в переводном предложении. Тогда кодирующий сегмент нейросети – это функция следующей формы:

$$\mathbf{x_1}, \mathbf{x_2}, \mathbf{x_3}, \ldots, \mathbf{x_M} = EncoderRNN\,(x_1, x_2, x_3, \ldots, x_M)$$

В этом уравнении $\mathbf{x_1}, \mathbf{x_2}, \mathbf{x_3}, \ldots, \mathbf{x_M}$ – список векторов фиксированного размера, причем их число в этом списке то же, что и число символов в исходном предложении (M в данном примере). Применяя цепное правило, условную вероятность последовательности $P(Y|X)$ можно разложить как:

$$P(Y|X) = P\left(Y \middle| \mathbf{x}_1, \mathbf{x}_2, \mathbf{x}_3, \ldots, \mathbf{x}_M\right) = \prod_{i=1}^{N} P\left(y_i \middle| y_0, y_1, y_2, \ldots, y_{i-1}; \mathbf{x}_1, \mathbf{x}_2, \mathbf{x}_3, \ldots, \mathbf{x}_M\right)$$

где y_0 – специальный ассоциированный с началом предложения символ (“beginning of sentence” symbol), который ставится в начале каждого переводного предложения (подробнее о системе GNMT, а также экспликацию приведенных формул см. в (Johnson et al. 2017; Wu et al. 2016)).

3. Оценка качества машинного перевода

Исследования по оценке качества машинного перевода сейчас являются одним из перспективных направлений в области компьютерной лингвистики. Об этом свидетельствует посвященная им монография “Translation Quality Assessment. From Principles to Practice”, вышедшая в 2018 году в издательстве “Springer” (Moorkens et al. 2018). Большая часть этих исследований посвящена разработке автоматизированных метрик для оценки качества машинного перевода, которые основываются на принципе максимально возможной генерализации при построении классификации ошибок (см., например, классификацию http://www.qt21.eu/mqm-definition/issues-list-2015-12-30.html и Lommel 2018). Такой принцип работы направлен на стандартизацию классификации ошибок, снижение затрат на оценку качества машинного перевода и повышение коммерческой привлекательности конкретных автоматических переводчиков. Однако применение этого подхода ведет к тому, что некоторые ошибки не учитываются автоматизированными метриками и, следовательно, не могут быть учтены при оценке качества машинного перевода.

Такие недостатки автоматизированных методов оценки качества машинного перевода призван компенсировать подход, предполагающий применение экспертного анализа с привлечением специалистов: переводчиков и лингвистов; см. (Zhou et al. 2008; Vilar 2006) и др. Лингвистический анализ ошибок машинного перевода может носить таргетированный характер, когда его объектом становятся ошибки при переводе определенных языковых единиц (как в случае коннекторов). Таксономии ошибок машинного перевода, созданные посредством лингвистического анализа переводов, отличаются более универсальной рубрикацией и в большей степени ориентированы на выявление проблем перевода, возникающих на каждом языковом уровне и в конкретной паре языков.

Одним из примеров такой таксономии является классификация, предложенная в (Vilar 2006), где авторы отмечают, что несмотря на явную полезность автоматизированных метрик, они вряд ли могут быть использованы в качестве единственного средства для выявления ошибок машинного перевода; наряду с ними необходимо использовать экспертный лингвистический анализ. Эта типология имеет иерархическую структуру и включает пять укрупненных классов ошибок: «Пропущенные слова» (“Missing Words”), «Словопорядок» (“Word Order”), «Неправильные слова» (“Incorrect Words”), «Неизвестные слова» (“Unknown Words”) и «Пунктуационные ошибки» (“Punctuation errors”). Ошибки, образующие первый класс, возникают, если в переводе отсутствует подлежащее переводу слово. Они делятся на две группы: 1) ошибки, возникающие, когда в исходном предложении отсутствующее слово непосредственно участвует в смыслообразовании; 2) ошибки, возникающие, когда общий смысл предложения понятен вне зависимости от слова, которое отсутствует в переводе, при этом его отсутствие ставит под вопрос приемлемость переводного варианта с точки зрения языковой естественности. Ошибки словопорядка выделяются в соответствии с тем, насколько необходимо изменить порядок слов в результирующем переводе, чтобы привести его к естественной форме. При этом необходимость изменения словопорядка может возникать: 1) на локальном уровне, т.е. необходимо изменить порядок следования отдельных слов и целых словосочетаний в рамках одного синтаксического отрезка (части предложения); 2) на более протяженных текстовых отрезках, т.е. слово или словосочетание необходимо переместить в другой синтаксический отрезок в рамках одного предложения. В данной классификации самый обширный класс ошибок машинного перевода образуют «Неправильные слова». Эти ошибки возникают, когда система не находит правильного переводного соответствия какому-либо исходному слову или словосочетанию. Выделяется пять типов таких слов: 1) переводные эквиваленты, нарушающие смысл предложения; 2) грамматически неправильные переводные эквиваленты (для флективных языков); 3) избыточные слова (при переводе разговорной речи); 4) эквиваленты, выбор которых не соответствует стилистическому регистру текста; 5) неизвестные системе машинного перевода идиоматические выражения, которые в результате переводятся буквально. Ошибка неизвестного слова возникает, если системе не удается идентифицировать исходное слово, что происходит, когда обрабатываются неизвестные слова (и основы) или неизвестные формы известных основ. Упоминая пунктуационные ошибки, авторы не заостряют на них внимания. В целом, отмечается, что присутствие в переводе ошибок одного типа не исключает наличие в нем ошибок других типов, кроме того, одна ошибка может повлечь за собой другую или ряд других.

Другая таксономия ошибок машинного перевода предлагается в (Costa et al. 2015). Здесь выделяются орфографические, лексические, грамматические, семантические и дискурсивные ошибки. Орфографические представлены тремя типами: пунктуационными, ошибками употребления заглавных букв, ошибками в написании слов. На лексическом уровне ошибки связаны с опущениями, добавлениями и отсутствием перевода. Случаи опущения и добавления рассматриваются применительно к типу слов, которые они непосредственно затрагивают: а) «полнозначные» слова (content words), которые передают смысл предложения; б) служебные слова, отвечающие за грамматические связи в предложении.

Связанные с опущениями ошибки возникают, если в переводном тексте на выходе отсутствует слово, переводу подлежащее. Ошибками добавления в переводе, наоборот, считаются «лишние» – не обязательные для перевода – слова. Если автоматической системе не удается найти ни одного перевода-кандидата для определенного исходного слова, то в переводном тексте на выходе она оставляет его как есть, т.е. система допускает ошибку отсутствия перевода. Грамматические ошибки затрагивают морфологический и синтаксический уровни языка, они сгруппированы по двум категориям: ошибки неверного выбора (misselection) и неверного порядка (misordering). Ошибки неверного выбора имеют морфологический характер, они могут возникать из-за неверного распознавания частей речи, неправильного выбора глагольного времени, отсутствия согласования в лице, роде, числе, выбора системой полной формы артикля или предлога вместо усеченной и т.д. Ошибки неверного порядка связаны с проблемами синтаксической организации текста в переводе. Семантические ошибки – ошибки в значении и выборе слова. Авторы подразделяют их на смысловые (confusion of senses), ошибки выбора (wrong choice) и ошибки на сочетание и идиоматику (collocational and idiomatic). Смысловые ошибки возникают, когда система переводит исходное слово эквивалентом в том значении, которое не соответствует данному контексту. Ошибка выбора имеет место, если выбор перевода-кандидата совершенно некорректен (как в случае омонимов). Ошибки на сочетание и идиоматику являются результатом нарушения правил композиционной семантики. Дискурсивные ошибки или ошибки речевого уровня обусловлены неспособностью системы выбрать наиболее естественный в данном речевом контексте вариант. Также выделяются ошибки стилистические, ошибки вариативности и ошибки избыточного перевода. Стилистические ошибки связаны с нарушениями стилистического регистра. Ошибки вариативности возникают из-за того, что система не способна распознать диалектные варианты на лексическом или грамматическом уровне. Ошибками избыточного перевода считаются случаи, когда система переводит некоторые последовательности слов, которые, согласно принятой в переводящем языке норме, не должны переводиться (например, названия книг или фильмов для отдельных языков).

Строго говоря, классификации ошибок машинного перевода сейчас разрабатываются и используются многими исследователями; см., (Burchardt et al. 2017; Burlot, Yvon 2017; Comelles et al. 2017; Guillou, Hardmeier 2016; Isabelle et al. 2017; Popović 2017). В рамках данного исследования предлагается оригинальная классификация ошибок машинного перевода, разработанная специально для перевода коннекторов в языковой паре русский-французский. На этой языковой паре подобных исследований еще не проводилось. Кроме того, одним из основных преимуществ нашего исследования является объем используемого параллельного корпуса, состоящего из русскоязычных текстов и их референтных переводов, выполненных профессиональными переводчиками (около 300 тыс. предложений и около 4 млн словоупотреблений), что дает возможность провести репрезентативное сравнение референтного и машинного переводов. Обычно в подобных исследованиях используются тестовые корпусы гораздо меньшего объема (ср., например, (Isabelle et al. 2017), где англо-французский корпус составляет всего 100 предложений).

В следующем разделе мы остановимся подробнее на принципах и особенностях формирования предлагаемой классификации ошибок машинного перевода, а также опишем критерии отбора экспериментального материала.

4. Классификация ошибок машинного перевода коннекторов (для языковой пары русский-французский)

4.1. Отбор экспериментального материала

Отбор объектов перевода осуществлялся с учетом частотности употребления и структуры коннекторов. В собранном экспериментальном материале на однословные коннекторы приходится 47,4% всех зарегистрированных случаев употребления, доля многоэлементных составляет 40,1%, двухкомпонентных – 12%, а многокомпонентных – всего 0,5% (данные приводятся по (Бунтман и др. 2018)). Однако, чтобы обеспечить репрезентативность экспериментального материала, было решено не рассматривать случаи употребления многокомпонентных коннекторов и отобрать по 500 контекстов для остальных трех категорий (более частотных по употреблению коннекторов), сохраняя при этом многообразие коннекторов каждой из этих категорий. Кроме того, отбирались коннекторы с высокой долей употребления, что позволяет наблюдать, как система машинного перевода работает с ними в разных контекстах. Результаты этого отбора приведены в Таблице 1.

Таблица 1. Коннекторы в массиве объектов машинного перевода (1530 объектов перевода, 50 речевых реализаций (далее РР); плановая версия).

<table>
<tr><th>Одноэлементные</th><th>Число объектов перевода</th><th>Многоэлементные</th><th>Число объектов перевода</th><th>Двухкомпонентные</th><th>Число объектов перевода</th></tr>
<tr><td>зато</td><td>42</td><td>а впрочем</td><td>41</td><td>если||то</td><td>63</td></tr>
<tr><td>например</td><td>42</td><td>да еще</td><td>41</td><td>не только||но и</td><td>63</td></tr>
<tr><td>причем</td><td>42</td><td>и вообще</td><td>41</td><td>не||а</td><td>56</td></tr>
<tr><td>хотя</td><td>42</td><td>как только</td><td>41</td><td>когда||то</td><td>47</td></tr>
<tr><td>а</td><td>40</td><td>лишь только</td><td>41</td><td>как||так и</td><td>42</td></tr>
<tr><td>вообще</td><td>40</td><td>одним словом</td><td>41</td><td>не только||но даже</td><td>30</td></tr>
<tr><td>впрочем,</td><td>40</td><td>при этом</td><td>41</td><td>если||так</td><td>27</td></tr>
<tr><td>или</td><td>40</td><td>то есть</td><td>41</td><td>хотя||но</td><td>27</td></tr>
<tr><td>кстати</td><td>40</td><td>а также</td><td>37</td><td>так как||то</td><td>24</td></tr>
<tr><td>только</td><td>35</td><td>в общем</td><td>32</td><td>не только||но</td><td>20</td></tr>
<tr><td>притом</td><td>31</td><td>между прочим</td><td>26</td><td>не только||Ø</td><td>16</td></tr>
<tr><td>тут</td><td>29</td><td>да и вообще</td><td>25</td><td>как||так</td><td>15</td></tr>
<tr><td>также</td><td>25</td><td>и притом</td><td>23</td><td>не успеть + Inf||как</td><td>13</td></tr>
<tr><td>если</td><td>22</td><td>но зато</td><td>22</td><td>не только||и</td><td>10</td></tr>
<tr><td>ИТОГО (14 РР):</td><td>510</td><td>если только</td><td>17</td><td>если б||то|бы</td><td>9</td></tr>
<tr><td></td><td></td><td>ИТОГО (15 РР):</td><td>510</td><td>не то что||а</td><td>9</td></tr>
<tr><td></td><td></td><td></td><td></td><td>или||или</td><td>8</td></tr>
<tr><td></td><td></td><td></td><td></td><td>когда||так</td><td>8</td></tr>
<tr><td></td><td></td><td></td><td></td><td>не только||даже</td><td>8</td></tr>
<tr><td></td><td></td><td></td><td></td><td>не||только</td><td>8</td></tr>
<tr><td></td><td></td><td></td><td></td><td>раз||то</td><td>7</td></tr>
<tr><td></td><td></td><td></td><td></td><td>ИТОГО (21 РР):</td><td>510</td></tr>
</table>

Таблица 2. Коннекторы в массиве объектов машинного перевода (1500 объектов перевода, 55 РР; версия по окончании эксперимента). Данные приводятся по состоянию на 21.11.2018.

<table>
<tr><th>Одноэлементные</th><th>Число объектов перевода</th><th>Многоэлементные</th><th>Число объектов перевода</th><th>Двухкомпонентные</th><th>Число объектов перевода</th></tr>
<tr><td>зато</td><td>42</td><td>то есть</td><td>57</td><td>не только||но и</td><td>61</td></tr>
<tr><td>причем</td><td>42</td><td>и вообще</td><td>44</td><td>если||то</td><td>59</td></tr>
<tr><td>а</td><td>40</td><td>а впрочем</td><td>41</td><td>не||а</td><td>51</td></tr>
<tr><td>вообще</td><td>40</td><td>лишь только</td><td>41</td><td>когда||то</td><td>47</td></tr>
<tr><td>впрочем,</td><td>40</td><td>да еще</td><td>38</td><td>как||так и</td><td>37</td></tr>
<tr><td>или</td><td>40</td><td>как только</td><td>40</td><td>не только||но даже</td><td>30</td></tr>
<tr><td>кстати</td><td>40</td><td>при этом</td><td>40</td><td>хотя||но</td><td>27</td></tr>
<tr><td>например</td><td>38</td><td>одним словом</td><td>40</td><td>если||так</td><td>25</td></tr>
<tr><td>хотя</td><td>37</td><td>а также</td><td>37</td><td>так как||то</td><td>24</td></tr>
<tr><td>только</td><td>34</td><td>в общем</td><td>31</td><td>не только||но</td><td>20</td></tr>
<tr><td>притом</td><td>31</td><td>между прочим</td><td>24</td><td>не только||Ø</td><td>16</td></tr>
<tr><td>тут</td><td>29</td><td>и притом</td><td>23</td><td>как||так</td><td>13</td></tr>
<tr><td>также</td><td>24</td><td>но зато</td><td>22</td><td>не успеть + Inf||как</td><td>13</td></tr>
<tr><td>если</td><td>22</td><td>если только</td><td>17</td><td>не только||и</td><td>10</td></tr>
<tr><td>впрочем</td><td>9</td><td>хотя и</td><td>3</td><td>если б||то|бы</td><td>9</td></tr>
<tr><td>ИТОГО (15 РР):</td><td>508</td><td>хотя|и</td><td>2</td><td>не то что||а</td><td>9</td></tr>
<tr><td></td><td></td><td>ИТОГО (16 РР):</td><td>500</td><td>или||или</td><td>8</td></tr>
<tr><td></td><td></td><td></td><td></td><td>когда||так</td><td>8</td></tr>
<tr><td></td><td></td><td></td><td></td><td>не только||даже</td><td>8</td></tr>
<tr><td></td><td></td><td></td><td></td><td>не||только</td><td>8</td></tr>
<tr><td></td><td></td><td></td><td></td><td>раз||то</td><td>5</td></tr>
<tr><td></td><td></td><td></td><td></td><td>nég_lex||только</td><td>1</td></tr>
<tr><td></td><td></td><td></td><td></td><td>да еще||да</td><td>1</td></tr>
<tr><td></td><td></td><td></td><td></td><td>да еще||да еще</td><td>1</td></tr>
<tr><td></td><td></td><td></td><td></td><td>каждый раз||как только</td><td>1</td></tr>
<tr><td></td><td></td><td></td><td></td><td>ИТОГО (24 РР):</td><td>492</td></tr>
</table>

Для построения аннотаций при помощи обеих интересующих нас систем машинного перевода выбирались РР с контекстами, для которых ранее были сформированы аннотации с референтным переводом. Нередко в процессе экспертизы вносились изменения в разметку аннотаций для референтного перевода, а поскольку разметка левой части в аннотациях для референтного и соответствующего ему машинного перевода совпадают, то при внесении любых изменений в левой части менялось количество как анализируемых РР русского языка, так и построенных для них аннотаций с машинным переводом. В результате в массив объектов анализа попали и некоторые низкочастотные языковые единицы (*да еще*||*да еще*, *каждый раз*||*как только* и проч.). См. Таблицу 2.

4.2. Особенности рубрицирования ошибок машинного перевода

Поскольку анализ машинного перевода принципиальным образом отличается от работы с переводом референтным, в процессе работы вносились значительные изменения в систему аннотирования. За основу была принята разработанная ранее для надкорпусной базы данных (далее НБД) коннекторов система рубрик (более подробное ее описание см. в Зацман и др. 2016 и разделе 2 главы 1), но для анализа ошибок в переводе была добавлена и развита с нуля рубрика первого уровня по дополнительному основанию «Ошибки».

По итогам первого этапа работы (2016–2017 гг.), в ходе которого анализировались результаты перевода при помощи системы

Яндекс.Переводчик, рубрика первого уровня «Ошибки» включала 8 рубрик второго уровня для обозначения разных типов ошибок (см. Таблицу 3), а также рубрику «Ошибок нет», применявшуюся к допустимым вариантам перевода фрагмента текста с русского языка на французский.

Таблица 3. Версия классификации ошибок по итогам первого этапа эксперимента.

Название рубрики	**Код рубрики**
1. Все предложение аграмматично	AgramTotal
2. Локальная аграмматичность во фрагменте текста, не вводимом коннектором	AgramLocal
3. Локальная аграмматичность во фрагменте текста, вводимом коннектором	AgramPostCNT
4. Слова кириллицей	Cyrillic
5. Часть неоднословного коннектора переведена ошибочно	ErrorPart
6. Коннектор переведен несуществующей языковой единицей	ErrorTotal
7. Орфографическая ошибка в форме коннектора	ErrorOrth[3]
8. Семантическая ошибка в выборе коннектора	ErrorCNT

На первом этапе работы были выявлены различные типы ошибок как во фрагментах текста, содержащих коннектор (AgramTotal, AgramLocal, AgramPostCNT, Cyrillic), так и в самих коннекторах (ErrorPart, ErrorTotal, ErrorOrth, ErrorCNT). В самих коннекторах на первом этапе работы аннотировались орфографические и семантические ошибки (ErrorOrth, ErrorCNT). Также отмечались случаи как полностью (ErrorTotal), так и частично ошибочного перевода коннекторов (ErrorPart) (более подробное описание списка см. в Nuriev et al. 2018).

На втором этапе работы (2018 г.) анализировались результаты аннотирования машинных переводов, полученных при помощи системы GNMT, первоначальная классификация ошибок итерационно уточнялась. После завершения аннотирования обновленная система классификации ошибок включала уже 15 рубрик (см. Таблицу 4), не считая рубрики «Ошибок нет».

3 В работе (Nuriev et al. 2018) рубрика «Орфографическая ошибка в форме коннектора» имела код AgramOrth.

Таблица 4. Версия классификации ошибок, обновленная по итогам второго этапа эксперимента.

Название рубрики[4]	**Код рубрики**
1. Все предложение аграмматично	AgramTotal
2. Локальная аграмматичность во фрагменте текста, не вводимом коннектором	AgramLocal
3. Локальная аграмматичность во фрагменте текста, вводимом коннектором	AgramPostCNT
4. Лексическая ошибка во фрагменте текста*	ErrorLex
5. Слова кириллицей	Cyrillic
6. Русское слово латинским шрифтом*	Latin
7. Пропуск фрагмента текста*	Lacuna
8. Переведена первая часть неоднословного коннектора*	TradPartI
9. Переведена вторая часть неоднословного коннектора*	TradPartII
10. Первая часть неоднословного коннектора переведена ошибочно*	ErrorPartI
11. Вторая часть неоднословного коннектора переведена ошибочно*	ErrorPartII
12. Коннектор переведен несуществующей единицей	ErrorTotal
13. Коннектор ошибочно заменен языковой единицей, не являющейся коннектором*	ErrorMorph
14. Орфографическая ошибка в форме коннектора	ErrorOrth
15. Семантическая ошибка в выборе коннектора	ErrorCNT

К вышеописанным рубрикам были добавлены рубрики, сигнализирующие об ошибках в контексте коннектора, такие как ошибочный выбор лексики (ErrorLex), использование русских слов, написанных латиницей (Latin), и пропуск фрагмента контекста коннектора (Lacuna). Что касается ошибок непосредственно в коннекторе, то классификация таких ошибок также была значительно усовершенствована. Были добавлены рубрики, позволяющие отмечать перевод только первой (TradPartI) или только второй (TradPartII) части русского неоднословного коннектора. Рубрика ErrorPart также была конкретизирована путем разделения

4 Знаком * отмечены рубрики, измененные или добавленные в ходе второго этапа эксперимента.

на 2 рубрики в зависимости от того, в какой части неоднословного коннектора допущена ошибка (соответственно, ErrorPartI или ErrorPartII). Кроме того, для фиксации случаев ошибочной замены коннектора единицей, не являющейся коннектором, была создана специальная рубрика (ErrorMorph).

Добавление рубрики первого уровня «Ошибки» может оказывать существенное влияние на разметку аннотации в целом. Некоторые ошибки перевода могут приводить к тому, что РР в языке перевода оказывается не-коннектором. А поскольку система рубрицирования ориентирована на работу именно с коннекторами, то в случае перевода русскоязычного коннектора единицей, которая либо коннектором не является (хотя и существует в языке, выполняя иные функции), либо вовсе ошибочна как таковая, рубрики «Отношения», «Структура», «Позиция», «Порядок», «Статус» и «Расположение» при аннотировании не используются.

Данная монография посвящена количественным методам описания коннекторов, поэтому речь пойдет исключительно о тех ошибках машинного перевода, которые касаются непосредственно исследуемых единиц, а не фрагмента текста, содержащего коннектор. Таким образом, будут проанализированы 8 из 15 приведенных в таблице 4 рубрик. В первую очередь предлагается рассмотреть те ошибки, которые относятся к одному из входящих в состав коннектора элементов или компонентов[5]. Сюда входят рубрики «Переведена первая часть неоднословного коннектора» (TradPartI), «Переведена вторая часть неоднословного коннектора» (TradPartII), «Первая часть неоднословного коннектора переведена ошибочно» (ErrorPartI) и «Вторая часть неоднословного коннектора переведена ошибочно» (ErrorPartII). Чтобы не усложнять типологию ошибок, под «частью» мы понимаем как элемент, так и компонент коннектора. Затем будут рассмотрены рубрики,

---

5 Элементом коннектора называется минимальная составляющая коннектора, компонентом коннектора называется часть коннектора, маркирующая каждый из двух или более соединяемых им фрагментов текста. Например, *не только... но и* состоит из двух компонентов, каждый из которых состоит из двух элементов.

которые могут относиться как к коннектору в целом, так и лишь к одной из его частей: «Орфографическая ошибка в форме коннектора» (ErrorOrth) и «Коннектор ошибочно заменен языковой единицей, не являющейся коннектором» (ErrorMorph). И, наконец, в последнюю очередь предлагается рассмотреть рубрики, характеризующие весь коннектор, а именно: «Семантическая ошибка в выборе коннектора» (ErrorCNT) и «Коннектор переведен несуществующей единицей» (ErrorTotal).

4.3. Рубрики, сигнализирующие об ошибке в части коннектора

Рубрика TradPartI означает, что была переведена лишь первая часть неоднословного коннектора. Так, в примере (1) при переводе был опущен второй компонент коннектора (*то*), что, тем не менее, не подразумевает ошибочности перевода, предложенного системой GNMT – значение коннектора передано корректно, предложение является грамматически верным и практически не искажает смысла исходного текста, за исключением ошибки в выборе числа личного местоимения. В референтном переводе двухкомпонентный коннектор также был заменен на одноэлементный[6].

(1) *Когда* женщина некрасива, *то* ей говорят: «у вас прекрасные глаза, у вас прекрасные волосы» … [А. П. Чехов. Дядя Ваня (1896)]
Quand une femme est laide, on lui dit: «tu as de beaux yeux, tu as de beaux cheveux» ... [GNMT (05.02.2018 19:58)]
Quand une femme est laide, on lui dit: « Vous avez de beaux yeux, vous avez des cheveux magnifiques ... » [Trad. par Tonia Galievsky, Bruno Sermonne (1986)]

6 Такое расхождение в количественном составе коннекторов (двухкомпонентный в оригинале, однокомпонентный в переводе) является распространенным явлением в паре языков русский – французский; см., например, количественный анализ переводов *если* и его двухместного варианта *если... то* на французский язык в (Егорова 2018).

Рубрика TradPartII, в свою очередь, присваивается в случаях, когда переводится лишь вторая часть неоднословного коннектора. Так, в (2) двухкомпонентный коннектор *как||так и* был переведен на французский одноэлементным *et*, что не повлекло за собой грамматических или семантических ошибок (тогда как в референтном переводе двухкомпонентный коннектор также переведен двухкомпонентным). Как и рассмотренная выше рубрика TradPartI, TradPartII не сигнализирует об ошибках перевода, а лишь позволяет фиксировать случаи, когда формально отсутствует первая часть коннектора.

(2) Граждане Российской Федерации имеют право участвовать в управлении делами государства *как* непосредственно, *так и* через своих представителей. [Конституция Российской Федерации]
Les citoyens de la Fédération de Russie ont le droit de participer à la gestion des affaires de l'État, directement *et* par l'intermédiaire de leurs représentants. [GNMT (06.02.2018 16:12)]
Les citoyens de la Fédération de Russie ont le droit de participer à l'administration des affaires de l'Etat *tant* directement *que* par l'intermédiaire de leurs représentants. [Trad. par Michel Lesage (2000)]

В отличие от рубрики TradPartI, наличие рубрики ErrorPartI говорит об ошибочности перевода первой части неоднословного коннектора. Эти рубрики могут функционировать как независимо, например, в (1) и (3), так и сочетаясь друг с другом, например, в (4). Так, хотя в примере (3) переведены оба компонента коннектора, первый компонент был передан неверно, что повлекло за собой изменение логико-семантического отношения (далее ЛСО).

(3) Дуня <…> смотрела на Свидригайлова *не то что* в страхе, *а* в каком-то диком недоумении. [Ф. М. Достоевский. Преступление и наказание (1866)]
Dunya <…> a regardé Svidrigailov *non seulement* dans la peur, *mais* dans une certaine perplexité sauvage. [GNMT (12.03.2018 19:11)]
Dounia <…> regardait Svidrigaïlov *moins* avec frayeur *que* dans une sorte de stupeur. [Trad. par Élisabeth Guertik (1947)]

В оригинале коннектор выражает отношения замещения по дескриптивной адекватности (первое положение вещей «смотрела в страхе» замещается более адекватным «смотрела в недоумении»), тогда как предложенный GNMT вариант описывает отношения неединственности: ‘Дуня смотрела и в страхе, и в недоумении’. Поэтому можно сделать вывод, что из-за ошибки в первой части (рубрика ErrorPartI) весь выбранный коннектор в данном контексте следует считать ошибочным с точки зрения семантики (рубрика ErrorCNT). Между тем хотя в референтном переводе ЛСО меняются на сравнительные, в целом предложение переведено верно: ‘Дуня смотрела не столько со страхом, сколько с недоумением’.

Пример (4) иллюстрирует ситуацию, когда рубрики TradPartI и ErrorPartI сочетаются. В то время как коннектор *так||как* передает временные отношения, автоматический переводчик не распознал единой РР в данной двухкомпонентной структуре с дистантным расположением частей, что и привело к ошибке перевода. При этом несмотря на то, что и в референтном переводе был эксплицирован лишь первый компонент, в нем ЛСО, выражаемое коннектором русского языка, было сохранено.

(4) <…> а *как* приложат ему нож к горлу окончательно, *так* тут даже и страх пройдет. [Ф. М. Достоевский. Преступление и наказание (1866)]

<…> et *comme* le feront de lui un couteau à la gorge finalement, il y a même et la peur de se tiendra. [Яндекс.Переводчик (28.09.2016 12:36)]

<…> mais *au moment même où* il vous met pour de bon le couteau à la gorge, la peur elle-même vous quitte. [Trad. par Élisabeth Guertik (1947)]

Аналогичным образом функционирует и рубрика ErrorPartII, которая указывает, соответственно, на ошибочность перевода второй части неоднословного коннектора. Хотя в (5) и переведены обе части двухкомпонентного коннектора *когда||так*, причем переведены коннекторами, вторая часть переведенного коннектора является ошибочной. Статистическому машинному переводчику не удалось распознать в неоднословной структуре единый коннектор, как и в (4). Получившийся перевод не передает смысла исходного высказывания и является аграмматичным, а сочетания *lorsque||parce que* как двухкомпонентного коннектора во французском языке не существует.

(5) Она <…> возвратила книгу, сказав, что *когда* придут святки, *так* она возьмет ее у него. [И. А. Гончаров. Обломов (1848–1859)]
Elle <…> retourné le livre, en disant que *lorsque* les fêtes de noël, *parce qu*'il prendra de lui. [Яндекс.Переводчик (12.09.2016 10:34)]
Elle <…> lui rendit le livre, disant qu'elle le lui emprunterait *pour* la Noël. [Trad. par Luba Jurgenson (1988)]

Сочетание рубрик TradPartII и ErrorPartII встречается лишь в 9 аннотациях из 3000, причем в 8 из них (по 4 для каждой системы машинного перевода) речь идет о переводе двухкомпонентного коннектора *как||так и*. Данный коннектор, выражающий ЛСО аналогии, обоими машинными переводчиками в этих случаях передается при помощи коннектора *et*, который не может выражать данное отношение. Таким образом, тот факт, что в (6) переведен лишь второй компонент двухкомпонентного коннектора, причем переведен этот компонент ошибочно, приводит к некорректной передаче и семантики всего коннектора, и смысла переводимого высказывания в целом.

(6) Главное – усидеть в кресле, чтобы *как* носили, *так и* несли, барашка в бумажке, щенков борзых. [Светлана Алексиевич. Время секонд хэнд (ч. 1) (2013)]
La principale chose – de rester assis dans un fauteuil, pour que les gens portaient, *et* portaient, de l'agneau dans le papier, les chiots lévriers. [Яндекс.Переводчик (16.11.2016 10:45)]
L'essentiel est de s'asseoir dans un fauteuil afin qu'ils portent tous les deux *et* portent, agneau dans un morceau de papier, des chiots lévrier. [GNMT (06.02.2018 13:12)]
L'important, pour eux, c'est de rester dans leur fauteuil et de *continuer à* se faire graisser la patte, à recevoir des bakchichs… [Trad. par Sophie Benech (2013)]

4.4. Рубрики, сигнализирующие об ошибке как в части коннектора, так и в коннекторе в целом

Прежде чем перейти к анализу рубрик, характеризующих коннектор в целом, скажем несколько слов о рубриках ErrorMorph и ErrorOrth.

Орфографическая ошибка в форме коннектора представляет собой довольно редкий случай в анализируемом массиве аннотаций (16 примеров, среди которых в 2 случаях ошибка допущена системой GNMT, а в 14 – системой Яндекс.Переводчик). Однако несмотря на низкую частотность, аннотации с этой рубрикой представляется возможным разделить на две группы. К первой предлагается относить случаи, когда несмотря на ошибочную орфографию PP остается распознаваемой, а ко второй – случаи, когда из-за наличия орфографической ошибки PP может классифицироваться как несуществующая в языке единица. В первую группу попадают все те аннотации, где орфографическая ошибка заключается в неверной расстановке заглавных букв в PP, как в (7), а во вторую – аннотации, где в PP пропущена часть букв, как в (8).

Следует отметить, что аннотации в этих случаях размечаются по-разному. В (7) речь идет о коннекторе (несмотря на неправильное употребление заглавной буквы, формально *d'Ailleurs* представляет собой коннектор), а потому здесь, помимо рубрик «Ошибки», PP присваиваются все прочие рубрики, используемые для аннотирования PP коннекторов.

(7) – И у меня в руке – два сорок? – Допустим, у тебя – четыре восемьдесят… *Кстати*, я тебе должна за сигареты… Но у большинства – два сорок… [Сергей Довлатов. Иностранка (1986)]
– Et j'ai dans la main – quarante-deux? – Disons que, toi – quatre quatre-vingts... *d'Ailleurs*, je te doit pour la cigarette... Mais la plupart d'entre – deux quarante... [Яндекс.Переводчик (17.05.2017 18:33)]
Moi aussi j'ai deux roubles quarante en poche? – Disons que tu as quatre roubles quatre-vingts... *À propos*, je te dois l'argent des cigarettes... Mais la majorité a deux roubles quarante... [Trad. par Jacques Michaut-Paternò (2001)]

В (8) размечаются только ошибки, так как РР является ошибочной (форма коннектора искажена).

(8) – Чем же я заболею? – удивилась Таня. И добавила: – *Между прочим*, я и так нездорова… Вот это логика, думаю… [Сергей Довлатов. Заповедник (1983)]
Comment vais-je être malade? – Tanya a été surprise. Et elle a ajouté: – *Ma au fait*, je ne suis déjà pas bien ... C'est la logique, je pense ... [GNMT (11.02.2018 22:13)]
– Malade de quoi?... *De toute façon*, je ne suis pas en très bonne santé en ce moment. Drôle de logique. [Trad. par Christine Zeytounian-Beloüs (2004)]

Рубрика ErrorMorph используется в случаях, когда либо весь коннектор, либо одна из его частей ошибочно заменяются единицей, не являющейся коннектором. Отличие таких ситуаций от дивергентного перевода заключается в том, что дивергентный перевод, хоть и другими средствами, но, как правило, передает семантику ЛСО, выражаемых в оригинале коннектором, тогда как рубрика ErrorMorph всегда говорит об ошибке.

В (9) наблюдается ошибочная замена первого элемента многоэлементного коннектора *да еще* на *oui*, не являющимся коннектором ни в одном из своих употреблений и выбранным, очевидно, в силу омонимии *да*-союза и *да*-коммуникатива, знака согласия; см. также пример (10).

(9) Это и с мужиком сиволапым может произойти, а уж с нашим братом, современно умным человеком, *да еще* в известную сторону развитым, и подавно! [Ф. М. Достоевский. Преступление и наказание (1866)]
C'est avec un moujik сиволапым peut arriver, mais pas avec notre frère, moderne, intelligent un homme, *oui encore* connu de côté les pays développés, et plus encore! [Яндекс.Переводчик (06.09.2016 17:22)]
Cela peut arriver même à un rustre et quant à nous autres, à l'homme intelligent moderne, *et* développé dans un certain sens *encore*, à plus forte raison! [Trad. par Élisabeth Guertik (1947)]

Кроме того, пример (9) иллюстрирует пословный перевод многоэлементного коннектора без учета контекста, так как части единицы *oui encore*, соответствующей *да еще*, не образуют единой РР. Интересно, что второму элементу коннектора как в машинном, так и в референтном переводе соответствует *encore*. Впрочем, даже в случаях, когда ErrorMorph относится лишь к одной из частей неоднословного коннектора, получившаяся РР переходит в разряд ошибочных. В (10) уже оба элемента коннектора *да еще* заменены единицами *oui* и *il y a*, не являющимися коннекторами, и, как и в (9), их сочетание не образует единой РР.

(10) Женщина, у которой муж и трое детей, влюбилась в зэка, *да еще* в «вечника», осужденного за особо жестокое убийство на пожизненное заключение, ради него она бросила все – мужа, детей, дом. [Светлана Алексиевич. Время секонд хэнд (ч. 2) (2013)]
Une femme dont le mari et trois enfants, est tombé en amour avec zak, *oui il y a* вечника, condamné pour particulièrement cruel meurtre à la prison à vie, pour l'amour de lui, elle a abandonné tout – le mari, les enfants, la maison. [Яндекс.Переводчик (15.08.2016 17:23)]
Une femme qui a un mari et trois enfants tombe amoureuse d'un détenu *et qui plus est*, d'un condamné à perpétuité, à la détention à vie, pour un crime particulièrement atroce. Elle a tout abandonné pour lui, son mari, ses enfants, sa maison. [Trad. par Sophie Benech (2013)]

Следует при этом отметить, что в некоторых случаях система машинного перевода вместо коннектора использует ошибочную структуру, содержащую «лишние» фрагменты, но являющуюся при этом единой, в отличие от (9) и (10). Так, в (11) предлагаемая машинным переводчиком структура *n'est pas seulement*||*mais* очень похожа на коннектор, однако таковым формально не является, поскольку содержит в себе глагол *être*, который был ошибочно включен в состав данной единицы и, кроме того, тавтологически повторяет уже имеющееся в предложении сказуемое (*l'acquisition* <...> *n'est pas un péché*).

(11) Он учился, жил в свете: все это наводило его на разные чуждые им соображения. Он понимал, что приобретение *не только* не грех, *но* что долг всякого гражданина честными трудами поддерживать общее благосостояние. [И. А. Гончаров. Обломов (1848–1859)]
Il a étudié, vécu dans la lumière: tout cela suggérait sur différents étrangère à leur philosophie. Il est entendu que l'acquisition *n'est pas seulement* n'est pas un péché, *mais* qu'il est du devoir de tout citoyen honnête travaux de maintenir le bien-être général. [Яндекс.Переводчик (10.08.2016 18:03)]
Il avait étudié, il vivait dans le monde; tout cela le menait à des réflexions qui leur étaient étrangères: il comprenait que l'acquisition *non seulement* n'était pas un péché, *mais* qu'au contraire, le devoir de chaque citoyen était de contribuer, par ses propres efforts, au bien-être collectif. [Trad. par Luba Jurgenson (1988)]

При анализе машинного перевода случаи, когда первым компонентом подобных коннекторов (второй компонент может меняться) является *n'est pas seulement*, рассматриваются нами отдельно от случаев, когда используется зафиксированный для референтных переводов компонент *ne|pas seulement*, как в (12).

(12) Достоевский был *не только* художником, писавшим романы и повести, *но и* публицистом-мыслителем, публиковавшим соответствующие статьи во «Времени», в «Эпохе», в «Гражданине», в «Дневнике писателя». [М. М. Бахтин. Проблемы поэтики Достоевского (1963)]
Dostoïevski *n'*était *pas seulement* un auteur de romans et de nouvelles, *mais* un publiciste, un penseur faisant paraître des articles polémiques dans *Le Temps*, *L'Epoque*, *Le Citoyen*, *Le Journal d'un écrivain*. [Trad. par Isabelle Kolitcheff (1970)]

В ряде случаев ошибочная замена коннектора единицей, коннектором не являющейся, может произойти из-за потери одного из элементов французского коннектора. Так, в (13) вместо коннектора *bien que*, регулярно использующегося при переводе *хотя*, мы видим лексему *bien*, которая не может употребляться в функции коннектора. Кроме того, пример (13) иллюстрирует ситуацию, когда рубрика ErrorMorph относится ко всему коннектору, а не к какой-либо его части.

(13) А кто его знает, где платок? – ворчал он, обходя вокруг комнату и ощупывая каждый стул, *хотя* и так можно было видеть, что на стульях ничего не лежит. [И. А. Гончаров. Обломов (1848–1859)]
Et qui sait où le foulard? – grognait-il, tout en contournant les autour de la salle et en les palpant chaque chaise, *bien* et on peut donc voir que sur les chaises de rien n'était. [Яндекс.Переводчик (08.11.2016 10:51)]
Qui sait où il est, ce mouchoir, grognait-il, faisant le tour de la pièce en palpant chaque chaise, *bien que* visiblement rien n'y fût posé. [Trad. par Luba Jurgenson (1988)]

4.5 Рубрики, сигнализирующие об ошибке в коннекторе в целом

Поскольку рассмотренные в пункте 4.3 рубрики всегда относятся лишь к части коннектора, эти рубрики нередко сочетаются друг с другом. Более того, следствием ошибок в части коннектора могут стать ошибочный выбор коннектора в целом (ErrorCNT) или вовсе создание полностью ошибочной РР (ErrorTotal). Подобные случаи и будут рассмотрены в данной части.

Рубрика ErrorCNT, сигнализирующая о семантической ошибке в выборе коннектора, используется в случае, когда в машинном переводе употребляется коннектор, не соответствующий по своему значению оригиналу, но существующий в ПЯ. Эта рубрика использована в экспериментальном массиве 151 раз, причем в 109 случаях (≈ 72,2%) она представляет собой единственную ошибку, затрагивающую собственно коннектор, и лишь в 42 случаях (≈ 27,8%) ErrorCNT сочетается с другими ошибками. Примеры (14) и (15), в обоих из которых при переводе был выбран двухкомпонентный коннектор *comme*||*alors*, иллюстрируют использование данной рубрики. В (14), несмотря на аграмматичность высказывания в переводе в целом, части выбранного статистическим машинным переводчиком коннектора по отдельности полностью соответствуют русскоязычному *так как*||*то*, выражающему ЛСО причины. Более того, референтный перевод иллюстрирует возможность использования сходного двухкомпонентного коннектора *comme||donc*. То есть, в (14) в переводе непосредственно коннектора ошибки нет.

(14) Об этом портном, конечно, не следовало бы много говорить, но *так как* уже заведено, чтобы в повести характер всякого лица был совершенно означен, *то*, нечего делать, подавайте нам и Петровича сюда. [Н. В. Гоголь. Шинель (1842)]
À propos de ce tailleur, bien sûr, ne devrait pas beaucoup parler, mais *comme* déjà ouvert, pour que dans le récit d'un personnage de toute la personne était tout à fait означен, *alors*, rien à faire, donnez-nous et Petrovitch ici. [Яндекс.Переводчик (06.09.2016 15:45)]
Certes, il siérait de ne pas s'étendre sur ce tailleur; mais *comme* on a pris l'habitude dans les romans de ne laisser dans l'ombre aucun caractère, attaquons-nous *donc* à ce personnage. [Trad. par Henri Mongault (1938)]

В (15) же речь идет о семантической ошибке в выборе коннектора, поскольку тот же *comme||alors* ошибочно используется при переводе коннектора *как||так*, выражающего ЛСО аналогии. Стоит отметить, что компоненты выбранного автоматическим переводчиком коннектора могут по отдельности и в некоторых контекстах служить эквивалентами компонентов русского коннектора *как||так*, но РР, выбранная системой GNMT, отношения аналогии выражать не может. Таким образом, разница в семантике русского коннектора и его перевода системой GNMT на французский очевидна, поэтому при аннотировании данному контексту была присвоена рубрика ErrorCNT.

(15) И *как* раньше Римский страдал из-за Степы, *так* теперь Варенуха мучился из-за Алоизия. [М. А. Булгаков. Мастер и Маргарита (ч. 2) (1929–1940)]
Et *comme* avant Roman souffert à cause de Stepa *alors* Varenukha était tourmenté à cause d'Aloysia. [GNMT (27.02.2018 19:52)]
Et, *de même que* jadis la présence de Stepan était une torture pour Rimski, *de même* aujourd'hui, la présence d'Aloysius est une torture pour Varienoukha. [Trad. par Claude Ligny (1968)]

Ошибочность выбора коннектора может быть обусловлена особенностями его сочетаемости с другими языковыми единицами. Так, коннектор *en passant* употребляется исключительно в сочетании с глаголами речи, причем в правом контексте таких глаголов (например, *soit dit en passant*). В (16) мы видим, что автоматический переводчик не учитывает особенностей сочетаемости данного коннектора, а, следовательно, такому контексту при разметке присваивается рубрика ErrorCNT.

(16) Я припомнил, что когда-то занимался в художественной школе. *Между прочим*, в той же самой, которую окончил известный художник Шемякин. [Сергей Довлатов. Чемодан (1986)]
Je me suis souvenu que j'ai fait une fois école d'art. *En passant*, dans le même que celui dont le célèbre artiste Shemyakin est diplômé. [GNMT (11.02.2018 21:56)]
Je me souvins que j'avais autrefois fréquenté une école d'enseignement artistique. *Entre parenthèses*, la même que celle où Chemiakine, le peintre, a étudié. [Trad. par Jacques Michaut-Paternò (2001)]

Иначе обстоит дело с рубрикой ErrorTotal, присваиваемой в случаях, когда РР, предлагаемая автоматическим переводчиком, не зафиксирована в словарях как языковая единица. Из 282 случаев ее использования лишь в 57 (≈ 20,2%) она не обусловлена другими ошибками в выборе коннектора, тогда как в остальных 225 случаях (≈ 79,8%) мы имеем дело с различными сочетаниями рубрик. Таким образом, ErrorTotal (в отличие от Error CNT) чаще всего фиксируется именно при наличии других ошибок в переводе коннектора. Более того, при автономном использовании ее нередко можно приравнять к сочетанию ErrorPartI и ErrorPartII, когда обе части неоднословного коннектора переведены неверно. Так, представляется возможным отметить только рубрикой ErrorTotal (а не ее сочетаниями с другими рубриками, сигнализирующими об ошибках в переводе коннектора) следующие зафиксированные в экспериментальном массиве РР: *c'est-à* для *то есть*; *et à seulement*, *seulement une fois que* для *лишь только*; *alors que seulement*, *comme|seulement* для *как только*; *à chaque fois||dès que* для *каждый раз||как только*; *a-* для *а*; *comme||de sorte que* для *как||так*; *comme||et*, *parce que||et* для *как*||*так и*; *pas*||*et*, *pas, et* для *не*||*а*; *ne*|*pas*||*et* для *не только*||*но и*. Все эти РР не зафиксированы в словарях (Catach 2014, TLFi).

В (17), например, видно, что оба компонента коннектора *не только*||*но и* (выражающего ЛСО неединственности) переведены неверно, и в итоге мы имеем дело с несуществующей в языке единицей *ne*|*pas*||*et*, которую невозможно считать коннектором, передающим ЛСО неединственности. Следовательно, для данного контекста проставляется рубрика ErrorTotal.

(17) Несколько лет я ездила по всему бывшему Советскому Союзу, потому что homo soveticus – это *не только* русские, *но и* белорусы, туркмены, украинцы, казахи… [Светлана Алексиевич. Время секонд хэнд (ч. 1) (2013)]
Quelques années, j'ai voyagé dans toute l'ex-Union Soviétique, parce que homo soveticus – ce *n'*est *pas* les russes *et* les biélorusses, les turkmènes, les ukrainiens, les kazakhs... [Яндекс.Переводчик (01.11.2016 12:53)]
J'ai voyagé à travers l'ex-Union soviétique pendant plusieurs années, parce que les Homo sovieticus, ce *ne* sont *pas seulement* les Russes, *mais aussi* les Biélorusses, les Turkmènes, les Ukrainiens, les Kazakhs… [Trad. par Sophie Benech (2013)]

Помимо вышеперечисленных ошибочных РР, среди переводов, полученных при помощи системы Яндекс.Переводчик, был зафиксирован особый случай, где рубрика ErrorTotal была проставлена для перевода одноэлементного коннектора *кстати*. Так, в (18) этот коннектор переведен на французский язык как *Btw*, что представляет собой сокращение от английского *by the way* («кстати», «между прочим»), используемое большей частью в интернет-коммуникации. Поскольку данная единица во французском языке не используется, было решено отметить этот случай рубрикой ErrorTotal. Кроме того, пример (18) дает основания предполагать, что статистический машинный переводчик на промежуточных этапах работы при переводе с русского на французский использует английский язык (более всего это заметно на уровне использования лексики в целом, а не только коннекторов, где мы имеем лишь один этот пример).

(18) Дверь была заперта, а пришли с дворником – отперта: ну, значит, Кох да Пестряков и убили! Вот ведь их логика. – Да не горячись; их просто задержали; нельзя же... *Кстати*: я ведь этого Коха встречал; он ведь, оказалось, у старухи вещи просроченные скупал? а? [Ф. М. Достоевский. Преступление и наказание (1866)]
La porte était fermée, et est venu avec un balayeur de rue – déverrouillé: eh bien, donc, Koh oui Пестряков et tué! C'est leur logique. – Oui ne pas faire; simplement retardé; on ne peut pas... *Btw*: j'ai en effet cette Koch rencontré; il en effet, il s'est avéré, de vieilles choses en souffrance acheté? et? [Яндекс.Переводчик (02.04.2017 17:11)]
La porte était fermée et quand les autres sont revenus avec le concierge, elle était ouverte; donc cela veut dire que ce sont Koch et Pestriakov qui ont tué! Voilà bien leur logique. – Mais ne t'emballe donc pas. On les avait simplement gardés; on ne pouvait tout de même pas... *A propos*: j'ai eu l'occasion de rencontrer ce Koch; il se trouve qu'il rachetait à la vieille les gages non renouvelés à l'échéance! Hein? [Trad. par Élisabeth Guertik (1947)]

Несмотря на то, что рубрики ErrorCNT и ErrorTotal могут использоваться самостоятельно, мы подробнее рассмотрим те 27,8% случаев использования ErrorCNT и 79,8% – ErrorTotal, где мы имеем дело с различными сочетаниями рубрик «Ошибки», относящихся к переводу коннекторов.

Поскольку рубрика ErrorCNT отмечает случаи использования коннектора, неверного с точки зрения семантики, она может быть связана лишь с теми рубриками, которые сигнализируют об ошибках, не связанных с изменением функций исследуемых РР в переводе. К таковым относятся рубрики «Переведена первая часть неоднословного коннектора», «Переведена вторая часть неоднословного коннектора», «Первая часть неоднословного коннектора переведена ошибочно» и «Вторая часть неоднословного коннектора переведена ошибочно».

Что же касается рубрики ErrorTotal, которая чаще всего используется именно в сочетании с другими рубриками, она тоже может быть вызвана ошибочным переводом первой или второй частей коннектора (которые в таких случаях приводят к формированию несуществующей в языке единицы), ошибочной заменой части или всего коннектора единицей, коннектором не являющейся, или орфографической ошибкой, как, например, в (8).

Хотя частичный перевод коннектора может сочетаться с рубрикой ErrorTotal, непосредственной взаимосвязи между этими рубриками не наблюдается. Так, сочетание рубрик ErrorTotal и TradPartI зафиксировано нами лишь в трех случаях, где оно непременно сопровождается наличием других ошибок в переводе коннектора. Рассмотрим эти случаи подробнее.

В (19), где коннектор *не то что||а* переведен как *n'est pas ce que*, наличие рубрики ErrorTotal обусловлено ошибочной заменой коннектора единицей, коннектором не являющейся – ErrorMorph.

(19) Он *не то что* сбивался, *а* так, как будто торопился <…>. [Ф. М. Достоевский. Преступление и наказание (1866)]
Il *n'est pas ce que* сбивался, comme si à la hâte <…>. [Яндекс.Переводчик (04.08.2016 13:56)]
Il *ne* s'embrouillait *pas* précisément *mais plutôt* parlait comme s'il était pressé <…>. [Trad. par Élisabeth Guertik (1947)]

В (20), где коннектору *так как||то* соответствует *alors, comment*, ErrorTotal обусловлен тем, что автоматический переводчик разбил первый компонент коннектора на две автономные части, одна из которых просто переведена неверно в данном контексте, а другая – ошибочно заменена на единицу *comment*, коннектором не являющуюся и в состав других зафиксированных нами коннекторов не входящую. Следовательно, помимо рубрик TradPartI и ErrorTotal, для данного контекста проставляются также рубрики ErrorPartI и ErrorMorph.

(20) *Так как* бороться с теперешним моим настроением было бы бесполезно, да и не в моих силах, *то* я решил, что последние дни моей жизни будут безупречны хотя с формальной стороны <…>. [А. П. Чехов. Скучная история (1889)]
Alors, comment lutter contre actuel de mon humeur serait inutile, et n'est pas en mon pouvoir, j'ai décidé que les derniers jours de ma vie sont impeccables, bien que formelle part <…>. [Яндекс.Переводчик (07.09.2016 09:48)]

Comme il serait vain de lutter contre mes dispositions d'esprit actuelles et que c'est au-dessus de mes forces, j'ai décidé que mes derniers jours seraient, au moins formellement, irréprochables <…>. [Trad. par Édouard Parayre (1960)]

В (21), где *если б*||*то*|*бы* передан при помощи *si b*, перевод первого компонента коннектора и вовсе содержит элемент транслитерации.

(21) Ничто не нарушало однообразия этой жизни, и сами обломовцы не тяготились ею, потому что и не представляли себе другого житья-бытья; а *если б* и смогли представить, *то* с ужасом отвернулись *бы* от него. [И. А. Гончаров. Обломов (1848–1859)]
Rien ne troublait la monotonie de cette vie, et eux-mêmes обломовцы ne тяготились elle, parce que ne pas imaginer une autre vie-бытья; et *si b* et c ont pu se présenter, avec la terreur détourner de lui. [Яндекс. Переводчик (16.09.2016 16:12)]
Rien ne trouble la monotonie de cette existence, mais les Oblomov ne s'en plaignent pas; ils n'en imaginent pas une différente, et *même s'*ils pouvaient l'imaginer, ils s'en détourneraient avec effroi. [Trad. par Arthur Adamov (1959)]

Таким образом, во всех трех случаях при сочетании ErrorTotal и TradPartI наличие рубрики ErrorTotal обусловлено другими ошибками, а не формальным отсутствием второго компонента. Что касается сочетания ErrorTotal и TradPartII, то таковые в экспериментальном массиве зафиксированы не были.

То же самое можно сказать и о сочетании рубрик ErrorCNT с ErrorOrth. Несмотря на то, что таких случаев зафиксировано не было, даже если предположить, что они могли бы существовать, речь шла бы об орфографических ошибках, подобных тем, что проиллюстрированы в (7), а такие ошибки сами по себе не способны вызвать изменения семантики коннектора. Орфографические ошибки другого типа, как в (8), сочетаются уже с ErrorTotal. Именно поэтому сочетания рубрик ErrorCNT и ErrorOrth, ErrorTotal и TradPartI, ErrorTotal и TradPartII – возможные, но такие, что наличие одной из ошибок не обусловливает наличие другой, – на рисунке 1 не отражаются.

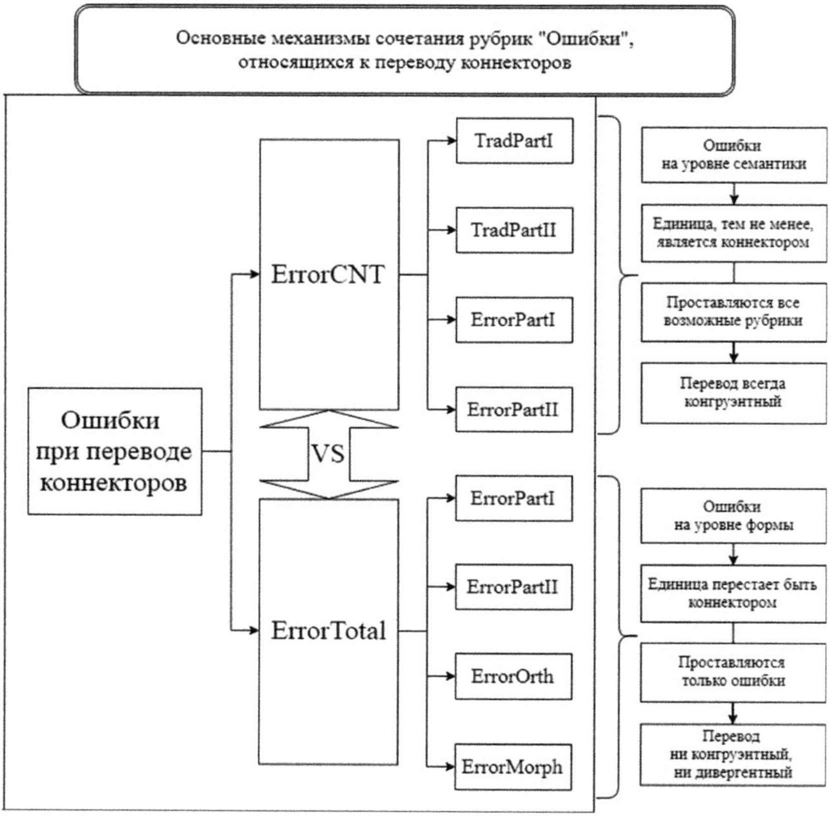

Рисунок 1. Основные сочетания рубрик «Ошибки», относящихся к переводу коннекторов.

В качестве иллюстрации рассмотрим несколько примеров сочетаний рубрик «Ошибки» где одна из ошибок обусловливает наличие другой.

В (22) семантическая ошибка в выборе коннектора является следствием перевода лишь первого элемента многоэлементного коннектора *и вообще*. В оригинале этот коннектор выражает соединительные ЛСО и ЛСО экстенсиональной генерализации, но из-за опущения второй части коннектора в предложенном автоматическим переводчиком варианте мы видим коннектор *et*, выражающий только соединительные ЛСО. Следует отметить, что в референтном переводе отсутствует перевод уже первого элемента русского коннектора. Это связано с изменением синтаксической структуры высказывания в переводе: коннектор вводит не часть сложного предложения, а самостоятельное предложение, и эквивалент союза *и* оказывается здесь «лишним». Семантическая связь между предложениями обеспечивается за счет анафорического повтора местоимения *il* при парцелляции исходного предложения.

(22) Никогда не стеснялся он ничьим присутствием и в карман за словом не ходил *и вообще* постоянно был груб в обращении со всеми, не исключая и приятелей <…>. [И. А. Гончаров. Обломов (1848–1859)]
Il n'était jamais gêné par la présence de quelqu'un et ne se glissait pas dans sa poche, *et* il était toujours impoli avec tout le monde, y compris ses amis <…>. [GNMT (24.01.2018 19:26)]
Il n'était gêné par la présence de personne, et ne gardait jamais sa langue dans sa poche. Il se montrait, *d'une manière générale*, très grossier envers son entourage, et même ses amis <…>. [Trad. par Arthur Adamov (1959)]

В (23) мы видим пример перевода лишь второго компонента коннектора *не только||но*, что привело к семантической ошибке в выборе коннектора.

(23) Ведь я потому-то и затопал и закричал диким голосом на несчастного ребенка, что, «дескать, *не только* вот не чувствую жалости, *но* если и бесчеловечную подлость сделаю, то теперь могу, потому что через два часа все угаснет». [М. М. Бахтин. Проблемы поэтики Достоевского (1963)]
Après tout, c'est pourquoi j'ai piétiné et crié d'une voix féroce au malheureux enfant: «Ils disent: je n'ai pas pitié ici, *mais* si je fais une vilenie inhumaine, je peux maintenant, parce que dans deux heures tout disparaîtra». [GNMT (27.02.2018 19:11)]
J'ai justement tapé des pieds et crié comme un sauvage, insultant la malheureuse enfant pour montrer en quelque sorte que «voilà, *non*

seulement je ne ressens aucune pitié *mais* je vais jusqu'à commettre une lâcheté inhumaine parce que maintenant je le peux, car dans deux heures tout sera fini». [Trad. par Isabelle Kolitcheff (1970)]

Заметим, что в отличие от (1) и (2), где, несмотря на частичный перевод коннектора, семантической ошибки в его выборе нет, в (22) и (23) частичный перевод приводит к иным результатам: в (22) в переводе утрачивается одно из ЛСО (наиболее семантически насыщенное), т.е. ЛСО между частями высказывания обедняется: их связывает наиболее «пустое» соединительное ЛСО; в (23) изменение формы коннектора приводит к установлению другого ЛСО в переводе: вместо ЛСО неединственности устанавливается отношение «вопреки ожидаемому», что существенным образом меняет семантику высказывания.

Семантическая ошибка в выборе коннектора, вызванная сочетанием перевода только первой части коннектора с ошибкой в этой же части, может быть проиллюстрирована примером (4), сочетанием перевода только второй части коннектора с ошибкой в этой же части – примером (6), ошибкой в первой части коннектора – примером (3).

В (24) ошибка допущена в переводе второго компонента коннектора *если||так*. Поскольку коннектор переведен при помощи *si||si*, что в этом контексте является семантической ошибкой, в примере остаются два придаточных предложения, а главное отсутствует, что делает понимание смысла фрагмента невозможным.

(24) – А! *Если* ты меняешь меня на немца, – <…> *так* я к тебе больше ни ногой. [И. А. Гончаров. Обломов (1848–1859)]
– Ah! *Si* vous changez de moi sur l'allemand, <…> *si* j'ai plus le pied. [Яндекс.Переводчик (08.11.2016 16:41)]
– Eh bien, *si* tu me préfères un Allemand, <…> *alors* je ne mettrai plus les pieds chez toi. [Trad. par Luba Jurgenson (1988)]

В (25) ошибка ErrorTotal вызвана ошибкой в первом компоненте коннектора *так как||то*. Компонент *ainsi, comme* соответствует скорее существующей в русском языке соотносительной структуре *так, как*, где два элемента разделены запятой. Такой выбор автоматического переводчика ошибочен, и поэтому проставлена рубрика ErrorPartI.

(25) *Так как* мы уже заикнулись про жену, *то* нужно будет и о ней сказать слова два <…>. [Н. В. Гоголь. Шинель (1842)]
Ainsi, comme nous l'avons déjà заикнулись pro femme, *alors* il sera nécessaire, et de lui dire deux mots <…>. [Яндекс.Переводчик (06.09.2016 14:48)]
Et *puisque* nous avons fait allusion à cette personne, il va bien falloir aussi en dire deux mots. [Trad. par Henri Mongault (1938)]

Что касается случаев, где ErrorTotal вызван наличием других ошибок, то подобные примеры уже были приведены ранее. Так, в (5) ErrorTotal объясняется ошибочным переводом второй части коннектора, в (8) – наличием орфографической ошибки в коннекторе, в (9) и (11) – сочетанием ошибочного перевода первой части коннектора с некорректным употреблением в составе коннектора единиц, коннекторами не являющихся, а в (10) – исключительно ошибкой ErrorMorph.

4.6. Некоторые результаты количественного анализа переводов, сгенерированных разными машинными переводчиками. Сопоставление машинных переводов с референтными

Поскольку одной из тем настоящей монографии является формальная вариативность коннекторов, нами будут рассмотрены варианты перевода пяти коннекторов разной структуры, один из которых одноэлементный, два – многоэлементные и три – двухкомпонентные. Это позволит проиллюстрировать некоторые возможности количественного анализа результатов машинного перевода. Особенно важным является рассмотрение перевода неоднословных коннекторов, варианты машинного перевода которых, как мы убедились в ходе анализа ошибок, отнюдь не всегда представляют собой единую РР. Обращаем внимание на то, что несколько большее количество контекстов из референтных переводов объясняется тем, что для некоторых произведений в НБД коннекторов хранится более одного перевода.

Таблица 5. Модели переводов коннектора *a* в референтных и машинных переводах.

РР в оригинале: **a**								
Число РР в референтных переводах: **14**			Число РР, предложенных системой Яндекс. Переводчик: **4**			Число РР, предложенных системой GNMT: **2**		
et	30	38.46%	et	27	67.50%	et	31	77.50%
zero	22	28.21%	zero	7	17.50%	mais	9	22.50%
mais	7	8.97%	mais	5	12.50%			
tandis que	7	8.97%	a-	1	2.50%			
pourtant	2	2.56%						
x_reprise pron	2	2.56%						
alors que	1	1.28%						
au contraire	1	1.28%						
bref	1	1.28%						
car	1	1.28%						
et|pourtant	1	1.28%						
or	1	1.28%						
puis	1	1.28%						
quant à	1	1.28%						

Коннектор *a*, лингвоспецифичность которого подробно описана в (Зализняк, Микаэлян 2018), демонстрирует большое разнообразие моделей перевода в референтных переводах, тогда как статистический машинный переводчик использует лишь четыре варианта перевода (один из которых ошибочный), а система GNMT и вовсе только два. Так или иначе, оба автоматических переводчика во всех случаях, кроме однократного использования

РР *а*-, прибегают к вариантам, зафиксированным в референтных переводах (см. таблицу 5).

Многоэлементный коннектор *а впрочем*, которому в референтных переводах соответствуют 13 различных РР (на 48 аннотаций), системой Яндекс.Переводчик был переведен 4 способами, а системой GNMT – 12. Однако, хотя в референтных переводах этому коннектору чаще всего соответствуют *du reste*, *d'ailleurs*, *au reste* и *après tout*, эти РР ни разу не были выбраны автоматическими переводчиками (см. таблицу 6).

Таблица 6. Модели переводов коннектора *а впрочем* в референтных и машинных переводах.

РР в оригинале: **а впрочем**								
Число РР в референтных переводах: **13**			Число РР, предложенных системой Яндекс. Переводчик: **4**			Число РР, предложенных системой GNMT: **12**		
du reste	17	35.42%	et d'ailleurs	38	92.68%	mais	11	26.83%
d'ailleurs	16	33.33%	et cependant	1	2.44%	et pourtant	7	17.07%
au reste	4	8.33%	et pourtant	1	2.44%	et cependant	6	14.63%
après tout	2	4.17%	mais	1	2.44%	mais cependant	5	12.20%
au demeurant	1	2.08%				cependant	2	4.88%
ceci dit	1	2.08%				et, incidemment	2	4.88%
et d'ailleurs	1	2.08%				mais au fait	2	4.88%
et puis après tout	1	2.08%				mais de toute façon	2	4.88%
et puis, tant qu'à faire	1	2.08%				mais après tout	1	2.44%
mais	1	2.08%				mais d'ailleurs	1	2.44%
mais après tout	1	2.08%				mais, bien sûr	1	2.44%
quoique	1	2.08%				mais, d'ailleurs,	1	2.44%
zero	1	2.08%						

Яндекс.Переводчик чаще всего использует при переводе *а впрочем* коннектор *et d'ailleurs*, а система GNMT – *mais*, при том что оба эти коннектора являются эквивалентами *а впрочем* в референтных переводах по одному разу. Более того, из 13 РР, зафиксированных в референтных переводах для *а впрочем*, автоматическими переводчиками используются только 3 (это уже упомянутые выше *d'ailleurs* и *mais*, а также коннектор *mais après tout*, однократно зафиксированный в референтном переводе и так же однократно использованный системой GNMT). Остальные 10 РР, предложенные машинными переводчиками в качестве эквивалентов для данного коннектора, в референтных переводах анализируемых контекстов зафиксированы не были.

Коннектор *да еще* представляет особую сложность для систем машинного перевода (нами было проанализировано по 38 аннотаций с *да еще* для каждого автоматического переводчика); см. таблицу 7. В 6 из 10 предложенных системой Яндекс.Переводчик вариантов перевода данного коннектора (84,2% случаев) элемент *да* переведен как *oui*, что расценивается нами как ошибочная замена коннектора единицей, не являющейся коннектором, и приводит к формированию не существующих в языке единиц. Элемент *même*, употребленный в референтных переводах коннектора *да еще* однократно (в составе *et même*), является достаточно частотным в переводах машинных. Он входит в состав 5 использованных автоматическими переводчиками РР (*même*, *et même*, *et|même*, *oui, même*, *et oui, même*), а системой GNMT используется автономно или в составе неоднословных РР в 65,78% случаев перевода *да еще*.

Что касается двухкомпонентных коннекторов, то правильность их перевода автоматическими переводчиками зависит от того, был ли верно переведен каждый из компонентов коннектора и был ли коннектор в целом распознан машиной как единая языковая единица. Так, на примере коннектора *так как||то* можно увидеть, что он гораздо чаще передается двухкомпонентными РР при машинном переводе (29,17% и для системы Яндекс.Переводчик, и для GNMT), тогда как в референтном такие РР зафиксированы лишь в 3,23% случаев (см. таблицу 8). Кроме того, случаи использования РР *alors, comment*, *ainsi, comme||alors*, *c'est ainsi que||alors* иллюстрируют пословный перевод первого компонента коннектора русского языка. Именно нераспознавание структуры *так как||то* как единого коннектора приводит к повышению количества моделей перевода данной единицы статистической системой машинного перевода (13 РР против 8 в референтных переводах и 4 – в переводах системы GNMT).

Таблица 7. Модели переводов коннектора *да еще* в референтных и машинных переводах.

<table>
<tr><td colspan="9">РР в оригинале: да еще</td></tr>
<tr><td colspan="3">Число РР в референтных переводах: 24</td><td colspan="3">Число РР, предложенных системой Яндекс.Переводчик: 10</td><td colspan="3">Число РР, предложенных системой GNMT: 8</td></tr>
<tr><td>et encore</td><td>7</td><td>14.89%</td><td>oui</td><td>13</td><td>34.21%</td><td>et même</td><td>20</td><td>52.63%</td></tr>
<tr><td>et</td><td>6</td><td>12.77%</td><td>oui encore</td><td>9</td><td>23.68%</td><td>et</td><td>10</td><td>26.32%</td></tr>
<tr><td>qui plus est</td><td>4</td><td>8.51%</td><td>oui, et encore</td><td>5</td><td>13.16%</td><td>et|même</td><td>2</td><td>5.26%</td></tr>
<tr><td>et en plus</td><td>3</td><td>6.38%</td><td>oui, même</td><td>3</td><td>7.89%</td><td>même</td><td>2</td><td>5.26%</td></tr>
<tr><td>et|encore</td><td>3</td><td>6.38%</td><td>et encore</td><td>2</td><td>5.26%</td><td>en outre</td><td>1</td><td>2.63%</td></tr>
<tr><td>zero</td><td>3</td><td>6.38%</td><td>mais encore</td><td>2</td><td>5.26%</td><td>et encore</td><td>1</td><td>2.63%</td></tr>
<tr><td>de plus</td><td>2</td><td>4.26%</td><td>et oui, même</td><td>1</td><td>2.63%</td><td>oui</td><td>1</td><td>2.63%</td></tr>
<tr><td>et de plus</td><td>2</td><td>4.26%</td><td>mais toujours</td><td>1</td><td>2.63%</td><td>oui, même</td><td>1</td><td>2.63%</td></tr>
<tr><td>et|par-dessus le marché</td><td>2</td><td>4.26%</td><td>même</td><td>1</td><td>2.63%</td><td></td><td></td><td></td></tr>
<tr><td>ainsi que</td><td>1</td><td>2.13%</td><td>oui il y a</td><td>1</td><td>2.63%</td><td></td><td></td><td></td></tr>
<tr><td>au moins</td><td>1</td><td>2.13%</td><td></td><td></td><td></td><td></td><td></td><td></td></tr>
<tr><td>en plus</td><td>1</td><td>2.13%</td><td></td><td></td><td></td><td></td><td></td><td></td></tr>
<tr><td>et même</td><td>1</td><td>2.13%</td><td></td><td></td><td></td><td></td><td></td><td></td></tr>
<tr><td>et par-dessus le marché</td><td>1</td><td>2.13%</td><td></td><td></td><td></td><td></td><td></td><td></td></tr>
<tr><td>et puis</td><td>1</td><td>2.13%</td><td></td><td></td><td></td><td></td><td></td><td></td></tr>
<tr><td>et qui plus est</td><td>1</td><td>2.13%</td><td></td><td></td><td></td><td></td><td></td><td></td></tr>
<tr><td>et|de plus</td><td>1</td><td>2.13%</td><td></td><td></td><td></td><td></td><td></td><td></td></tr>
<tr><td>et|en outre</td><td>1</td><td>2.13%</td><td></td><td></td><td></td><td></td><td></td><td></td></tr>
<tr><td>mais|aussi</td><td>1</td><td>2.13%</td><td></td><td></td><td></td><td></td><td></td><td></td></tr>
<tr><td>non sans</td><td>1</td><td>2.13%</td><td></td><td></td><td></td><td></td><td></td><td></td></tr>
<tr><td>par-dessus le marché</td><td>1</td><td>2.13%</td><td></td><td></td><td></td><td></td><td></td><td></td></tr>
<tr><td>sans compter</td><td>1</td><td>2.13%</td><td></td><td></td><td></td><td></td><td></td><td></td></tr>
<tr><td>surtout</td><td>1</td><td>2.13%</td><td></td><td></td><td></td><td></td><td></td><td></td></tr>
<tr><td>x_tout_gér_prés</td><td>1</td><td>2.13%</td><td></td><td></td><td></td><td></td><td></td><td></td></tr>
</table>

Таблица 8. Модели перевода коннектора *так как||то* в референтных и машинных переводах.

<table>
<tr><td colspan="9">РР в оригинале: так как||то</td></tr>
<tr><td colspan="3">Число РР в референтных переводах: 8</td><td colspan="3">Число РР, предложенных системой Яндекс.Переводчик: 13</td><td colspan="3">Число РР, предложенных системой GNMT: 4</td></tr>
<tr><td>comme</td><td>18</td><td>58.06%</td><td>comme</td><td>9</td><td>37.50%</td><td>puisque</td><td>9</td><td>37.50%</td></tr>
<tr><td>puisque</td><td>7</td><td>22.58%</td><td>car</td><td>2</td><td>8.33%</td><td>comme</td><td>7</td><td>29.17%</td></tr>
<tr><td>alors</td><td>1</td><td>3.23%</td><td>comme||alors</td><td>2</td><td>8.33%</td><td>puisque||alors</td><td>7</td><td>29.17%</td></tr>
<tr><td>car</td><td>1</td><td>3.23%</td><td>parce que</td><td>2</td><td>8.33%</td><td>zero</td><td>1</td><td>4.17%</td></tr>
<tr><td>comme||donc</td><td>1</td><td>3.23%</td><td>ainsi, comme||alors</td><td>1</td><td>4.17%</td><td></td><td></td><td></td></tr>
<tr><td>donc</td><td>1</td><td>3.23%</td><td>alors, comment</td><td>1</td><td>4.17%</td><td></td><td></td><td></td></tr>
<tr><td>x_part_prés</td><td>1</td><td>3.23%</td><td>car||alors</td><td>1</td><td>4.17%</td><td></td><td></td><td></td></tr>
<tr><td>zero</td><td>1</td><td>3.23%</td><td>car||que</td><td>1</td><td>4.17%</td><td></td><td></td><td></td></tr>
<tr><td></td><td></td><td></td><td>c'est ainsi que||alors</td><td>1</td><td>4.17%</td><td></td><td></td><td></td></tr>
<tr><td></td><td></td><td></td><td>comme||puis</td><td>1</td><td>4.17%</td><td></td><td></td><td></td></tr>
<tr><td></td><td></td><td></td><td>depuis que</td><td>1</td><td>4.17%</td><td></td><td></td><td></td></tr>
<tr><td></td><td></td><td></td><td>puisque</td><td>1</td><td>4.17%</td><td></td><td></td><td></td></tr>
<tr><td></td><td></td><td></td><td>que</td><td>1</td><td>4.17%</td><td></td><td></td><td></td></tr>
</table>

Ситуация с переводом коннектора *если||то* несколько иная (см. таблицу 9). Хотя статистическому машинному переводчику и не удалось в двух случаях увидеть в этом коннекторе единой РР (ошибочный перевод второго компонента в РР *si||ce qui* и *si||c'est*), в подавляющем большинстве ситуаций он справляется с переводом, используя (как и профессиональные переводчики) одноэлементный коннектор *si* и иногда – двухкомпонентный *si||alors*. Система GNMT, напротив, в более чем 60% случаев прибегает к двухкомпонентным коннекторам.

Таблица 9. Модели перевода коннектора *если||то* в референтных и машинных переводах.

<table>
<tr><td colspan="9">РР в оригинале: если||то</td></tr>
<tr><td colspan="3">Число РР в референтных переводах: 14</td><td colspan="3">Число РР, предложенных системой Яндекс.Переводчик: 6</td><td colspan="3">Число РР, предложенных системой GNMT: 5</td></tr>
<tr><td>si</td><td>70</td><td>66.67%</td><td>si</td><td>46</td><td>77.97%</td><td>si||alors</td><td>35</td><td>59.32%</td></tr>
<tr><td>si||alors</td><td>8</td><td>7.62%</td><td>si||alors</td><td>9</td><td>15.25%</td><td>si</td><td>20</td><td>33.90%</td></tr>
<tr><td>zero</td><td>7</td><td>6.67%</td><td>si||ce qui</td><td>1</td><td>1.69%</td><td>sinon</td><td>2</td><td>3.39%</td></tr>
<tr><td>quand</td><td>4</td><td>3.81%</td><td>si||c'est</td><td>1</td><td>1.69%</td><td>sinon||alors</td><td>1</td><td>1.69%</td></tr>
<tr><td>lorsque</td><td>3</td><td>2.86%</td><td>si||puis</td><td>1</td><td>1.69%</td><td>zero</td><td>1</td><td>1.69%</td></tr>
<tr><td>unknown</td><td>3</td><td>2.86%</td><td>zero</td><td>1</td><td>1.69%</td><td></td><td></td><td></td></tr>
<tr><td>mais</td><td>2</td><td>1.90%</td><td></td><td></td><td></td><td></td><td></td><td></td></tr>
<tr><td>si||donc</td><td>2</td><td>1.90%</td><td></td><td></td><td></td><td></td><td></td><td></td></tr>
<tr><td>à moins que</td><td>1</td><td>0.95%</td><td></td><td></td><td></td><td></td><td></td><td></td></tr>
<tr><td>si||cependant</td><td>1</td><td>0.95%</td><td></td><td></td><td></td><td></td><td></td><td></td></tr>
<tr><td>si||en revanche</td><td>1</td><td>0.95%</td><td></td><td></td><td></td><td></td><td></td><td></td></tr>
<tr><td>si||ou si||alors</td><td>1</td><td>0.95%</td><td></td><td></td><td></td><td></td><td></td><td></td></tr>
<tr><td>xn_dans_Det_ cas</td><td>1</td><td>0.95%</td><td></td><td></td><td></td><td></td><td></td><td></td></tr>
<tr><td>xprép_hormis N</td><td>1</td><td>0.95%</td><td></td><td></td><td></td><td></td><td></td><td></td></tr>
</table>

Хотелось бы отдельно отметить, что в (26) машинный переводчик GNMT распознал сочетание неоднословного коннектора *если||то* с отрицательной формой предиката как стимул для употребления французского коннектора *sinon*. Подобная модель перевода является одной из самых частотных в референтных переводах с русского на французский. Однако, несмотря на правильный перевод конструкции с коннектором, автоматическим переводчиком были допущены лексические ошибки и смысл части предложения, вводимой коннектором, утерян.

(26) Ему хочется, по некоторым расчетам, как можно поспешить церемонией брака и даже, если возможно будет, сыграть свадьбу в тепрешний же мясоед, а *если* не удастся, по краткости срока, *то* тотчас же после госпожинок. [Н. В. Гоголь. Шинель (1842)]

Il veut, selon quelques calculs, se dépêcher avec la cérémonie du mariage et, si possible, jouer un mariage dans le mangeur de viande actuel, et *sinon*, bientôt, puis immédiatement après les dames. [GNMT (14.01.2018 15:26)]
Il voudrait, pour certaines raisons, hâter au maximum la cérémonie du mariage, si possible le célébrer même dès les jours gras en cours; et *si* cela ne peut se faire à cause du délai trop bref, *alors* aussitôt après le carême de l'Assomption. [Trad. par Élisabeth Guertik (1947)]

Таблица 10. Модели перевода коннектора *хотя||но* в референтном и машинном переводах.

РР в оригинале: **хотя||но**								
Число РР в референтных переводах: **15**			Число РР, предложенных системой Яндекс. Переводчик: **5**			Число РР, предложенных системой GNMT: **5**		
bien que	23	46.00%	bien que||mais	15	55.56%	bien que||mais	16	59.26%
mais	8	16.00%	bien||mais	9	33.33%	bien que	3	11.11%
zero	4	8.00%	alors que||mais	1	3.70%	mais	3	11.11%
quoique	3	6.00%	même si||mais	1	3.70%	même si||mais	3	11.11%
même si	2	4.00%	si||mais	1	3.70%	quoique||mais	2	7.41%
bien sûr||mais	1	2.00%						
cependant	1	2.00%						
en effet||mais	1	2.00%						
encore que	1	2.00%						
malgré	1	2.00%						
ne|que	1	2.00%						
non que + subj||mais	1	2.00%						
pour ne pas V_inf, n'en V_fin pas moins	1	2.00%						
x_tout_gér_ prés	1	2.00%						
xv_fin_avoir beau	1	2.00%						

Перевод коннектора *хотя||но* системами машинного перевода дает иную картину (см. таблицу 10). Если в случае с *так как||то* и *если||то* автоматические переводчики чаще всего справлялись с переводом коннекторов (при помощи как одноэлементных, так и двухкомпонентных коннекторов, существующих во французском языке), то для перевода *хотя||но* и статистический, и нейронный автоматические переводчики чаще всего используют сочетание *bien que||mais*, не возможное во французском языке, а потому являющееся ошибочным. Единицы *bien||mais*, *alors que||mais* и *même si||mais* также ошибочны, а коннектор *si||mais*, хотя и существует во французском языке, имеет другое значение. Его использование для перевода *хотя||но* представляет собой семантическую ошибку. Таким образом, из всех вариантов перевода корректными можно считать лишь 29,63% переводов, предложенных системой GNMT.

5. Заключительные замечания

Наше исследование, объектом которого являлись три структурных типа коннекторов русского языка (одноэлементные, многоэлементные и двухкомпонентные) в переводе на французский язык с помощью машинных переводчиков двух видов (статистического и нейронного), имело целью выработать таксономию возникающих при переводе ошибок. При этом главное внимание уделялось ошибкам в переводе самого коннектора. В результате была предложена система из 15 рубрик, позволяющая фиксировать наличие орфографических, структурных и семантических ошибок.

Ошибки в переводе коннекторов аннотировались при помощи рубрик, характеризующих как перевод коннектора в целом, так и переводы входящих в его состав элементов или компонентов. При сопоставлении машинных переводов с референтным было выявлено, что частичный перевод многоэлементных и двухкомпонентных коннекторов не всегда является ошибочным: такой выбор часто делают и профессиональные переводчики.

Ошибки в одной из частей коннектора могут возникать, когда автоматическому переводчику не удается распознать неоднословный коннектор как единую языковую единицу, либо не удается определить связывающее фрагменты текста ЛСО. Было продемонстрировано, что орфографическая ошибка при переводе коннектора не всегда влечет за собой семантическую ошибку в выборе его переводного варианта.

При ошибочной замене коннектора единицей, которая не имеет связующей функции (ErrorMorph), было отмечено три типа ошибок машинного перевода: 1) обе части коннектора переведены единицами с иными функциями; 2) одна часть русского коннектора при переводе заменена единицей с иными функциями; 3) в состав французской РР, выбранной для перевода русского коннектора добавлен лишний элемент.

Были проанализированы некоторые частотные сочетания рубрик, сигнализирующих об ошибках непосредственно в переводе коннектора. Что же касается разнообразия моделей перевода коннекторов, то можно отметить следующее: в ряде случаев (коннекторы *а*, *да еще*, *если||то*, *хотя||но*) их количество в референтном переводе значительно превышает число вариантов перевода, предлагаемых автоматическим переводчиком, в то время как для некоторых коннекторов (*а впрочем*) количество моделей перевода в референтном и машинном переводах (GNMT) сопоставимо.

Таблица 11 отражает распределение количества ошибок, выявленное при сравнении работы двух систем машинного перевода на основе экспериментального массива непосредственно в переводе коннекторов.

Сопоставление двух систем машинного перевода, таким образом, показало, что в целом, за исключением рубрик TradPartI и TradPartII, где число ошибок примерно одинаково, статистический машинный переводчик ошибается чаще, чем нейронный. Особенно показательны числа по рубрике ErrorTotal, где для системы GNMT зафиксировано в четыре раза меньше ошибок.

Таблица 11. Количество ошибок в переводе коннекторов автоматическими переводчиками разных типов.

Название рубрики	**Число аннотаций с данной рубрикой для:**	
	статистического автоматического переводчика	**нейронного автоматического переводчика**
TradPartI	188	177
TradPartII	12	19
ErrorPartI	79	11
ErrorPartII	100	55
ErrorOrth	14	2
ErrorMorph	199	80
Error CNT	68	84
ErrorTotal	216	66

В заключение следует добавить, что помимо того, что каждая из рубрик созданной нами классификации заслуживает отдельного анализа, особого внимания требует их подробное исследование в сочетании с ошибками во фрагменте текста, окружающего сам коннектор.

Литература

Бунтман Н.В., Гончаров А.А., Зацман И.М., Нуриев В.А. (2018) Количественный анализ результатов машинного перевода с использованием надкорпусных баз данных // Информатика и ее применения. 2018. Т. 12. №4. С. 96–105.

Егорова А.Ю. (2018) *Если, если... то, если... так* // Семантика коннекторов: контрастивное исследование / Под ред. О.Ю. Иньковой. Москва, ТОРУС ПРЕСС. С. 129–167.

Зализняк Анна А., Микаэлян И.Л. (2018) Союз *а* // Семантика коннекторов: контрастивное исследование / Под ред. О.Ю. Иньковой. Москва, ТОРУС ПРЕСС С. 24–79.

Зацман И.М., Инькова О.Ю., Кружков М.Г., Попкова Н.А. (2016) Представление кроссязыковых знаний о коннекторах в надкорпусных базах данных // Информатика и ее применения. Т. 10. № 1. 2016. С. 106–118.

Burchardt A., Macketanz V., Dehdari J., Heigold G., Peter J. T., Williams P. (2017) A linguistic evaluation of rule-based, phrase-based, and neural MT engines // Prague Bull Math Linguist. Issue 108. No 1. Pp. 159–170.

Burlot F., Yvon F. (2017) Evaluating the morphological competence of machine translation systems // Proceedings of the 2nd conference on Statistical Machine Translation (WMT 2017), Copenhagen. Pp. 43–55.

Catach L. éd. (2014) Le Petit Robert de la langue française (version numérique), Paris/Bruxelles, Bureau Van Dijk.

Comelles E., Arranz V., Castellón I. (2017) Guiding automatic MT evaluation by means of linguistic features // Digital Scholarship in the Humanities. Issue 32 No 4. Pp. 761–778.

Costa Â., Ling W., Luís T., Correia R., Coheur L. (2015) A linguistically motivated taxonomy for Machine Translation error analysis // Mach Translat. Issue 29. 2015. Pp. 127–161.

Du J., Way A. (2017) Neural Pre-Translation for Hybrid Machine Translation // Kurohashi S., Fung P. (eds) Proceedings of MT Summit XVI, the 16th Machine Translation Summit, Nagoya. Pp. 27–40. Available at: http://aamt.info/app-def/S-102/mtsummit/2017/wp-content/uploads/sites/2/2017/09/MTSummitXVI_ResearchTrack.pdf (accessed November 24, 2018).

Goutte C., Cancedda N., Dymetman M., Foster G. (eds) (2009) Learning Machine Translation. Cambridge, London, The MIT Press.

Guillou L., Hardmeier C. (2016) PROTEST: a test suite for evaluating pronouns in machine translation // Proceedings of the 10th international conference on Language Resources and Evaluation (LREC 2016), Portorož. Pp. 636–643.

Hearne M., Way A. (2011) Statistical Machine Translation: A Guide for Linguists and Translators // Language and Linguistics Compass. Issue 5. No 5. 2011. Pp. 205–226.

Hutchins W. J. (2000) Early Years in Machine Translation: Memoirs and Biographies of Pioneers. Amsterdam, Philadelphia, John Benjamins.

Hutchins W. J. (2005) Towards a definition of example-based machine translation // MT Summit X second workshop on example-based machine translation, Phuket. Pp. 63–70. Available at: http://www.mt-archive.info/MTS-2005-Hutchins.pdf (accessed November 24, 2018).

Hutchins W. J. (2010) Machine translation: a concise history // Journal of Translation Studies (Special issue: The teaching of computer-aided translation). Issue 13, No 1–2. Pp. 29–70.

Isabelle P., Cherry C., Foster G. (2017) A challenge set approach to evaluating machine translation // Proceedings of the 2017 conference on Empirical Methods in Natural Language Processing (EMNLP 2017). Copenhagen. Pp. 2476–2486.

Johnson M., Schuster M., Le Q. V., Krikun M., Wu Y., Chen Zh., Thorat N., Viégas F., Wattenberg M., Corrado G., Hughes M., Dean J. (2017) Google's Multilingual Neural Machine Translation System: Enabling Zero-Shot Translation. Transactions of the Association for Computational Linguistics. No 5. 2017. Pp. 339–351.

Koehn Ph. (2010) Statistical Machine Translation, New York, Cambridge University Press.

Lommel A. (2018) Metrics for Translation Quality Assessment: A Case for Standardising Error Typologies // Moorkens J., Castilho Sh., Gaspari F., Doherty S. (eds) Translation Quality Assessment. From Principles to Practice. Amsterdam, Springer. Pp. 109–127.

Moorkens J., Castilho Sh., Gaspari F., Doherty S. (eds) (2018) Translation Quality Assessment. From Principles to Practice. Amsterdam, Springer.

Nagao M. (1984) A framework of a mechanical translation between Japanese and English by analogy principle // Elithorn A., Banerji R. (eds) Artificial and human intelligence. Amsterdam, Elsevier. Pp. 173–180.

Nirenburg S., Somers H., Wilks Y. (eds) (2003) Readings in Machine Translation. Cambridge, London, The MIT Press.

Nuriev V., Buntman N., Inkova O. (2018) Machine translation of Russian connectives into French: errors and quality failures // Informatics and applications. Issue 12. No 2. 2018. Pp. 105–113.

Popović M. (2017) Comparing language related issues for NMT and PBMT between German and English, Prague Bull Math Linguist 108(1). Pp. 209–220.

Shiwen Y., Bai X. (2015) Rule-based Machine Translation // Sin-wai Ch. (ed.) The Routledge Encyclopedia of Translation Technology. Abingdon, New York, Routledge. Pp. 186–200.

TLFi - Trésor de la langue française informatisé. Available at: http://atilf.atilf.fr/.

Trujillo A. (1999) Translation Engines: Techniques for Machine Translation. Berlin, Heidelberg, New York, Springer.

Vilar D., Xu J., D'Haro L., Ney H. (2006) Error Analysis of Statistical Machine Translation Output // Proceedings of the Fifth International Conference on Language Resources and Evaluation (LREC-2006), Genoa, Italy, European Language Resources Association (ELRA). Available at: http://www.lrec-conf.org/proceedings/lrec2006/pdf/413_pdf.pdf (accessed November 24, 2018).

Wilks Y. (2009) Machine Translation. Its Scope and Limits. New York, Springer.

Wu Y., Schuster M., Chen Z., Le Q. V., Norouzi M., Macherey W., Krikun M., Cao Y., Gao Q., Macherey K., Klingner J., Shah Apurva, Johnson M., Liu Xiaobing, Kaiser Ł., Gouws S., Kato Yoshikiyo, Kudo Taku, Kazawa Hideto, Stevens K., Kurian G., Patil Nishant, Wang Wei, Young C., Smith J., Riesa J., Rudnick A., Vinyals O., Corrado G., Hughes M., Dean J. (2016) Google's Neural Machine Translation System: Bridging the Gap between Human and Machine Translation. Available at: https://arxiv.org/pdf/1609.08144.pdf (accessed November 24, 2018).

Zhou Wang B., Liu S., Li M., Zhang D., Zhao T. (2008) Diagnostic Evaluation of machine translation systems using automatically constructed linguistic check-points // Proceedings of the 22nd international conference on Computational Linguistics (CoLing 2008), Manchester. Pp. 1121–1128.

Информация об авторах

БУНТМАН Надежда, кандидат филологических наук, факультет иностранных языков и регионоведения, Московский государственный университет имени М. В. Ломоносова; nabunt@hotmail.com

ГОНЧАРОВ Александр, Институт проблем информатики Федерального исследовательского центра «Информатика и управление» Российской академии наук; a.gonch48@gmail.com

ГУРЬЕВ Александр, PhD, филологический факультет Женевского университета; Alexander.Guryev@unige.ch

ИНЬКОВА Ольга, доктор филологических наук, филологический факультет Женевского университета; Olga.Inkova@unige.ch

НУРИЕВ Виталий, кандидат филологических наук, Институт проблем информатики Федерального исследовательского центра «Информатика и управление» Российской академии наук; nurieff.v@gmail.com

Slavica Helvetica

Herausgegeben von Anastassia Forquenot de la Fortelle, Thomas Grob, Jens Herlth, Jean-Philippe Jaccard, Sylvia Sasse, Ulrich Schmid, Barbara Sonnenhauser, Ekaterina Velmezova

Band 1	ŁUCZAK-WILD Jeannine: Die Zeitschrift Chimera und die Literatur des polnischen Modernismus. 198 S. Text und 10 S. Abb. 1969.
Band 2	SPENGLER Ute: D.S. Merežkovskij als Literaturkritiker. Versuch einer religiösen Begründung der Kunst. 180 S. 1972.
Band 3	RAKUŠA Ilma: Studien zum Motiv der Einsamkeit in der russischen Literatur. 200 S. 1973.
Band 4	STOFFEL Hans Peter: Studien zur Geschichte der russischen Skisport-terminologie. 226 S. 1975.
Band 5	ALTHAUS-SCHOENBUCHER Silvia: Konstantin D. Bal'mont. Parallelen zu Afanasij A. Fet. Symbolismus und Impressionismus. 212 S. 1975.
Band 6	BERNDT Michael: Die Predigt Dimitrij Tuptalos. Studien zur ukrainischen und russischen Barockpredigt. XXXII, 208 S. 1975.
Band 7	Schweizerische Beiträge zum VII. Internationalen Slavistenkongress in Warschau. August 1973. 188 S. mit Sonderdruck-Beilage. 1973.
Band 8	GOŚLICKI-BAUR Elisabeth: Die Prosa von Bruno Schulz. 160 S. und 13 Abbildungen. 1975.
Band 9	KELLER, Felix: Die russisch-kirchenslavische Fassung des Weihnachts-kontakions und seiner Prosomoia. 244 S. 1977.
Band 10	WEISS Daniel: Syntax und Semantik polnischer Partizipialkonstruk-tionen im Rahmen einer generativ-transformationellen Sprachbe-schreibung. IV, 408 S. 1977.
Band 11	KANYAR-BECKER Helena: Karel Konrád und sein Roman Rozchod! Das Kriegserlebnis bei Konrád im Kontext des tschechischen Soldatenromans aus dem Ersten Weltkrieg. 244 S. 1977.
Band 12	Schweizerische Beiträge zum VIII. Internationalen Slavistenkongress in Zagreb und Ljubljana. September 1978. Contributions des savants suisses au VIII congrès international des slavistes à Zagreb et Ljubljana, septembre 1978. Herausgegeben von/édité par Peter Brang, Georges Nivat, Hildegard Schroeder (†) und Robert Zett. 294 S. 1978.
Band 13	RIGGENBACH Heinrich: Michail Bulgakovs Roman «Master i Margarita». Stil und Gestalt. 197 S. 1979.
Band 14	SCHEIDEGGER Gabriele: Studien zu den russischen Briefstellern des 18. Jahrhunderts und zur «Europäisierung» des russischen Briefstils. 244 S. 1980.

Band 15 STIEGER Cyrill: Majakovskijs «Oblako v štanach». Versuch einer sprachorientierten Interpretation. 228 S. 1980.

Band 16 Colloquium Slavicum Basiliense. Gedenkschrift für Hildegard Schroeder. Herausgegeben von Heinrich Riggenbach unter Mitwirkung von Felix Keller. XII, 792 S. 1981.

Band 17 BRANG Peter/ZÜLLIG Monika: Kommentierte Bibliographie zur Slavischen Soziolinguistik. Unter Mitwirkung von Karin Brang. 3 Bände. XIX. 1639 S. 1981.

Band 18 RITZ German: 150 Jahre russische Heine-Übersetzung. XIII, 478 S. 1981.

Band 19 MARTI Roland: Studien zur Sprache der russischen Pcela. 209 S. 1981.

Band 20 BIRÓ Alice: Russische Baufachsprache des 18. Jahrhunderts. XIII,365 S. 1982.

Band 21 MAURER Walter: Englische und anglo-deutsche Lehnübersetzungen im Russischen. 192 S. 1982.

Band 22 Schweizerische Beiträge zum IX. Internationalen Slavistenkongress in Kiev, September 1983. Contributions des savants suisses au IXe congrès international des slavistes à Kiev, septembre 1983. 245 S. 1983.

Band 23 MULLER DE MOROGUES Inès: L'œuvre journalistique et littéraire de N.S. Leskov. Bibliographie. 168 S. 1984.

Band 24 AMBERG Lorenzo: Kirche, Liturgie und Frömmigkeit im Schaffen von N.V. Gogol'. 260 S. 1986.

Band 25 ROTH Susanna: Laute Einsamkeit und bitteres Glück. Zur poetischen Welt von Bohumil Hrabals Prosa. 276 S. 1987.

Band 26 Actes du colloque Marina Tsvetaeva, édités par Robin Kemball et Efim Etkind. 516 pages. 1991.

Band 27 BIRÓ Alice: Die Pflichten des Architekturamts. Ein russisches Baureglement des 18. Jahrhunderts. 336 S. 1987.

Band 28 Schweizerische Beiträge zum X. Internationalen Slavistenkongress in Sofia, September 1988. Contributions des savants suisses au Xe congrès international des slavistes à Sofia, septembre 1988. Herausgegeben von Peter Brang. 393 S. 1988.

Band 29 SCHIBLI Roland: Die ältesten russischen Zeitungsübersetzungen (Vesti-Kuranty), 1600–1650. Quellenkunde, Lehnwortschatz und Toponomastik. 376 S. 1988.

Band 30 GEISSER-SCHNITTMANN Svetlana: Venedikt Erofeev – «Moskva-Petuški». 310 S. 1989.

Band 31 AUER Suzanne L.: Vom sozialistischen Realismus zu Kritizismus und Satire. Ladislav Mnackos Romanwerk. 413 S. 1989.

Band 32 MÜLLER-BÜRKI Eva-Maria: Das Lächeln der schönen Helena. Nonverbales Verhalten in Tolstojs Roman «Krieg und Frieden». 235 S. 1989.

Band 33 Primi sobran'e pestrych glav. Slavistische und slavenkundliche Beiträge für Peter Brang zum 65. Geburtstag. Herausgegeben von Carsten Goehrke, Robin Kemball und Daniel Weiss. 748 S. 1989.

Band 53 YUROVSKY Victor: Bessojuznye složnye predloženija v direktivnych recevych aktach. 195 S. 1996.

Band 54 ERMEN Ilse: Fluch – Abwehr – Beschimpfung. Pragmatik der formelhaften verbalen Aggression im Serbokroatischen. 209 S. 1996.

Band 55 ARLT Judith: Tadeusz Konwickis Prosawerk von *Rojsty* bis *Bohiń*. Zur Entwicklung von Motivbestand und Erzählstruktur. 622 S. 1997.

Band 56 HUX-MOLOTOV Ivo: Schreiben im Exil. Boris K. Zajcev als Schriftsteller und Publizist. 387 S. 1997.

Band 57 AEGERTER Roland: Die schweizerische Wissenschaft und der Osten Europas. Zur Geschichte der Slavistik und Osteuropakunde. 248 S. 1998.

Band 58 Sprache und Erzählhaltung bei Andrej Platonov (Beiträge zum Platonov-Kolloquium in Bern, September 1996). Herausgegeben von Robert Hodel und Jan Peter Locher. 373 S. 1998.

Band 59 DOUBROVKINE Roman: Stéphane Mallarmé in Russia. 565 S. 1998.

Band 60 LOCHER Jan Peter: Schweizerische Beiträge zum XII. Internationalen Slavistenkongress in Krakau, August 1998 / Contributions suisses au XIIIe congrès mondial des slavistes à Cracovie, août 2003. 504 S. 1998.

Band 61 MATHIS Sylvia: Textinterferenz in russisch-deutschen Übersetzungen. Eine sprachwissenschaftliche Untersuchung der deutschen Übersetzungen von Andrej Platonovs Erzählung *Džan*. 247 S. 2000.

Band 62 BONTADINA Nadja: Alexander Herzen und die Schweiz. Das Verhältnis des russischen Publizisten und Aristokraten zur einzigen Republik im Europa seiner Zeit. 450 S. 1999.

Band 63 SCHEIDEGGER Gabriele: Endzeit. Russland am Ende des 17. Jahrhunderts. 409 S. 1999.

Band 64 KURT Sibylle: Erlebte Rede aus linguistischer Sicht: der Ausdruck von Temporalität im Französischen und Russischen. Ein Übersetzungsvergleich. 661 S. 1999.

Band 65 STAIKOV Zvetelina: Schweizer Impressionen um die Jahrhundertwende. Die Schweiz in Leben und Werk russischer Symbolisten. 270 S. 2000.

Band 66 PETERS Jochen-Ulrich: Tendenz und Verfremdung. Studien zum Funktionswandel des russischen satirischen Romans im 19. und 20. Jahrhundert. 329 S. 2000.

Band 67 GALL Alfred: Hermetische Romantik. Die religiöse Lyrik und Versepik F. N. Glinkas aus systemtheoretischer Sicht. 394 S. 2001.

Band 68 BINSWANGER Christa: Seraph, Carevic, Narr. Männliche Maskerade und weibliches Ideal bei Poliksena Solov'eva (Allegro). 442 Seiten. 2002.

Band 69 GIGER Markus: Resultativa im modernen Tschechischen. Unter Berücksichtigung der Sprachgeschichte und der übrigen slavischen Sprachen. 523 S. 2003.

Band 70 SÉRIOT Patrick (éd./Hrsg.): Contributions suisses au XIIIe congrès mondial des slavistes à Ljubljana, août 2003 / Schweizerische Beiträge zum XIII. Internationalen Slavistenkongress in Ljubljana, August 2003. 392 S. 2003.

Band 71 HODEL Robert: Zentrum und Peripherie in den slavischen und baltischen Sprachen und Literaturen. Festschrift zum 70. Geburtstag von Jan Peter Locher. 349 S. 2004.

Band 72 AMACHER Korine: L'Œuvre de Friedrich Gorenstein. Violence du regard, regards sur la violence. 586 S. 2004.

Band 73 SIMONATO Elena: Une linguistique énergétique en Russie au seuil du XXe siècle. Essai d'analyse épistémologique. X, 211 S. 2005.

Band 74 GERBER Małgorzata: Zygmunt Krasiński und die Schweiz. Die helvetischen Eindrücke im Leben und Schaffen des Dichters. XIV, 447 S. 2007.

Band 75 PETERS Jochen-Ulrich, SCHMID Ulrich: Das «Ende der Kunstperiode». Kulturelle Veränderungen des «literarischen Feldes» in Russland zwischen 1825 und 1842. 437 S. 2007.

Band 76 KUMMER Renate: Nicht mit Gewehren, sondern mit Plakaten wurde der Feind geschlagen! Eine semiotisch-linguistische Analyse der Agitationsplakate der russischen Telegrafenagentur ROSTA. 365 S. 2006.

Band 77 VELMEZOVA Ekaterina: Les lois du sens: la sémantique marriste. 392 S. 2007.

Band 78 SÉRIOT Patrick (éd./Hrsg.): Contributions suisses au XIVe congrès mondial des slavistes à Ohrid, septembre 2008 / Schweizerische Beiträge zum XIV. Internationalen Slavistenkongress in Ohrid, September 2008. 396 S. 2008.

Band 79 ДОБРИЦЫН Андрей: Вечный жанр. Западноевропейские ис-токи русской эпиграммы XVIII — начала XIX века. 561 S. 2008.

Band 80 ВЕЛЬМЕЗОВА Екатерина & ДОБРИЦЫН Андрей (сост. и ред.) / DOBRITSYN Andrei & VELMEZOVA Ekaterina (éds) Порядок хаоса – хаос порядка / L'ordre du chaos – le chaos de l'ordre. Сборник статей в честь Леонида Геллера / Hommages à Leonid Heller. 573 S. 2010.

Band 81 OGARKOVA Tetyana: Une autre avant-garde. La métaphysique, le retour à la tradition et la recherche religieuse dans l'œuvre de René Daumal et de Daniil Harms. 564 S. 2010.

Band 82 ČERNÁ-WILLI Rahel: Polnisches Deutsch – Deutsches Polnisch. Edition und Analyse einer Sammlung von Paralleltexten des 18. Jahrhunderts aus Teschen/Oberschlesien. 472 S. + CD-ROM. 2012.

Band 83 VELMEZOVA Ekaterina (éd./Hrsg.): Contributions suisses au XVe congrès mondial des slavistes à Minsk, août 2013 / Schweizerische Beiträge zum XV. Internationalen Slavistenkongress in Minsk, August 2013. 341 S. 2013.

Band 84 INKOVA Olga: La corrélation en russe: structures et interprétations. 426 S. 2014.

Band 85 BISCHOF HAYOZ Judith: Juliusz Słowackis Verserzählungen zwischen Band I Poezye (1832) und den Florentiner Poemen (1838/39). Komposition und Zyklisierungstendenzen. 493 S. 2016.

Band 86 VELMEZOVA Ekaterina (éd./Hrsg.): Contributions suisse au XVIe congrès mondial des slavistes à Belgrade, août 2018 / Schweizerische Beiträge zum XVI. Internationalen Slavistenkongress in Belgrad, August 2018. 372 S. 2018.

Band 87 ИНЬКОВА Ольга (под ред.) / INKOVA Olga (éd.): Семантика коннекторов / La sémantique des connecteurs. Количественные методы описания / Méthodes quantitatives d'analyse. 278 S. 2021.

www.ingramcontent.com/pod-product-compliance
Ingram Content Group UK Ltd.
Pitfield, Milton Keynes, MK11 3LW, UK
UKHW021901290926
8980IPUK00015B/994

9 783034 339834